员工帮助计划（EAP）系列丛书

张西超　主编

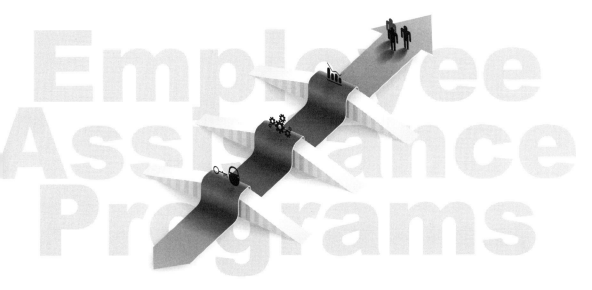

# 员工帮助计划

**第2版**

张西超　著

中国人民大学出版社

·北京·

# 再版序言

　　转眼之间，中国 EAP（Employee Assistance Programs，员工帮助计划）已走过 17 年。17 年对人生来讲不可谓不长，但对中国 EAP 而言，却仍然短暂。17 年里酸甜苦辣、惠风急雨，经历丰富，内心也颇为丰盈。庆幸的是，从青春年少到渐增白发，从播撒希望到收获成长，17 年里，我身处其中。坚其志、逢其时，这对我而言，不仅是见证，更多的是感触与感恩。

　　中国 EAP 发展之迅速，变化之巨大，其历程凝结了众多同行的心血，也蕴含着大批实践者的智慧。这其中包括最早的拓荒者与后来居上的创造者，他们都对中国 EAP 事业的发展做出了巨大贡献。我从事 EAP 实践和研究 17 年来，诸多工作也都是在同行的鼓励与鞭策下完成的，本书就是其中之一。回首十余载，我首先要感谢我的 EAP 同行们。

　　尽管已历经 17 年，但时至今日，在中国，EAP 的概念依然不甚清晰，本书仍试图对其基本概念进行阐述，在过去的基础上使之更趋完善。EAP 是西方舶来品，在中国仍然没有自己的标准。第 2 版的核心变化之一就是增加了 EAP 的中国标准，以便国内同仁参考。随着互联网与信息技术的飞速发展，EAP 也深受影响，如何有效地融入"互联网＋"的大环境、新业态，是传统 EAP 面临的新挑战，本书也结合实践对此进行了论述。需要说明的是，书中不少内容还需进一步探索，如 APP 与可穿戴产品，希望这些内容能抛砖引玉，激发大家更多的探讨。

　　EAP 的评估是考验从业者专业水准的一个重要模块，我有幸在 2012 年承担国家社会科学基金"员工帮助计划（EAP）的效果评估及影响因素研究"课题，在三年多的课题研究中主要探讨了 EAP 的评估，再次验证了其技术之复杂，执行之困难，仍然需要研究者与实践者共同的智慧与决心。本书关于评估的部分内容是课题前期成果，但囿于该课题尚未结束，更多的科学成果无法展示，这也是本书的遗憾之一。

　　与众多学科有异之处在于，EAP 来源于实践，服务于实践。基于此，我于

14年前与郑华辉先生共同创建了北京易普斯咨询有限责任公司，虽然一路艰辛，但却为我的EAP实践提供了大量素材。不仅有充足的案例，也提供了大量的数据，使我不仅对EAP的使用者有了更深入的了解，而且也能借此推进EAP的研究，在国际期刊上发表学术论文，并促进中外EAP研究者与从业者进行交流。本书在第1版的基础上，增加了最新实践的案例，为尊重客户要求，案例并未展现全貌，但其主要模式与内容已充分表达。

本书的完成旷日持久，从2002年开始写作至今天第2版出版，凝聚了很多人的心血，与其说是一本书，不如说是EAP研究者和实践者两个团队的共同作品，这两个团队主要是我领导的北京师范大学心理学院职业心理健康（OHP）实验室和江涛先生领导的北京易普斯咨询有限责任公司。在我看来，EAP并没有深奥的理论基础，重要的是实践和创新。这里聚集着大量的一手实践资料和多年的创新积累，我虽然参与了所有案例的实践与研究过程，但很多具体工作都是由这两个出色的团队完成的。在此由衷地感谢他们可以毫无保留地把案例与数据共享给同行。在书稿的完成过程中，无论是案例的整理，还是研究结果的应用，我的研究生刘静怡、贾子豪等同学和易普斯的同仁刘艳、王利娟等承担了大量的工作。能够与中国人民大学出版社合作，我深感荣幸。其专业性让我敬佩，尤其是编辑张宏学女士，她不遗余力地督促我完成这项工作，敬业精神令我感动，没有她的"催命"，这本书很难有其"生命"。17年的EAP生涯，一路走来，有太多人需要感谢，借此机会一并道声谢谢！谢谢所有同路人！

由于时间仓促、能力有限，书中误漏不妥之处在所难免，敬请各位读者指正为盼。正如中国EAP历经17载，发展蜕变，正迎来前所未有的时代机遇，其创新一刻未停，其模式更非已定，本书绝非盖棺论定，只是做一个回顾与展望，但愿由众多实践累积的分享能给中国EAP事业的发展带来帮助。如能因此植梧引凤，使得更多志士能人投身中国EAP事业，则荣幸之甚！再次感谢各位读者，愿生命更灿烂！

2015.3.20 于北京

# 目 录

第三篇
EAP 应用

## 第四篇
## EAP 新方向

EMPLOYEE ASSISTANCE PROGRAMS

# 第一篇　EAP 概论

# 绪 论：企业缘何需要 EAP？

## 一、引言

员工帮助计划（Employee Assistance Programs，EAP）可谓是心理学、社会学、组织行为学、经济学、管理学等多种学科理论知识的交叉集成。就本质而言，EAP 以应用心理学为技术支撑，最终的落脚点为管理学。

目前，起源于美国并根据不同时期的社会经济、文化背景演变完善后的员工帮助计划（以下简称 EAP）已在众多经济发达国家广泛应用，EAP 因而成为了组织管理特别是人力资源管理中不可缺少的活动之一。在人力资源管理的框架中，有些组织将其作为人力资源战略规划的组成部分，有些组织将其作为宽幅福利政策中的"精神福利"，部分组织把其纳入员工关系管理模块，也有不少组织将其视为安全与健康的重要一环。

在 20 世纪 80 年代，约有 30 多万家美国企业推行 EAP 项目。截至 1994 年，财富 500 强企业中 90％以上的企业建立了 EAP 项目。

应该说，现实需求、科技文化的发展、管理理念的转变催生了 EAP，创新化的探索和解决问题的有效性也在不断深化和提升的实践中推动了 EAP 的持续发展。

在中国，发展变革的历史背景激发了中华民族对人类优秀管理成果的空前接纳和包容。在接纳的进程中，我们很容易实现"硬件"的复制和迁移，包括现代化的办公环境、网络化的硬件设施等等，尽管我们可以引进和模仿先进的管理理念和管理模式，但由于历史文化沉积的影响和专业人才的匮乏，致使国内的管理虽然拥有众多前沿且亮丽诱人的"口号"，但实际的效能却依然停留在一个初级肤浅的阶段。

经济发展的客观规律和已经走过的市场历程告诉我们，中国会不同程度地面临经济发达国家曾经有过的困扰，他们在这方面的智慧和所做的一切尝试，都值得我们去借鉴和吸收。EAP 也是如此。

在现代管理中的各种困惑面前，EAP 并非百病皆治的灵丹妙药，但它从我们以前所未尝试的视野——心理学的角度，客观、系统、冷静、科学地审视管理中不得不面对的问题，应该说为我们搭建了一座员工和组织和谐、高效成长的桥梁。

究竟 EAP 在我们的管理中能发挥多大的作用，这取决于我们对它把握的深刻程度和"善假于物"的能力。

## 二、现代企业最大财富的思考

有关企业最大财富的思考，在不同的经济发展阶段我们会听到迥异的声音。正如世界著名学者、未来学家阿尔文·托夫勒在《第三次浪潮》中说："如果前工业社会的财富是土地，工业社会的财富是资本，那么后工业社会（信息社会）的财富就是信息。"

在后工业社会的后期，随着"知识经济"时代的来临，有关企业最大财富的争论也喋喋不休，不过主流经济学家的观点逐渐统一在"人力资源是组织最大财富"的焦点上。

应该说，这个答案缺乏严谨性：一个不健康的员工，企业肯定不会视为财富，比如存在严重人格障碍和心理问题的人，如抑郁、职业枯竭、反社会倾向等，组织避之唯恐不及。一个在组织中没有幸福感受的员工，也不会成为企业最大的财富，比如不认同组织文化、安全感丧失、组织承诺度低下、人际关系恶化等，最终的结果不是被企业辞退就是自己选择离开组织。绩效作为现代企业在组织层面最关注的核心经济指标，决定了企业的生存和发展，所以绩效不理想的员工同样谈不上被视为财富。

在新时代的背景下，我们应提倡这样的理念：健康、幸福、高效的员工是企业最大的财富。

这种理念视角更为宽泛，不仅从企业自身的经济利益出发审视对自身财富的界定，同时从员工个体的成长和发展角度进行审视，体现了社会的和谐与进步，也闪耀着人文的光芒。

## 三、变革与挑战

### （一）社会转型期的中国

自改革开放以来，中国就拉开了社会转型的序幕。

社会转型是西方社会功能结构学派在现代提出的一个重要概念。它不是指社会某个领域、某项制度的变化，而是指社会结构的整体性、根本性变迁。中国所处的这种由传统社会向现代社会加速转变的新时期，主要是通过发展生产力和建立新的社会秩序和经济秩序来完成的。

转型时期，中国传统社会结构出现了前所未有的分化，造成了各种无序和失范行为，最为突出的是文化、价值观念上的冲突。冲突造成了现代人信仰的缺失、情感的困惑、精神的焦虑、人生的危机和与自我的疏离。在此期间，旧的价值观念和规范体系逐渐消失、丧失作用，而新的价值观念和规范体系在短时间内又难以建立，从而形成"价值真空"、"规范丧失"等无序现象，社会成员无法建立自己的生活目标和行为准则，社会也丧失了对人的约束功能。

社会转型不仅深刻地改变着我们这个社会，也使我们这个社会遭遇严峻的挑战。在过去 30 多年改革的过程中，中国的经济获得了突飞猛进的发展，社会结构发生了根本性的变迁，人们的生活方式也发生了巨大的变化，但与此同时，各种社会紧张、矛盾和冲突亦在不断地孕育和积累。

就企业而言，市场空间的极度打开和消费者需求的巨量释放，催生了成千上万个新兴组织，它们随同国字号、集字号的企业大军，在快速发展主旋律的引领下，大踏步涌入市场大潮，经历着大浪淘沙和生灭沉浮的洗礼。同时，经济发达国家的成功经验、前沿理论也给这些组织源源不断地注入生机和活力，掀起一轮又一轮眼花缭乱的管理创新和革命。

受转型期文化、价值观念裂变的影响，员工作为企业的个体成员，在心理层面也逐渐发生了多元的变化。

一方面，强烈的成就动机促使他们尽可能去寻找自我实现的职场舞台，并且对职业生涯有非常严谨的计划。他们常常加班，法定假日对他们来说形同虚设；他们很少有时间和家人相处，大部分人没有业余爱好；他们很少参加公司举办的活动之外的任何社会活动，他们的生命就是为了实现自己的理想。

另一方面，个人至上的理念在不同程度地影响着他们的行为，在为组织效力的同时，他们也对所服务的企业提出了更多要求，其中包括组织氛围、成就感、幸福感等心理诉求。

事实表明，在残酷的竞争和新人辈出的背景下，众多员工面临着强烈的心理危机感和过重的压力，这使得一部分群体甚至出现了种种可怕的"症状"。其中最为常见的、对员工健康和发展伤害极大的就是心理枯竭。在取得超人业绩之后，此类人群突然发现自己对工作失去了兴趣，做什么事情都没有热情。他们体验到一种持续的身心疲惫、厌倦、沮丧、悲观、失望，失去了创造力和生命力。受这种症状的影响，他们的身体也出现了各种问题，如失眠、头疼、注意力不集中、思维速度变慢，这迫使他们不得不重新调整工作节奏。长时间处于这种强压状态下，他们的神经变得异常脆弱，很难和同事以及领导处好关系。当遇到一些工作和生活上的困难时，他们就会变得易怒，情绪大起大落，不愿意也不能很好地与周围的人进行沟通。这导致他们的人际支持系统被破坏，不能从家人和朋友处得到情绪上的舒缓。再加上他们中很多人有太要强的性格，使他们认为求助于别人或者心理专业机构是个人无能的表现，因此一旦遇到重大的伤害事件，他们就非常容易做出极端的行为，比如自杀、伤人等。

有人这样形象地描绘：很多白领是用一只手紧紧顶着办公室的门，不让其他资历相似的竞争者抢去自己的岗位，另一只手用来拼命工作，以得到上司的赏识，获得晋升。他们年纪轻轻就出现了各种问题，如腰椎病、心脏病等，30岁的人有60岁的心脏。他们像鞭策快马一样督促着自己前进。

在这样的历史背景下，职业心理健康成为中国现阶段最为热门的话题之一。

职业心理健康问题已经逐渐引起社会和企业的关注，使得对心理咨询、培训等相关服务的需求越来越强烈。而这一需求也伴随着EAP在中国本土的十余载拓展、前进，得到了越来越多的企业、组织的支持和重视。

正是在这一背景下，随着十八大的召开，"扎实推进社会主义文化强国建设"、"丰富人民精神文化生活"、"发挥文化引领风尚、教育人民、服务社会、推动发展的作用"等多项旨在提升幸福指数的"幸福中国"概念越来越深入人心。十八届三中全会更以此为基础提出了"中国梦"概念，将"精神幸福指数"摆在了前所未有的重要位置，这无疑为中国EAP的发展、为员工职业心理健康水平的提升又注入了一剂强心针。

事实上，自从2001年3月北京师范大学心理学院在联想集团有限公司客户服务部开展了国内企业第一个完整的EAP项目后，随着政府、组织支持力度的不断加大，EAP在中国经过本土试水、落地、改进和提升，已经逐渐趋于完善。而对这一点，我们从每年举办的"中国EAP与职业心理健康论坛"中可见一斑：参与企业类型愈发丰富，组织数量不断增加。

然而，对于市场需求巨大、组织数量庞大的中国而言，我们本土的EAP发展还尚未实现真正兴盛：虽然已有越来越多的组织加入，但仍有部分组织尚未意识到心理健康问题的重要性。对此，国务院发展研究中心人才交流培训中心副主任李兰说，他们在召开职业压力与心理健康研讨会前邀请企业参加，但有一些企业不愿意来，原因是"我们企业没有压力与健康的问题"。这种现象虽近几年有所减少，但仍占相当数量。

与此同时，专业人员的匮乏也影响着中国EAP的推进和实施。21世纪初，我国每百万人口中，只有心理服务人员2.4名，而美国早在20世纪90年代就已达到每百万人口550人的标准，进入了职业化时期。虽然近几年我国的心理咨询、培训行业发展势头迅猛，但显然我们的职业化才开始，相比之下，我们还是比较落后的。

尽管学者们承认 EAP 在中国的发展有诸多困难，但他们一致看好中国 EAP 的前景。多年致力于日本心理咨询发展研究的樊富珉教授说，日本的经验对我们的启示是：工商企业运用心理咨询是必然的，只是早晚的问题，特别是在建构以人为本的管理理念方面有重要意义。

## （二）变革中的组织

全球经济一体化进程的加速和现代信息技术的迅猛发展，将企业毫不留情地掷入前景莫测的惨烈竞争漩涡中。

面临诸多的不确定因素，企业顺应环境的变化和自身生存发展的需要，不断进行着自身机体的更新和调整，组织变革成为企业界"时髦"又现实迫切的出路。

以变化应万变成为企业的必然选择！

对企业来说，持续创新是企业快速发展的核心动力，而创新则意味着打破旧的平衡，在变革中建立一种新的秩序，从而激发组织的活力，铸造核心竞争力。打破平衡需要克服惯性、付出成本乃至承担风险，建立新秩序需要重新定位、磨合并在动荡中经受考验。

在实践领域，企业组织的变革形式多种多样，重组、兼并、并购、裁员、联营、改制、上市均成为"通向罗马的条条大道"，为了在这条路上走得更好、更远，运筹帷幄、高瞻远瞩的企业决策层往往习惯性地把目光聚焦在了战略规划、流程再造、架构调整、业务组合等领域。

然而，组织不应该忘记：从心理学的角度来说，人往往有一种非常强烈的捍卫自己已知的和熟悉的事情的愿望，组织中的员工同样如此。企业变革过程中，组织架构和人员调整像是一道"必选题"让管理层无法回避。

变革，必然会涉及员工的利益，对其产生直接或间接的影响。变革意味着失去，变革使得员工失去了原来的工作网络和团队，打破了群体的平衡状态，破坏了员工的职业认同感，他们需要去适应新的环境，去面对无数不确定因素。为使变革成功，人们都要经历一次心理再定位，而这样的一个心理转变过程并不是一蹴而就的。变革前，人们的感觉是安全、熟悉、适应的；而变革时，人们往往会感到惊讶、否定、愤怒，甚至怀疑自己。最终，会产生两种心理结果：（1）接受变革，想方设法地适应新环境；（2）抑郁、缺乏安全感、困惑、情绪低落、抵抗。

员工在企业变革中的心理感受如何？会出现哪些情绪问题并对组织产生何种影响？变革会对员工带来哪些心理方面的影响，这些影响会对工作和员工个人带来哪些变化和不适应？本身压力重重、满怀焦虑的员工会以何种心态和行为评判和参与组织变革？变革中不得不接受离开企业这个残酷现实的员工会有哪些心理危机？集结或放大的员工心理危机会对企业带来多大程度的创伤？……

这些问题在很大程度上将影响变革的成败，员工潜在的心理问题及有可能导致的危机，很多企业管理者都不习惯于去主动地思考，或者更擅长被动地应对。

忽视并不等同于不存在，众多研究表明，在组织变革的情境下，因员工心理原因往往会出现如下问题：持续性的减产；要求增加报酬或调职；不断做出怒言、争吵或乖戾的行为；罢工、无故旷职或怠工；寻找各种理由来表示变革将导致无法正常工作，导致工作质量下降；服务品质变差；工作漫不经心、浪费材料，以及冷漠、逃避或脱离工作；等等。

员工心理危机不仅给员工本人带来痛苦甚至伤害，也会给组织变革目标的实现造成阻碍，严重的危机事件更会给企业形象带来不可估量的损害。

在国外，很多企业把员工帮助计划作为建立员工心理支持和干预系统、帮助员工解决变革中各种心理问题及应对由此引发的危机事件的一种有效途径，并且获得了广泛认可。

通常的做法如下：组织变革实施前期，企业会邀请心理学专家与战略、财务、投资、法律等领域的专家共同参与方案的制订与执行。对于变革期间员工出现的一系列心理问题，如因组织架构调整、业务流程再造、岗位调整、职位变化、企业文化冲突等产生压力和情绪等心理问题时，多会提供 EAP 服务以帮助其尽早走出困境。

EAP 专家会与企业方面共同讨论在变革过程中可能出现的各种心理问题，并针对这些问题设计各种方案，方案包括针对管理人员、针对受直接影响的员工以及针对留任员工的培训课程。首先要帮助和培训的是组织的管理人员，如以何种方式宣布裁员消息、预料员工会有何反应、应采取何种措施以应对各种问题、如何维护组织形象等等。其次是帮助受到影响的员工，使其能够更好地认识自己、调整心态、处理和周围人的关系、判断企业的真实现状。再次是针对留任员工的培训过程，对于他们来说，比起离开的员工，虽然是幸运的，但仍然会产生不安心理。大规模的变革会导致其对企业价值观念产生动摇，感觉自己的生活保障受到威胁，因此对留任员工的心理抚慰也是非常必要的。

同时 EAP 也是人力资源管理部门应对因快速发展和变革而带来的不稳定因素的有效助手，它能够帮助企业更好地应对业务重组、并购、裁员等组织变革和员工产生的心理危机。

在美国，很多企业尤其是世界 500 强企业在裁员期间都会向员工提供 EAP服务，处理裁员期间的沟通压力、心理恐慌和被裁员工的应激状态。部分公司的裁员执行计划中甚至明确要求，必须在有 EAP 专家在场的前提下才可以进行离职谈话。企业裁员期间员工和管理者的心理帮助非常重要，通过一个专业的过程，其中包括裁员和裁员环境的心理调查、培训和辅导，可以减轻压力和恐慌，帮助企业顺利渡过这个艰难时期。

国内 EAP 专家认为，在中国企业迈向国际化的征途上和充分市场化的进程中，在国家倡导构建和谐社会、树立以人为本的科学发展观的背景下，企业对员工心理需求的关注和相关支持系统的建立刻不容缓，而员工帮助计划给我们提供了很多可以借鉴的模式和经验。当然，中国的 EAP 不应当也不可能像国外一样，仅仅只是解决具体的、现实的个人问题，而是应当从组织的视野更加全面地思考和设计，从企业心理状况的调查研究入手，重视对员工的宣传教育及有针对性的心理培训，重视对组织管理改进的建议，制订出适合中国企业和社会具体情况的整体解决方案，能够真正解决企业员工的心理问题和个人问题。

从某种角度来说，充分体现人本主义精神的 EAP，可以让组织变革的步履更加稳健。

### (三) 无法回避的管理新课题

最新研究发现，现代办公环境（信息和网络技术背景下）所导致的组织群体心理和员工个体心理的潜在变化，以及其对团队和员工行为产生的负性影响，成为制约现代人力资源管理特别是员工关系管理和绩效管理的关键性因素，上述现象在后工业化阶段的主要产业——现代服务业中尤为突出。

如移动办公导致的"游牧心态"和"组织支持感受丧失"；网络化服务和沟通出现的"孤独感受"和"情绪枯竭"；技术性缺陷、网络故障和 24 小时运维保障引发的"持续性焦虑"；信息共享和电子监控引发的"个人隐私恐惧"等问题。

目前，国内管理界尚未针对上述问题提出有效的解决方案，应对措施也严重滞后。

处在萌芽期的中国 EAP 或许能为其提供更有价值的借鉴。作为解决企业员工心理问题的有效途径，EAP 能帮助企业发现员工存在的心理问题并提供解决方案，带来许多的非财务收益，如提升员工士气、改善组织气氛，建立尊重员工价值的文化，帮助企业更好地应对变革和危机。同时还可以帮助企业降低因员工心理问题产生的管理成本，间接给企业带来巨大经济效益。而这些正是现代人力资源管理渴望达到的目标。

同时，EAP 可以充分体现和延伸企业对员工全方位的人本主义关怀，而国内企业现在还没有普遍形成一种以人为本的企业准则，这与当今建设创新和谐社会的要求还存在相当大的差距。

企业以赢利为目标的管理与员工的积极性紧密相关。影响员工积极性的因素很多，如果这些因素不能依靠企业内部的机制来发现、调整和排除，就会影响到员工和企业的绩效，这时就需要求助 EAP。企业常见的心理困境有压力、人际关系问题和沟通障碍、职业不良心理，还有员工的一些个人问题，比如恋爱、婚姻、家庭、人格因素等方面的问题，都会影响员工的工作表现和潜力发挥。如果没有心理学家的干预，很多心理问题就不容易引起企业管理者和员工自己的重视，心理问题就像一座时刻积蓄能量的火山，一旦从量变到质变，就会造成不可挽回的损失。

有一项调查显示，造成员工跳槽的首要原因不是薪酬待遇，而是企业的管理。将 EAP 引入企业管理，既是为员工提供心理帮助，也是为了找出企业管理的盲点，最终实现员工和企业的双赢。例如在一些市场竞争激烈的企业，营销和客户服务人员不但要承受业绩压力，还要压抑自己受的伤害和委屈，时间长了必定影响工作情绪。2000 年 10 月，联想集团有限公司邀请了北京师范大学近 10 位心理学专家为客户服务部的近千名员工提供心理帮助，帮助计划实施了一年多，效果很好。员工们的负面情绪得到了安全释放，在心理专家带领下，他们与同事进行坦诚沟通，缓解平时由于沟通不畅、人际关系不良带来的心理压力等。

另外，一些特殊的企业行为也可以寻求 EAP 的帮助，如裁员等。部分外企总部的裁员执行计划中明确要求，必须有 EAP 专家在场才可以进行。因为裁员除行为本身外，还有显著的副产品——心理危机。裁员执行者会感到尴尬，难以开口甚至怕打击报复，有些公司在请被裁者谈话时，甚至要保安在场；被裁员工自尊心、自信心受打击，甚至可能采取过激行为；而职位未受影响的员工也会因此受到不良心理暗示。所以企业在遭遇一些特殊情境时，接受专业机构的心理帮助，可以减轻压力和恐慌，顺利渡过难关。

另外，灾难事件的心理抚慰也已被越来越多的企业团体所认同，西安杨森制药公司在大连空难事件后邀请北京大学精神卫生研究所的吕秋云、汪向东、马弘赴大连对遇难者家属和员工进行心理救治。吕秋云说：用心理救援比较好一点，他们都是正常的人，只不过突如其来的灾难让他们都处在急性应激反应中，会出现急性应激心理障碍，有的人还会出现迁延性应激心理障碍。我们所做的心理干预是使经受灾难的人顺利渡过心理危机，缩短悲伤的过程，适应新的生活。

EAP 的发展历史证明，EAP 是解决企业员工心理和个人问题的有效途径，它将帮助企业发现和解决问题，降低成本，增强组织有效性，对企业具有重要的价值。

EAP 的实施，将有助于发现员工的心理问题以及与之相关的组织气氛、企业文化和管理等方面的问题，这对企业的决策、管理和员工开发是很有意义的。EAP 还提供裁员心理帮助，通过宣传、培训、辅导等形式降低裁员期间员工和管理者的压力，预防过激事件的发生。EAP 还帮助管理者进行绩效沟通，使原本可能艰难的绩效沟通变得顺利和轻松。

除此以外，EAP 的作用还有减少迟到率、减轻员工压力、保持员工积极情绪、改善人际关系、改善组织气氛等。

实践已经证明了 EAP 的有效性。依据美国健康和人文服务部 1995 年的资料，在美国，对 EAP 每投资 1 美元，将有 5～7 美元的回报。2000 年的调查指出，摩托罗拉日本公司在引进 EAP 后，平均降低了 40％的病假率。1994 年 M·M 公司对 50 家企业的调查显示，在引进 EAP 后，员工的缺勤率降低了 21％，工作的事故率降低了 17％，而生产率提高了 14％。

但由于中国心理学和心理服务的发展仍处于一个较低的水平，社会的传统观念不重视心理问题，企业和社会的心理健康意识还很落后。在国内 EAP 使用率并没有世界范围内那么高，只有为数不多的企业接受了完整的 EAP 项目服务。

虽然引入 EAP 的企业不多，但 EAP 在企业管理中的作用却初见成效。"我们请国外的一家专业公司开展了'员工帮助计划'，虽然投入占整个人力资源投入的绝大部分，但正是通过这样的计划，公司现在耗费在员工医疗上面的投入从过去的 14％降低到了现在的 6％。"一家在华跨国公司的不愿透露姓名的经理很满意地说。

无论是跨国企业在中国的分支机构，还是国内的本土企业，现在越来越重视员工的工作压力问题，它们也在尝试着将员工帮助计划放入人力资源管理部门的常规措施当中，并纳入财务预算。

## 四、现代组织面临的与心理有关的困境

### (一) 压力

"最后的禁忌，不是性，不是酗酒，不是毒品，而是职业压力。"美国《财富》杂志以这样的观点阐述现代社会对人的损害。

企业中最突出的心理问题是压力。心理学家认为，压力是现代人面临的最严重的问题之一。压力就像一个噩梦，让人寝食难安。企业员工的压力可能来源于工作本身，可能来源于工作中的人际关系，也可能来源于家庭和日常生活。总之，压力可能来源于工作、生活的各个方面，因此，压力实际上是企业心理问题的核心。

对于企业中的每一个员工来说，职业压力都是存在的。国内外调查显示，不适当的工作压力不仅损害个体，而且也会破坏组织健康。员工的职业压力与心理健康，以及其对企业造成的影响受到了越来越多的关注。压力与情绪问题已成为 21 世纪企业管理中最迫切解决的课题之一。

如果员工的压力过大，会引起其对工作的不满、失望，对工作不负责任，出现缺勤或离职等问题。美国的一项研究发现，每天都会有一名美国员工由于压力而生病缺勤，每年支付工资的损失是数百万美元。英国的工作压力研究发现，由于工作压力造成的代价达到了他们国民生产总值的 1％。

当职业压力成为流行病时，相关的服务行业就发展起来。早在 1997 年，美国与压力有关的产品及服务，比如书、光盘及各种咨询机构一年创造的价值是 94 亿美元，而同年萨尔瓦多全年的 GDP 才 110 亿美元。

形成压力的原因是多方面的，通常情况下是在工作中产生或形成的，即职业压力。包括工作任务过重、人际沟通不畅、角色冲突、工作氛围差等等。如果这种压力得不到释放或缓解，将会影响到员工的身心健康、情绪乃至工作。

时间管理也是与压力有关的一个重要问题。时间对于现代人来说是极其宝贵、稀缺的资源，但是人们往往不能有效利用，从而造成混乱无序的工作状态，进而产生压力。

心理学家发现，人体对压力的反应分为三个阶段：警觉、抵抗和衰竭。在警觉阶段，人体注意到压力，准备与之对抗或回避。在抵抗阶段，人体自行克服压力造成的损害。但是，如果压力没有消失，人体就因不能克服所受的损害而要保持高度警惕。这样，就进入第三个阶段——衰竭阶段。如果这种状态持续下去，人的免疫系统就可能受到损害。这就是为什么在持续的高压力状态下人容易患病和衰老的原因。

对于企业而言，不管员工的压力是与工作性质有关，还是来源于员工个人的缺点，其结果总是会影响到工作效率。虽然压力造成的生理和心理反应，如免疫力下降、消化不良、失眠、记忆力衰退等，是员工个人的负担和痛苦，但这些问题会严重影响工作效率。企业员工的压力已经成为一种普遍问题，员工个人的压力必然影响到组织运行的结果，因此也就成了企业必须重视的问题。

早在 2008 年，美国联邦政府的职业安全与健康机构（National Institute for Occupational Safety and Health）的一项研究就表明，美国超过半数的劳动力将职业压力看作他们生活中的一个主要问题。这一数字比 10 年前增加了一倍多。在过去四年里，因为职业压力而请病假的雇员增加了两倍。2008 年欧盟正式将职业压力列为欧洲大陆面临的第二大职业健康问题。压力正在逐渐成为影响人们生活质量的主要问题。

据美国职业压力协会（American Institute of Stress）估计，压力以及其所导致的疾病——缺勤、体力衰竭、精神健康问题——每年耗费美国企业界 3 000 多亿美元。

目前，在中国虽然还没有专业机构对职业压力给企业带来的损失进行统计，但北京易普斯咨询的调查发现，有超过 20% 的员工声称"职业压力很大或极大"。业内人士初步估计，中国每年因职业压力带来的损失至少为上亿元人民币。

从 20 世纪二三十年代开始，国际社会开始对职业压力管理开展学术研究。80 年代以后，压力管理有了更为系统和科学的方法，并得到了企业的认可，有不少企业实施了职业压力管理方案（Occupational Stress Management Program）。

在美国，职业压力协会是研究压力的一个专业机构，专门对压力给企业、社会带来的一系列问题进行研究，同时也对企业进行指导。我国香港和台湾等地的职业安全健康局发布的职业压力管理研究报告和指导方案，推动了职业压力管理的开展。而在大陆地区，职业压力管理尚处于萌芽状态。

在国外，职业压力管理得到了相当多的成熟企业的重视，这些企业都有专业人士为企业的压力管理进行"把脉"。这为企业减轻了负担，增加了凝聚力、核心力。同时职业压力也把员工和企业之间的距离拉近了，职业压力管理的核心就是减轻员工的压力和心理负担对其造成的不良影响。企业在知悉员工压力并以管理的方式进行疏导时，对于员工的内心感受、压力源、见解甚至意见，都会采取正确的态度来审视。这无疑会对企业的良好发展起到助推作用，由此形成一个良性循环。最重要的是，职业压力管理在相当大程度上延长了企业的生命周期。

所谓压力管理，可分成三部分：第一是针对造成问题的外部压力源本身进行处理，即减少或消除不适当的管理和环境因素；第二是处理压力所造成的反应，即对情绪、行为及生理等方面症状的缓解和疏导；第三是改变个体自身的弱点，即改变不合理的信念、行为模式和生活方式等。

职业压力管理方案是指企业为增进其员工的身心健康和绩效而对内部职业进行预防和干预的系列措施，是企业职业压力的管理体系和方法，通常这种管理体系以企业为核心但又更注重企业中的个体性。完整的职业压力管理方案包括压力评估、组织改变、宣传推广、教育培训、压力咨询等几项内容。

种种数据表明，职业压力管理将成为企业管理者必须重视的一项内容，而在压力增大的中国企业中，它还长期被忽视，一是因为对这个新生事物还比较陌生，二是这种战略意识比较薄弱。

一些在华跨国公司较早地开始关注职业压力与心理方面的问题。通用电气、IBM、思科、朗讯、可口可乐、三星等公司纷纷邀请国内的培训师在企业广泛开展此类培训。目前，国内具有先进理念的企业已经开始接触压力管理，如联想集团、建设银行、平安保险等。

国内心理学家认为，职业压力管理并不能彻底消除员工压力，只是对压力起到缓解、抑制、分散的作用，并使员工有一种积极的、乐观向上的心态。这个管理体系当中更多的是运用心理学和医学的方法，对企业员工进行心理缓解。以专业的方式，从不同层次和角度来缓解压力，避免压力对企业、个人带来的不良影响。

职业压力管理不一定能在短期内给企业带来效益，但潜在的、具有推动力的行为，将会使企业在中长期的运营中受益。随着市场经济的发展、就业环境压力的加大，越来越多的员工感到了一种职业压力。很多人认为职业压力不会直接影响到企业，事实上职业压力与员工的缺勤率、离职率、事故率、工作满意度等息息相关，而且对企业的影响将是潜在的、长期的。

职业压力管理表面上看起来和企业的效益并没有多大的关联性，但实质上起到了化解企业潜在风险的作用。员工因压力、消极情绪而影响工作，如果频繁更换员工也不利于企业的成长，而且还有一个成本问题。而职业压力管理科学合理地缓解、弱化了这个问题，企业的风险将会降到最低。

正如实达电脑设备公司人力资源部的有关人士所说，这种职业压力管理对个体的针对性更强，在缓解员工的压力方面起到了积极的作用。如果员工的压力减弱，那么其工作状态会是热情的、积极向上的，能够为企业创造更多的价值。

出现意外情况人们产生压力后，主动干预和不干预的结果是不一样的。有一个航空公司的一架飞机失事，乘务人员情绪很大，很多人决定要转行。航空公司当时没有办法，许诺要给他们涨工资，一定时间后会为他们更换岗位，但是这些人还是不同意。后来没有办法，找心理咨询师做工作，结果这几个人情绪平复了，很快回到了工作岗位。可见，物质方面的许诺远远没达到心理治疗的效果。

需求自动创造供给。在人们寻找各种方法解决压力问题时，心理学方法因为作用独特而日渐流行，并成为主流。EAP更是因为能够有效地预防和管理压力，成为其中的主要形式。

目前我国没有专门的机构来对金融、IT或者其他行业的有关人士进行系统的减压。但值得庆幸的是，目前包括媒体在内的许多行业对职场压力的关注度都有所提高。部分国内心理专家和EAP专业机构在职业压力管理方面给予了更多的关注，专业化的压力管理方案也在尝试和探索中不断完善。

## （二）心理困境

### 1. 职业倦怠

美国著名心理学大师克里丝汀·马斯拉奇曾将职业倦怠症患者形象地比喻为"企业睡人"。所谓职业倦怠，是指在工作压力下的一种身心疲惫的状态、厌倦工作的感受，是一种身心能量被耗尽的感觉。一般来说，职业倦怠可表现为身体疲劳、情绪低落、创造力衰竭、价值感降低等情况，这种消极状态还可能影响人的整个生活状态。

职业倦怠是随着工作时间的增加，员工在工作过程中慢慢产生的。社会变革的加快、越来越激烈的竞争是产生倦怠的重要原因之一。除此之外，固定的工作模式、个人价值评价与现实之间的差距、个别员工价值观念的扭曲以及缺乏合理的职业生涯规划等都可能导致职业倦怠的产生。

EAP可以通过加强对员工职业生涯的管理，引导个体更加深入地了解自己的价值取向和抗压能力，根据自己的职业生涯实践定期进行理性评估，找出自己的差距和不足，并根据内外环境的变化修正自己的职业目标，通过教育和培训充实和提高自己，缓解职业倦怠的症状。必要时，员工也可以针对自身情况进行专业咨询，以便长久地保持工作激情，避免倦怠。

### 2. 人际关系问题和沟通障碍

人际关系和沟通是企业第二个比较突出的问题。当今企业，沟通和人际关系比以往任何时候都重要，因为现在的工作既要求竞争和多元化又要求合作协调，而且企业与客户之间、企业内部的沟通和交流是大量存在的。

人际关系和沟通有三个方面：一是与客户的关系和沟通；二是同事之间的关系和沟通；三是上下级之间的关系和沟通。这三个方面都是很重要的。员工怎样与客户沟通并建立良好的人际关系？怎样让员工之间保持和谐的合作而避免恶性的冲突？管理者怎样对员工进行个性化、有成效的管理？这些都是非常重要的课题。但现实情况是，企业中存在大量的人际冲突和沟通障碍。

企业中的沟通不良主要来自两个方面，一个是从上到下的沟通障碍（从管理者到员工），另一个是从下到上的沟通障碍（从员工到管理者）。向下沟通容易出现信息膨胀效应，传递环节越多，越容易出现膨胀和歪曲。

有这样一个有趣的例子。老板告诉其秘书："查一查我们有多少人在上海工作，星期三的会议上董事长会问到这一情况，我希望准备得详细一点。"公司的秘书打电话告诉上海分公司的秘书："董事长要一份在你们公司所有工作人员的名单和档案，请准备一下，我们在两天内需要。"分公司的秘书又告诉其经理："董事长要一份在我们公司所有工作人员的名单和档案，可能还有其他材料，需要尽快送到。"结果第二天早晨，四大箱航空邮件到了公司总部。

自下而上的沟通有：下级提供的工作绩效报告、意见簿、员工态度调查、申诉程序等等。向上沟通容易出现信息压缩效应。一般是好消息向上报，坏消息被过滤。结果导致高层领导不了解下级情况，从而做出错误决定。

总之，企业的人际关系和沟通直接关系到客户服务质量、企业信息传递的速度和质量、组织气氛和企业文化，因此与组织运行的效率是息息相关的。另外人际关系和沟通的质量还成为影响员工压力的主要因素之一。

### 3. 职业适应问题

所谓职业适应，是指人与职业之间在社会与经济活动中达到相互协调和有机统一的程度。简言之，就是一个人的个性特征与其所从事的职业相适应的程度。

一般来说，适应有两种情形：一是改变自己以适应环境；二是改变环境以顺应自己的需要。相较于企业的管理水平、企业文化、组织氛围、组织变革等外部不可控因素，一个人对职业的适应程度如何，更多地取决于其自身的基本素质。毕竟，要改变前者，对于某个个体而言是很困难的。也正因为如此，职业适应性的最大特点是强调人的个性要服从所从事的职业要求，同时培养人的个性及能力来满足职业活动的需要，只有当二者达到和谐统一时，才能有效推动社会经济健康发展。

以新入职员工为例，有的新员工可能是尽快融入组织文化，然后把企业文化融入到自己的工作行为中去，使自己工作得如鱼得水。有的新员工由于性格、环境等内外部因素的影响，不能融入组织文化。在这种情况下就容易出现职业适应问题，员工要么在工作岗位上无所事事，要么被所在团队孤立或排斥，被迫离开。

人在适应职业的过程中居于主导地位。当然，职业对人的要求，比如工种、岗位、技能等也是不断变化的。因此，每个人与所从事的职业之间既有相适应的一面，又有不适应的一面，二者之间的适应是一个渐进的过程，只能通过发挥人的主观能动性，在不断的磨合过程中达到和谐统一。正如瑞士著名心理学家皮亚杰所说：智慧的本质从生物学来说就是适应。它既可以是一个过程，也可以是一种状态。有机体在不断的运动变化中与环境取得平衡，适应状态则是取得平衡的结果。这种平衡不是绝对静止的，某一水平的平衡会成为另一个水平的平衡运动的开始。因此，在工作实践中不断培养与强化和职业要求相适应的个性特征，对任何人都非常重要。

（三）身体困境

随着社会的快速发展，我们开始面临越来越多的身体困境。这种困境可能来自我们的生活环境，比如电子辐射、灰尘污染、噪声污染，也可能来自我们的生活方式，比如休息匮乏、碎片时间电子化等。

1. 电子辐射

随着电脑、手机等电子设备的普及，我们便经常性地暴露在各种电子辐射污染中，这严重地影响着我们的健康。

美国弗雷保心血管医学教授布斯通过研究发现，手机的辐射能使受试者的舒张压增高 10～20 毫米汞柱。而斯坦福大学和北卡罗来纳州综合实验系统公司也研究了四种手机辐射对多种动物细胞的影响。结果表明，辐射可使动物的染色体受损，对 DNA 遗传因子产生影响，导致细胞癌变。

2. 空气污染

近年来，环境问题开始受到越来越多人的重视。尤其当人们开始了解PM2.5 的涵义及其危害后，空气污染的治理便成为了民众呼吁的重点。

《环境空气质量指数（AQI）技术规定（试行）》（HJ 633—2012）规定：空气污染指数划分为0～50、51～100、101～150、151～200、201～300 和大于300六档，对应于空气质量的六个级别，指数越大，级别越高，说明污染越严重，对人体健康的影响也越明显。

大量研究已经证实，空气污染对肺的危害巨大，不仅容易导致慢性阻塞性肺病（简称慢阻肺），而且也易导致肺癌。

空气污染不仅仅造成对肺的危害，国外有研究发现，交通尾气能破坏大脑功能。10 名被试在充满废气的房间内待了一小时，期间用脑电图（EEG）监测他们的脑波，30 分钟后，研究者发现脑波模式出现了压力反应，大脑皮层的信息处理也出现变化。此种压力的临床影响还需进一步研究。长期来看，该反应是否会影响口语、非口语能力以及记忆力还不得而知。

### 3. 噪声污染

在生活中，我们总是会被交通噪声、工业噪声、建筑噪声、社会噪声等各种噪声环绕。事实上，作为当下最重要的环境问题之一，噪声污染正对我们的生活产生越来越大的影响。

噪声对人体最直接的危害是听力损伤。人们在进入强噪声环境一段时间后，会出现双耳难受甚至头痛等感觉。离开噪声环境到安静的场所休息一段时间，听力就会逐渐恢复正常。这种现象叫做暂时性听阈偏移，又称听觉疲劳。但是，如果人们长期在强噪声环境下工作，听觉疲劳不能得到及时恢复，那么内耳器官会慢慢发生器质性病变，即形成永久性听阈偏移，又称噪声性耳聋。此外，若人突然暴露于极其强烈的噪声环境中，听觉器官就会受到重创，引起鼓膜破裂出血、迷路出血、螺旋器从基底膜急性剥离等创伤，可能使人耳完全失去听力，即出现爆震性耳聋。

此外，噪声还能诱发多种疾病。由于噪声的影响，个体会产生头痛、脑涨、耳鸣、失眠、全身乏力以及记忆力减退等神经衰弱症状。长期在高噪声环境下工作的人与低噪声环境下的人相比，高血压、动脉硬化和冠心病的发病率要高 2～3 倍。噪声会导致心血管系统疾病。噪声也可导致消化系统功能紊乱，引起消化不良、食欲缺乏、恶心呕吐等，使肠胃病和溃疡病发病率升高。此外，噪声对视觉器官、内分泌机能及胎儿的正常发育等方面也会产生一定影响。

### 4. 休息匮乏

随着生活和工作节奏的加快以及生活压力的增加，人们开始把越来越多的时间投入到工作方面，休息的时间不断减少。休息匮乏正成为当代中国民众普遍面临的一个问题。

2013 年，在一项针对国人睡眠健康调查中发现，超过 8％的人睡眠时间不足 5 小时，57％的人在早晨醒来时感觉精力仍然不是很充沛、比较疲惫。

而在一项由《生命时报》发起的 8 000 多人参与的网络调查显示，下班回家玩游戏、周末蒙头睡懒觉、节假日参加"急行军"式的旅行团，成了大多数国人最主要的"休息"方式。有超过 60％的人觉得"休息"后反而更累了。

大量的研究发现，没有时间休息和不会休息正成为困扰当代国人健康的重要问题。

## 五、中国高级职业经理人压力状况

作为企业界的精英分子，高级职业经理人可以说是一个社会经济圈中最有责任感的群体，这种责任感成为他们的一种内驱力，成为自己审视自己的一个标杆，当理想和现实发生碰撞的时候，直接受到伤害的是他们的内心。这一点也被心理学家所证实，美国心理学家经研究得出结论，抑郁、焦虑、失眠、强迫等袭击的往往都是有抱负、有创意、做事情非常认真的人。这样的特质与企业界精英层是不谋而合的。

最好的，最好的，永远都是最好的，这是高级职业经理人永远的姿态。强大的社会关注度是一种推动力也是一种压力。

美国《财富》杂志（中文版）和北京易普斯咨询有限责任公司共同合作，自2003 年起多次对中国高级职业经理人压力状况展开调查，从心理衰竭（burnout）、身心幸福感（well-being）、压力的自我陈述、压力源、压力应对方式等五个核心维度对中国高级职业经理人的压力状况进行了分析。2014 年 11 月，《财富》（中文版）联合北京易普斯咨询有限责任公司连续第 11 年开展全国性的高级经理人压力状况调查工作，得到了广大读者的积极配合，最终共回收有效数据993 个。

结合最新的 2014 年报告，我们可以看到如下现状：

（1）2014 年，在压力的感受方面，高级经理人仍然"压力山大"，73. 8%的高级经理人面临高压力的困扰，但压力水平相比 2013 年有所降低（降低了3.4%）。同时，该数据也成为高级经理人群体近五年压力水平的最低值。

（2）由于社会定位和角色期待，男性承担了更多的工作压力，75.7%的男性高级经理人感到压力水平较高，比女性高级经理人高出 16.6%。同时，工作的"十年之痒"现象比较明显，工作 11～15 年的高级经理人压力水平最高（79.3%）。另外，工作时间多少是造成高压力的另一原因，每周工作 55～60 小时的高级经理人压力水平最高（88.8%），而保持每天 8 小时正常工作时间的高级经理人高压力人群比例为 53.0%。

（3）2014 年调查结果显示，压力给高级经理人的身体、生活和工作带来了多重困扰。在身体上，最明显的症状依然表现为身体疲惫、记忆力下降和眼部过劳以及出现各种睡眠障碍。在生活上，压力的影响主要表现为"产生消极情绪"（63.1%）、"出现失眠或其他睡眠问题"（54.4%）。在产生的消极情绪方面，高级经理人的焦虑（26.8%）、心烦（22.0%）和压抑（20.4%）名列前茅。在工作上，压力的影响主要表现为"工作效率降低"（70.5%）和"对工作缺乏兴趣"（46.0%）。

（4）与个体呈现出的多样化应对压力的状态相比，企业或组织对于高级经理人的压力状态关注度不足，在方式方法上缺乏创新，"组织集体活动（如郊游、K 歌）"（37.4％）、"为员工营造积极、快乐、互助的工作环境"（26.1％）仍是企业常用的减压方式。但与 2013 年同期相比，分别下降了 5.2％和 7.6％。另外，有 30.4％的高级经理人表示"公司没有采取任何措施帮助其减压"。

由此可见，面对改革，高级经理人承受着巨大的压力，高级经理人的身心健康亟需得到有效关注。面对压力，高级经理人似乎在进行一场"一个人的战斗"，企业或组织更多地扮演了一个旁观者的角色。"重用轻培"的企业用人观，使得企业仍然没有意识到压力给团队和公司层面带来的破坏力，而更多地把压力看作高级经理人需要应对的个人问题。从这一点上讲，中国企业的用人观和管理理念还有待转变。

（5）2014 年的调查结果显示，高级经理人在职业枯竭感上与 2013 年同期相比有所降低，在"缺乏工作活力"和"质疑工作价值"两个指标上都有所改善。这与 2014 年中国经济和社会呈现出来的改革热潮和高级经理人的多渠道发展方向不无关系。

在不同群体的高级经理人中，企业性质在一定程度上影响了高级经理人对工作的投入和价值定位，国有企业的高级经理人职业枯竭感最高，外资企业的高级经理人位居第二，而民营企业的高级经理人职业枯竭感最低。教育背景作为"知本"积累的最直接的方式也在一定程度上影响职业枯竭，大专学历的高级经理人最缺乏工作活力，本科学历的高级经理人则最质疑自身的工作价值，硕士学历及以上的高级经理人的整体职业枯竭感最低。另外，职业枯竭感随着年龄的增长呈现逐渐降低的趋势，35 岁以下的高级经理人职业枯竭感最高，而 55 岁以上的高级经理人职业枯竭感最低。如何帮助不同群体有效缓解职业枯竭感，不仅是个人的困境，也是企业管理工作中的一个重点。

心理学研究表明，职业枯竭感能够得到积极预防和缓解，而提升心理资本是从个人层面缓解职业枯竭感的有效方式之一。心理资本是个体在成长和发展过程中表现出来的一种积极的心理状态，具体表现为自信、坚韧和乐观。心理资本是人力资源的核心资本。它是人体自主应对压力等心理健康问题的关键，能对工作绩效产生积极的影响，激发更高的工作热情和更大的工作动力。

总体而言，尽管中国高级职业经理人心理状况呈现出情绪状态更为积极、心理衰竭水平有所降低的趋势，但较大的主观压力感受依然表明他们正备受压力等心理问题的困扰。

"通则不痛，痛则不通"，就像成长过程中必须承受的"生长痛"一样，压力是高级经理人在职业生涯中必须经历的苦痛，而这些苦痛是高级经理人通往"罗马圣殿"的必经之路，也成为高级经理人和企业攀登高峰的垫脚石。

　　显然，我们无法回避苦痛，那无异于"揠苗助长"。就像心理学家汉斯·塞利说的那样：我不能也不应该消灭我的压力，而仅可以教会自己去享受它。面对重压，我们应当主动寻求解决之道。身处改革，企业和高级经理人都亟需对各自的发展进行"顶层设计"，以全新的眼光和视角来看待企业发展和职业心理健康问题。如果企业和高级经理人能把职业心理健康放到和个人升迁、企业兴衰同等的高度，那么，求解压力之路则不再是高级经理人自己的精神苦旅，而是一场关乎整个企业群体的荣誉之征。因企业和个人的相伴前行，求解压力的步伐终究会变得踏实和笃定。

# 全面了解 EAP

## 一、EAP 是什么？

员工帮助计划（Employee Asisstance Programs，EAP），是 20 世纪 70 年代以来在美国企业界所推行的一种福利方案，帮助员工解决社会、心理、经济与健康等方面的问题。

EAP 的中文翻译有多种，如我国台湾地区习惯翻译为员工协助方案、员工帮助计划，大陆则习惯称之为员工帮助计划。

对于 EAP 的定义，国内外至今尚未形成权威的界定标准，众多专家学者根据各自的理解进行了不同的阐述。

Goodings 等人认为员工帮助计划是企业通过合理的干预方法，积极主动地去了解、评估、诊断及解决影响员工工作表现及绩效问题的过程。

Bohlander 等人则认为员工帮助计划是企业通过为员工提供诊断、辅导、咨询等服务，解决员工在社会、心理、经济与健康等方面问题，消除员工各方面的困扰，最终达到预防问题产生，提高员工工作、生活质量的目的。

Dessler 也认为员工帮助计划是企业内部正式、系统的项目，通过该项目的实施与推动，为面临情绪、压力、酗酒、赌博等问题的员工提供咨询、引导及有效的治疗措施，帮助他们度过困难的过程。

Gloria 认为，员工帮助计划是由管理者、工会团体或员工协会与咨询顾问公司、社会团体、心理健康服务机构或个人签约，为员工提供援助服务的总称。

Arthur 也认为，员工帮助计划主要是针对存在心理问题的员工及其家属提供相应心理评估、咨询辅导与治疗服务及家庭、法律、医疗与财务等方面援助的过程。

Walsh 曾指出 EAP 是利用公司的政策及一套程序，来对某些直接或间接影响工作效率的员工个人问题，给予辨识或反应。它提供员工咨询、资讯及转介去接受适当的治疗与支持服务。

方隆彰认为员工帮助计划是工作人员运用适当的知识和方法于企业内以提供相关的服务，协助员工处理个人、家庭与工作上的困扰或问题。这里所谓的知识与方法包括心理学、跨文化管理等相关知识，以及会谈沟通、团体辅导、活动策划与执行、调查、评估、压力放松、转介等实务。

罗业勤指出员工帮助计划是组织基于对员工的关切，在劳资双方的支持下，由组织提供资源及时间，经由特定的人员及程序，以接纳的态度帮助员工处理有关酗酒、情绪、家庭等问题以及其他组织内部有关人群问题，例如：主管部属、同事、男女情感问题，或者工作问题，例如绩效、晋升、待遇、惩戒等。

其他 EAP 的专家也曾给出过类似的定义。

综合了国内外相关的研究和文献，我们认为员工帮助计划是组织为员工设置的一套系统的、长期的精神服务项目，通过专业人员对组织的诊断和建议以及对员工及其直属亲人提供的专业咨询、宣传、指导和培训，帮助改善组织的环境和气候，解决员工及其家庭成员的各种心理和行为问题，使员工的心理资本得以开发和增值，从而提高其工作绩效和幸福感。

## 二、EAP 的价值

EAP 在中国发展了 10 多年，很多企业和组织对其充满期待。在引进 EAP 之前，有一个问题不可回避：EAP 的价值何在？

EAP 的价值与收益既显而易见，又充满争议。说它显而易见，是因为 EAP 在发达国家已经有近百年的历史，且有蓬勃发展之势，在中国也发展了 10 多年，这本身就证明了它的价值。说它充满争议，则在于实践中组织往往希望它对员工的工作状态、满意度等起到立竿见影的效果，而影响这些指标的因素非常多，EAP 只是其中一种，难以对其价值与收益给出精确的测量。

下面从社会、企业和个人三个层面来探讨 EAP 的价值。

### （一）EAP 的社会层面价值

心理学是一门助人的学科，这也是心理学的魅力所在，许多心理学工作者之所以选择心理学大都因为心中有崇高的助人理想。

心理学工作者通过多种方式实现自己的助人理想：有人著书立说，传播心理学助人技巧；有人开办讲座，助人自助。企业组织则可以统一实施 EAP，将助人服务覆盖到每一个成员。无论是一对一的心理疏导，还是一对多的心理知识、技能的讲授和传播，我们都可以看到心理学在越来越多的领域实现着助人的目标。那么，怎样让心理学发挥更大的助人功能呢？经验告诉我们，当一项工作得到国家、社会的关注和重视时，其发展速度将会大大加快，同时其积极影响也将惠及更多人群。

回顾最近 10 年，我们可以发现国家对心理学在社会层面的应用越来越重视，加上若干重大事件的推动，我们可以看到清晰的发展脉络。

2006 年，《中共中央关于构建社会主义和谐社会若干重大问题的决定》中指出：注重促进人的心理和谐，加强人文关怀和心理疏导，引导人们正确对待自己、他人和社会，正确对待困难、挫折和荣誉。加强心理健康教育和保健，健全心理咨询网络，塑造自尊自信、理性平和、积极向上的社会心态。

2007 年，党的十七大工作报告指出：加强和改进思想政治工作，注重人文关怀和心理疏导，用正确方式处理人际关系。

2008 年，汶川大地震后全国性的心理援助将心理学应用第一次呈现在大众视野。

2009 年，国务院国资委《关于加强中央企业班组建设的指导意见》中规定：班组长的任职条件是"关心爱护和团结员工，有较好的群众基础，身心健康"。

2010 年，全国总工会《全国职工素质建设工程五年规划》指出：引导员工提高身心健康意识，实施身心健康教育，加强人文关怀和心理疏导。

2011 年，国务院国资委中央企业群众工作会议讲话指出：保持员工队伍稳定，帮助员工适应新环境，消除心理上可能出现的各种问题。

2012 年，党的十八大报告明确强调：加强和改进思想政治工作，注重人文关怀和心理疏导，培育自尊自信、理性平和、积极向上的社会心态。

2013 年，第十八届三中全会审议通过的《中共中央关于全面深化改革若干重大问题的决定》，习近平主席强调了改革的重要性。这对企业来说是一个机遇，也是一个挑战，如何更好地营造组织氛围、提升员工的心理资本水平是能够应对挑战的关键。

综上所述，我们可以看到国家对心理工作的重视和大力推动。同时，中国心理学应用领域非常关注国际上的发展，对国外的经验扬其精华，弃其糟粕，兼容并收。除了关注到起源于美国的 EAP 项目在国内外企业组织中的成功应用之外，目前正在西方国家兴起的心理资本、心智资本增值和应用也引发了国内心理学领域的思考。美国管理学大师 Fred Luthans 教授提出的心理资本（PsyCap）在美国企业组织中得到很好的应用，对组织员工和各界人士产生了积极的影响。国内的一些企业组织也关注到心理资本对员工的积极作用，在 EAP 项目的基础上创造性地实施员工心理资本增值（PCA）项目，从潜能提升的角度关注员工心理疏导问题。Luthans 提出的心理资本正在被越来越多的国家和地区关注并实践，尤其是在一些东南亚国家和地区，心理资本备受推崇。

基于国家近年来在心理工作领域的各种导向和国际上心理资本应用的兴起，心理学应用，尤其是 EAP 已经在整个社会层面实现了重要价值，并且在未来必将继续发挥更加重要的作用。

## 1. 建立重大突发事件心理应急预案

心理学在社会层面应用的其中一项重要功能是重大突发事件的心理应急预案，一项心理应急预案的建立往往受到某一突发事件的推动。

至今我们依然清晰记得 2008 年汶川大地震发生之后，全国的心理学工作者涌入四川参与心理援助的情景：人数众多但缺乏组织，心怀赤诚但专业能力良莠不齐。尽管心理学工作者在震后心理复健过程中发挥了重要作用，但同时也暴露了我们国家在重大突发事件中心理应急预案上的短板，比如缺乏整体预案和明确、统一的指挥系统，援助行动无序、可持续性差等。

时隔两年，2010 年 4 月 14 日青海玉树发生 7.1 级地震后，心理援助从组织到具体实施已经发生了巨大的改变。这次心理援助由卫生部组织，统一指挥安排人员；为解决心理援助持续性的问题，心理援助的内容以对灾区本地心理援助人员培训为主，目的是为灾区留下一支不走的队伍；同时，针对专业能力良莠不齐的问题，玉树心理援助工作统一了培训内容。

比较前后两次重大突发事件之后的心理援助，我们发现在玉树的心理援助中，政府的反应更加积极迅速，参与援助的心理工作者更加专业，组织、协调工作进行得高效有序，政府在心理援助领域的主导作用逐渐凸显出来。诸多迹象表明，政府已经从国家层面建立了比较成熟的重大突发事件心理应急预案，并开始发挥作用。

## 2. 前瞻视角的心理疏导，心理资本的积极取向

突发性的灾难事件让国人对心理学有了更多的认识，向往轻松工作、快乐生活推动了国人关注、学习并应用心理学。心理资本在美国的深入研究给了我们启示，如果换一个视角，把关注点更多地放在预防和发展上，那么心理学，尤其是积极心理学将会改变我们的生活。不同于应急性质的心理疏导，心理资本具有一种非常前瞻的心理功能。

心理资本的价值不在于为少数人解决心理困扰或疾病，而在于为更多的人提升生活品质服务，让人们生活得更幸福。最重要的是，我们可以通过提升个人的心理资本来实现对自我潜能的开发。我们可以看到这一价值近年来已经逐渐显现出来，政府开始利用电视、报刊、互联网等大众传媒以通俗易懂的方式有计划地宣传心理疏导、心理资本、心理健康等方面的知识。丰富多样的心理图书在传播心理学方面发挥着积极作用。人们在互联网上则可以非常方便地获取关于 EAP、心理健康、心理资本的知识。

### （二）EAP 的企业层面价值

EAP 的价值与投资回报是学术界和企业管理层普遍关注的问题。综合而言，目前大多关注的是其短期的、可计算的、单次的经济回报，此类数据已有国内外文献可考，但其长期持续性的经济价值及非经济价值（战略价值），却是一个颇具难度的课题。下面是我们总结出的 EAP 在企业层面具有的三重战略功能。

第一种战略功能是解决负面困扰，消除组织的破坏性因素。

这一功能是最常见的 EAP 功能，可以称为"传统"功能或"基础"功能，也是西方 EAP 模式长期固化的主要内容。其实际服务的人群约占组织的 10%～20%，核心目标是在最大程度上消除组织中的破坏性因素。

该功能主要通过心理咨询来实现，包括电话咨询、面询、网络咨询、团体辅导、危机干预等。服务内容是以压力管理为核心，帮助员工解决工作场所或生活情境中各种压力源所带来的负面情绪困扰。

这一功能的核心价值是帮助企业完善风险控制体系，规避各种现存的或潜在的负面破坏性因素可能给组织带来的法律风险、经济风险以及道德风险。随着经济进入全球化时代，国内企业在所处价值链上的劣势正在给组织与员工带来越来越大的竞争与发展压力，一部分员工长期以来积累的压力与负面情绪由于缺乏正确的观念、技能与途径进行及时疏导，使得其因某个偶然因素而产生传染性爆发，从而给企业带来巨大破坏性影响的概率正在增大。而相对法律、财务、流程等风险控制体系而言，国内企业对"人"和"情绪"的风险控制意识还处于起步阶段，部分企业管理层对其影响因素及解决途径的认识也尚局限在薪酬与工作负荷方面。对这一风险控制体系的认识不足，将成为制约组织可持续发展的内部因素。因此，尽快建立、完善该体系，已经成为全球优秀企业维持健康、有序的内部经营环境的最重要的工作之一。

第二种战略功能是提供预防性组织支持，释放组织生产力。

这一功能开始与海外模式出现明显不同。它实际服务的人群约占组织中的 60%～70%，其核心目标是提供组织支持，从而释放组织生产力。该功能主要是通过更系统的本土 EAP 服务形式来实现，包括调研、规划、促进、咨询、培训、评估等模块。服务内容以 360 度"身心管理"为核心，为员工及其家庭提供全方位的身心健康管理服务，为组织管理层提供管理提升建议。

这一功能的核心价值是帮助企业完善组织支持与福利系统，在中短期内获得良好的投资回报，提升组织绩效等经济指标及员工满意度等人文指标。如果说前者"功能一"是立足于解决已有危机，那么"功能二"则是预防潜在风险、提升组织活力。基于目前的全球竞争态势，现代压力管理的核心目标已不再是为少数人"减轻"压力，而是为绝大多数人设计"合适"的压力水平和工作要求，再通过组织支持（工作资源）这一至关重要的调节变量，在不损害甚至提高工作绩效的前提下，同时提升员工的满意度、幸福感以及组织承诺等人文指标。这一支持系统已成为整合"绩效"与"人本"这一矛盾共同体的最有效方案之一。

第三种战略功能是提升积极心理资本，培育未来竞争优势。

这一功能是近两年对行业发展和企业增长最具影响力的功能之一，基于心理资本研究鼻祖 Fred Luthans 教授提出的"心理资本"概念。按照 Luthans 教授的观点，心理资本是个人、组织甚至国家未来竞争优势的关键。现代人力资源管理体系在职位管理、任职资格、薪酬管理、绩效管理、素质评价、培训发展等模块的建设上已日趋成熟，但其构建的仍主要是"周边"支撑、管控型的规则与制度，其核心源动力"人力资本自身的内在建设"却长期以来处于缺失的状态。尽管多年来"素质模型"、"培训"等模块也立足于"能力建设"，但相对而言，其主要关注的是当前及短期内企业所需要的核心能力，而心理资本则关注形成企业永续经营所需的当前可预见及不可预见的各种核心能力的能力。简言之，素质模型关注的是能力，而心理资本关注的是形成核心能力的能力。

这一功能的核心价值是帮助企业培育未来核心竞争优势，在中长期范围内获得不可估量的投资回报。同时，由于心理资本着眼于提升组织绩效与员工获得幸福的能力，这就为中国企业达成绩效与人本间的平衡，实现组织可持续性的和谐发展提供了最佳解决方案。在普遍关注技术创新、模式创新的今天，加强"以身心健康管理为保健、以心理资本提升为牵引"的人力资本内在源动力建设，将成为助力企业可持续领先发展的价值创新。

## （三）EAP 的个人层面价值

每个生命都有其独特的意义和价值。有些时候，我们可能因为某些原因迷失方向，生命走入低谷，我们想要突围，想要找到新的方向，希望有人能帮一把。EAP 心理咨询则是一个用生命触抚生命的过程，它能让员工摆脱困境，让生命更灿烂。

在 EAP 的服务形式中，心理咨询成为最能体现员工主动性的环节，受到越来越多员工的青睐。无论是个人的自我发展瓶颈、日常工作生活的困扰，还是比较严重的创伤事件，甚至更严重的心理危机，EAP 都能为员工个人提供专业的辅导和帮助。

### 1. 滋润生命于不察之中：促进自我成长

每个人都有自己的特质，而人要成长，就需要将自己的这些特质发挥到最佳限度。有些人会感到自信心不够、在公共场合不敢讲话、自己不容易融入群体等，这些都会对个人的工作和生活产生比较大的影响。在自己难以处理这些情况时，如果选择向咨询师咨询，通过咨询师和自己的努力，发现限制自己能力发挥的原因并采用对应措施的话，对个人的成长会有很大的推动作用。

例如，日本著名心理学家松原达哉教授创立的生活分析咨询法，不仅能帮助自己分析日常生活中的每个细节，发现自己可以改善的地方，也能帮助人们厘清自己的生活目标，于细微之处对使用它的人产生深远影响。

心理咨询以润物细无声的方式，影响着使用它的每一个人，让每一个生命都绚烂如花。

### 2. 解决困惑于迷茫之时：解决日常困扰

"不如意事十之八九"，一句话道出了人们日常工作和生活中的各种难处。想必每个人都曾经因为其中的某一个或者某几个问题而迷茫过、彷徨过，专业的咨询师在此刻协助你一起发现问题、分析原因，自己最后选择一个合适的解决方法。解决这些困惑，让自己变得更加适应周围的环境，也让自己更加了解自己，并能够以更加积极的态度面对工作和生活。在人生的某个阶段我们可能会陷入人生的低谷，可能会感觉人生充满了迷惑，此时，我们会渴望阳光。曾有员工在使用 EAP 心理咨询后告诉咨询师："那天走出这个房间，望着窗外的夕阳，我觉得自己的心里仿佛打开了一扇窗，阳光照了进来。四年了，感觉从来没有这么好过。"

### 3. 创伤处理于丧失之后：创伤后心理障碍援助

人生无常，我们难免遇到突发的创伤事件，比如亲人亡故、同事猝死、自然灾害……许多创伤后的人恢复正常生活所需时间不长，但一些人却会因应激反应而无法恢复为平常的状态，甚至会随着时间推移而变得更加糟糕。所以及时处理这些应激事件，帮助当事人恢复正常生活显得尤为重要。

遭遇丧失后，人通常会经历以下五个阶段。

（1）迷惘阶段：突发的创伤发生了，个体处在迷惘、呆滞当中，感觉迟钝。

（2）震惊阶段：从迷惘中惊醒过来，充满无比的震惊、恐慌、害怕及惊慌，手足无措、无所适从、情绪难控。

（3）失调创伤阶段：当事人从震惊中遭遇相当大的痛苦与创伤，会产生怨天尤人及过度自责现象。

（4）追踪解决阶段：当事人开始觉得需要有人帮助我，我快撑不住了，我想改善我的状况。

（5）长期复健阶段：当事人处在有意愿复健阶段，并且已准备接受他人或专家的协助。

从创伤事件开始直到当事人接受事实，咨询师进行适当的陪伴，从最初的关心、陪伴到倾听、关心、沟通、关怀，同时积极了解其伤痛，寻找支持力量协助其自我治疗、学习和成长，发掘其内在资源，恢复积极心态，对当事人的恢复、成长和发展有很大帮助。

当亲眼看见工作伙伴失去宝贵的生命时，很多人都会产生内疚、悲伤和恐惧的心理，团体咨询最适合处理这种情况。在我们对某工作环境危险程度比较高的企业发生灾难后进行的团体咨询反馈中获悉，咨询师专业引导能让他们接受现实、勇敢面对困难，并更用心地生活。

4. 挽救生命于危险之中：心理危机干预

生活中，每个人都会遇到自己难以解决和克服的困难，有的人能轻松面对，有的人则会深陷其中，难以调整过来，进而产生比较极端的想法，甚至会有极端的行为。

EAP 咨询的功能之一便是帮助那些走在"悬崖峭壁"的人。曾经有一位员工致电 EAP 热线，哭着说自己心情很差，想找个老师做咨询，让老师帮自己解决问题。EAP 热线马上为其安排了合适的咨询师，咨询师判断该员工当时是抑郁状态，而且有自杀的想法和计划。随即，咨询师启动了危机干预程序，不仅帮助该员工到医院接受了更加适合他的治疗，而且也从多方帮助该员工重返工作岗位，工作和生活都恢复了以前的生机。

助人自助，是 EAP 心理咨询最核心的目标，并借此实现员工的自我成长。通过助人自助的咨询过程，心理咨询专家帮助员工了解并澄清所面临的问题，并使其学会应对方法，进而学会对自己的心理和行为进行调节和控制，提高自己对环境的适应能力。在咨询过程中，员工还能学会接纳自我，以积极的态度去生活和工作，与周围的人融洽相处，在此基础上发掘自己的发展潜力，最终走向自我实现的道路。

## 三、成功的 EAP 要做哪些工作？

综合专家学者的意见并结合实务领域的经验，我们认为一个系统的 EAP 项目一般具有如下基本特征。

（1）由组织向员工及其家属成员提供的一项基本的福利。

（2）专业服务公司向组织提供的是一套全面的、系统的 EAP 服务，通过对组织的调查和诊断，对员工提供的教育和培训，以及对员工及其家属的心理咨询服务，能够把预防问题和解决问题，解决普遍问题和个别问题等有效地结合起来。

（3）在心理咨询中，咨询对象的个人隐私将按照心理咨询行业和一般的伦理标准而受到严格的保护。通常在没有得到咨询对象书面授权的情况下，咨询人员不得向任何人透露咨询对象的任何事情。

（4）员工在使用心理咨询服务时，通常采用员工自我推介和管理者推介相结合的方式。

（5）EAP 中的心理咨询服务，不仅提供给组织内的员工，而且也提供给他们的家属及亲人。

（6）聘请外部的专业服务公司执行 EAP，有助于组织得到更客观、有效和具体的有关人员和组织运作方面存在的问题的资料。

（7）专业服务公司将定期地向组织书面报告有关执行 EAP 的情况，如使用 EAP 的统计（但不反映个人资料）、组织中的员工面临的普遍问题、组织管理中特别需要改善的方面、及时消除问题隐患的建议以及在每个合同期（通常为一年）结束前的效果评定等。

由于组织的行业特性、员工特质存在较大差异，以及员工面临的个人问题和组织对 EAP 的预期目标不同，员工帮助计划在不同组织实施中各自有所侧重。然而对于所有成功、有效的 EAP 来说，都具备一些相同的要素。归纳汇总国外 EAP 的研究和实践，这些基本要素主要包括以下几点。

## （一）来自管理层的支持

管理者的积极支持，对 EAP 来说非常必要。特别在导入 EAP 项目的初期，中层管理者的参与和支持是项目得以顺利进行的最基本保障，但如果缺乏来自最高层管理者的认同，EAP 项目则很难达到预期的成效并持续进行下去。这一点，对于大到拥有数万雇员的巨型企业，小到只有几十名员工的公司都是一样的。

高层管理者的参与可以提供以下几个方面的保证。

（1）这象征着最大程度得到高层管理者支持的开始。

（2）来自中低层管理者对 EAP 的热情支持，在某种程度上能代表高层管理者的态度。

（3）其他各层管理者都会欢迎 EAP 工作人员。

（4）EAP 在起步阶段，各方面都会得到充裕的经济上的支持。

此要素的重要程度在中国 EAP 实务领域也得到了有效印证。在笔者组织实施的联想集团客服本部员工帮助计划（EAP）项目、国家开发银行总行员工帮助计划（EAP）项目、北京西门子通信网络股份有限公司员工帮助计划（EAP）项目、国家开发银行河南省分行员工帮助计划（EAP）项目中，自始至终均把此要素给予高度重视，在项目前期论证、方案设定、组织实施、效果评估的各个环节，我们都积极创造和高层管理者充分沟通并获取最大限度支持的条件，并与该群体保持良好的关系与接触。事实证明，来自该群体的深度认同、密切关注和积极支持，是推进和实施员工帮助计划（EAP）项目的关键要素之一。

## （二）来自工会等组织或职能部门的支持

在美国，员工帮助计划（EAP）项目得到了全国范围内的工会组织的支持，而且 EAP 专家也非常注重工会与管理者之间的协作。

在笔者的经验中，如果实施 EAP 的企业存在有组织的工会，而且希望能够增加员工参与 EAP 的机会的话，这种合作是必不可少的。

此问题在北京西门子通信网络股份有限公司员工帮助计划（EAP）项目中得到了有力的证明。因为该项目是以工会为主导入组织的，工会的领导和工作人员为促使该项目发挥更大成效及向所属员工提供更为切实有效的帮助，在员工帮助计划项目推进和推介员工使用各项帮助服务方面，做了大量积极主动的工作。举例来说，在健康促进环节进行的职业心理健康培训中，工会为调动员工的广泛参与度，一方面协调人力资源部门合理安排培训时间，尽可能不与员工的周末休息发生冲突，另一方面拿出专门经费安排工作餐。尽管是小细节，但体现了西门子工会对此项目的重视。

可见，如果有工会的介入，就必须保证他们对 EAP 的支持。

当然，在中国本土 EAP 项目中，由于所介入组织的性质不一，这方面的支持也不仅限于工会层面，国家开发银行总行员工帮助计划（EAP）项目就是在其机关党委的支持和协作下实施的。

### （三）明确的政策与程序说明

每一个向员工提供 EAP 的企业，都必须向员工公开 EAP 的政策与程序，要让员工了解并相信公司推动 EAP 的诚意与决心，最有效的办法是正式宣布一套明确的政策与程序，其应该包括以下几个方面。

（1）员工有问题是能够被接受的：让员工认识到每个人都有可能碰到问题或困扰，回避问题不是最佳选择，要有勇气面对问题。

（2）充分支持员工在解决问题上所做的努力：个人问题或困扰对组织和员工个人都存在负面影响，只要员工本人愿意在这方面做出努力，同事和公司都会协助与支持，愿意聘请专业机构向面临困扰的员工提供保密的、专业的帮助。

（3）确保接受服务的员工具有安全感：让员工知道接受 EAP 所提供的服务是安全的，不会因为求助而列入考核甚至影响绩效、晋升，同时其接受服务的资料受保密条款约束不会记入档案。

（4）EAP 是来帮助员工及其家人的，不是管理的工具。

（5）自愿原则：所有 EAP 活动的进行都建立在员工自愿参加的基础上。

总之，要表明员工是公司最宝贵的财富，而且接受 EAP 的员工的资料将会受到保护。

此外，要有执行程序的相关说明，让员工了解此政策如何执行（如执行步骤、享受服务的注意事项、相关工作流程等等）。有些公司不但将此印成手册发给员工本人，还寄给员工家属以示郑重，强化员工参与的信心。

（四）保密

保密是有效的 EAP 的基础，所有员工都有权利为自己的问题寻求帮助并得到信息保护。在员工被公司的管理者推介给 EAP 专业服务机构后，他（她）有权知道，在任何情况下，他（她）的相关信息都不会记入档案。而且，他（她）的问题的实质不会被移送人员知道。如果做不到各个环节的保密，EAP 是不会取得成功的。道理很简单，只有员工自己有权透露自己的治疗信息，其他人都不可以。但是，仅仅公开声明这项原则是不够的，要落实到实际操作过程中去。因为，在 EAP 的各个环节中，都可能会无意间透露员工的隐私。

下面列举一些不利于保密工作的情况。

（1）员工资料的保密工作是如何受到威胁的。

首先，将来自同一个公司的员工的咨询时间安排得太近不利于员工资料的保密。通常，外部 EAP 都会设在远离企业的地方，这本身有助于保密。但是，如果同一公司的员工约见的时间离得太近，碰面的几率就会增大。即使有些员工不介意被别人发现自己接受 EAP 咨询，但是一旦传到公司里，EAP 保密的信用指数也会大大降低。因此，那些预约人员必须提高警惕，以免来自同一企业、定期接受复诊的员工见面。

当一个 EAP 的提供商同时为多家公司提供服务，或者进行团体咨询时，这个问题也会变得异常突出。EAP 协调人员经常针对员工具体的问题，安排专家进行一对一的辅导，这使得同公司的员工的治疗同步进行，也就增大了他们在候诊室相遇的几率。应该设专门的人员避免此类事件的发生。总之，切记一条：不要因预约的时间表安排不当而破坏保密制度。

（2）严格限制咨询时间。

另外一个不利于保密的制度就是将咨询时间限制为"朝九晚五"。这意味着，很多员工不得不请假来接受帮助。由于大多数人（80％～85％）都是自愿接受该计划的，他们就必须在下班之后才来就诊。如果是 24 小时倒班制的话，情况就更复杂了。因此，EAP 保证 24 小时开放就显得非常重要了。对于正在进行中的个案也是如此。已经有固定咨询对象的咨询师，必须保证灵活的咨询时间。

（3）对来访者进行随机分组。

这种随机的分配方式，很可能使来自相同公司的员工分在同一组，从而破坏了隐私。

（4）让治疗机构亲自确认雇员的问题所在。

医院和治疗中心非常乐意接受转介过来的员工，但是他们经常强调打电话给当事人所在的单位，以了解他的问题，这样就会使得员工感到难堪。对于 EAP 协调人员来说，与相关机构保持充分的沟通，为员工清除一切障碍以接受帮助，是最基本的任务。

（5）回访。

EAP 协调人员或顾问定期拜访需要服务的企业是一个增加 EAP 业务的好方法。然而，如果遇到了接受过帮助或正在接受帮助的员工并与之打招呼的话，就会引起流言，使得没人敢向 EAP 寻求帮助，或者回避那些曾经接受过帮助的员工。如果企业的监督人员经过培训，对此给予足够的关注，就能最大限度地避免此类事情的发生。而且，一旦有员工通过此计划成功地解决了个人困扰，就会成为 EAP 最好的宣传者。

（6）在工作时间联系当事人。

有时候需要告知当事人变更预约时间。其基本原则是，尽量在下班时间联系当事人。如果时间不允许而必须在上班时间通知的话，就一定要谨慎。最好只给出秘书的姓，或者编号，而避免留言："请××尽快给 EAP 回电话。"

（7）向转介人员透露不必要的信息。

根据 EAP 书面政策规定，只有以下三个方面的信息才能够向转介人员透露：员工是否接受转介；员工是否需要治疗；员工是否接受推荐的治疗。

其他信息都应该保密。其实，泄露任何关于员工问题实质的信息，都是不道德或违法的。

保密的过程非常复杂，甚至有些冗长。但是，要传达的信息很清楚，我们应该尽全力为员工保密，取得当事人的信任，这一点非常关键，否则 EAP 就不会顺利进行。

## （五）完善的教育促进与培训

EAP 的推动与实施需要广大员工的广泛参与，并非职能部门几个专员就能达成目标。

因此为了顺利执行 EAP 项目，必须让公司上下全面系统地了解 EAP，并明白个人与组织在这方面的共同利益。特别是与员工直接接触的基层主管，要特别为他们举办培训，提升其发现及面对员工问题的能力。其他管理者经过教育促进与培训，要能充分了解 EAP 的哲学、功能和做法，提高部门管理效能，让 EAP 成为他们的一个新的动力系统。另外也要让员工及其家属了解 EAP 的政策、程序、方案内容（如向新进员工及其家属提供一份 EAP 的说明书，对一般员工举办 EAP 说明会，利用各种机会、场合、渠道进行宣传与促进），也就是要始终秉持"全员参与"的理念进行经常性、多形式的宣介。

具体培训内容包括以下八方面。

（1）对心理健康的认识。

心理健康是员工健康成长、高效工作、幸福生活的基石，组织应关心员工的工作，更要关注他们的幸福感受，也积极引导员工提高心理健康水平，帮助他们有效地应对各种困扰。

应该提醒公司主管，他们只需通过观察，发现哪些员工出现了问题，如缺勤、痛苦、反应迟缓、易怒和工作效率下降等。而雇员在下班之后干什么，是他的隐私。主管应该知道，工作效率的突然下降经常是问题的征兆，并知道如何更加积极地关注员工的工作绩效，并以此作为该员工是否需要转介给相关机构的依据。

（2）员工家属和其他问题。

人经常会遇到问题，影响工作效率。几乎没有一个员工能够幸免。当问题出现时，主管与员工领导不必对问题的性质作出诊断，只需要关注哪个员工的工作绩效受到了影响，再转介给 EAP 就可以了。

（3）药物滥用。

根据公司的政策，与酗酒问题一样，药物滥用也是一种疾病，主管根据工作绩效采取相应措施。二者有一点重要区别：酗酒是合法的，而药物滥用不是。看到一个吸毒的员工和看到拎着酒瓶的醉醺醺的员工不同。主管必须报告此行为，再来决定是否进行转介。

（4）转介面临的问题。

员工经常会向主管倾诉，但是在他们尝试这种方法时，反而会使问题变得更棘手。因为这些人没有经过专门培训，也没有时间帮他们解决。应该鼓励有问题的员工向 EAP 寻求帮助，这也是 EAP 存在的理由。

（5）不能忽视问题的严重性。

很多员工都意识不到自己面临问题的严重性，因此也就不会接受 EAP。其实很多看似无足轻重的问题却关系重大。主管还是应该懂得"亡羊补牢"的道理，早日解决那些困扰着员工的问题。

（6）有关 EAP 的书面政策。

基本上在有关 EAP 的培训中都应涉及其书面政策的内容，如果书面政策比较全面系统，关于它的解释通常会贯穿整个培训过程。

（7）应该涉及的内容。

应该涉及以下内容：如何转介；下班之后的业务；24 小时紧急呼叫；保密；雇主的花费；公司政策的保证；EAP 的服务可及性；反馈信息。

（8）滥用善意。

很多主管都是从基层成长起来的，他们是员工的朋友，但也经常会被员工的一些表面现象所蒙蔽，而忽略他们的问题。要让他们知道这不是帮助朋友的方法，只会害了他们，对这些有了理性理解，EAP 的执行通道才会更加畅通。

## （六）财务支持和劳工保险

在美国的大多数 EAP 项目中，公司往往会为雇员付前三次咨询费用。五年之内，咨询费用一直保持不变，以此促使更多的员工参与此项计划。和普通人一样，有问题的员工也害怕做心理咨询，并担心负担不起费用，但当他们知道公司提供财务支持时，就会更倾向于接受服务。

同时，公司应考虑把 EAP 项目与劳工保险紧密结合，这样可以通过保险金的方式支付部分与 EAP 相关联的费用，比如转介过程中的治疗费等，可以相对降低 EAP 项目的实施成本。通常情况下，保险金只付给心理治疗师和心理专家提供的服务项目，然而很多问题由专业人员治疗效果更好，如家庭治疗师、戒酒咨询师、药物滥用专家、社会工作者、性问题专家、康复治疗家或营养专家等等。EAP 协调人员应该备一份这些不同专家的名单，进行有效的转介，企业则应促进保险公司支付这些专家费用。

## （七）专业的 EAP 从业人员

在 EAP 被广泛运用的美国，一般要求 EAP 协调人员应该具备以下几个方面的专业知识。

（1）对酗酒问题的认识和治疗。

应该指出，EAP 最初的目的就是为了尽力让酗酒的员工恢复工作能力（Roman，1981）。取得了巨大的成功之后，就拓展到了其他问题。然而，现在的 EAP 仍是对酗酒问题最好的干预治疗方法之一。如果失去了这种动力，对于全国范围的戒酒运动无疑是一个打击，也会削弱 EAP 的效用。

（2）婚姻和家庭关系问题的治疗。

情感问题在 EAP 所接案例中占第二位（McCleallan，1982）。EAP 从业人员对这个领域必须非常熟悉，并能通过转介获得足够的资源来解决这个问题。

（3）一般情感障碍。

EAP 协调人员要知道，员工情绪失调的症状（如沮丧、焦虑和压力大）越明显，就越要时刻做好转介给专家处理的准备。

（4）其他典型问题。

困扰员工的问题有很多，如经济问题、法律问题等，但通常只是因为其中一些问题而被推荐接受 EAP。所以，公司在转介时必须为 EAP 提供充足的信息。

（5）咨询技巧和个案管理。

EAP 协调人员经常要处理很多不同业务，他们需要与当事人交谈、诊断、咨询和掌握转介技术。因此，他们要了解这个领域，知道怎样能促进治疗，知道针对一种情况哪些专家更适合或更优秀。

### （八）广泛的服务项目

EAP必须为解决员工可能出现的一系列问题而存在（如酗酒、药物滥用、家庭、经济、心理健康、医疗以及法律问题等）。这个企业咨询理念与EAP的原型有很大不同，进步是显而易见的，现在员工可以因为各种影响工作或自身利益的问题而向EAP寻求帮助。

但也有一个明显的缺点，当前的EAP吸引了很多普通医生的参与，他们对EAP不了解，而且也没有给别人做酗酒或药物滥用的康复训练的经验。证据表明，这些医生在接诊时，不能很好地诊断诸如酗酒或药物滥用的问题，对于改变员工关于酗酒问题的认识也不会有什么帮助。

### （九）切实的记录、追踪和评估

首先，每项和EAP有关的服务，都要保持及时、真实、完整的记录，以保留完备的资料，作为后期诊断、评估、追踪、督导及研究的依据。其次，要有适当的追踪服务，包括向服务对象了解成效、关注转介员工的后续情况等等。再次，对整体EAP项目的执行情况及相关人员的表现也要定期评估，并将结果呈报给管理层。

EAP项目的整体评估，对于一个有效的EAP来说非常关键，企业和EAP公司都需要知道计划进行得怎么样，是否取得了预期的成效。对此，我们在后面专门拿出章节探讨EAP的整体评估问题。

## 四、EAP的预期目标

国外员工帮助计划项目的相关研究表明，一个成功有效的EAP项目需要围绕员工个人、组织整体和国家社会三个层面的需求展开（其中个人和组织属于核心层面，见图2—1），并在三个层面分别达成如下预期目标：

### （一）员工个人层面

促进员工身心健康，指导其提高生活品质；
帮助员工解决工作、生活中各种心理困扰；
帮助员工缓解压力，降低压力对其自身的负向作用；
推进员工建立良好的人际及工作关系；
促进员工家庭和睦，改善夫妻和亲子关系；
促进员工工作与生活的平衡；

协助员工自我成长，引导生涯发展；

...........

## （二）组织整体层面

丰富福利制度，满足员工不断变化和提升的需要，特别是心理层面需求；

优化组织承诺，增强员工在组织中的幸福感受；

提高员工各项满意度指标，增进员工的向心力和凝聚力；

改善组织氛围，提高员工士气；

降低各项关联管理成本，如离职率、缺勤率、意外事故率所导致的损失等；

通过对心理变量的干预改善组织绩效；

...........

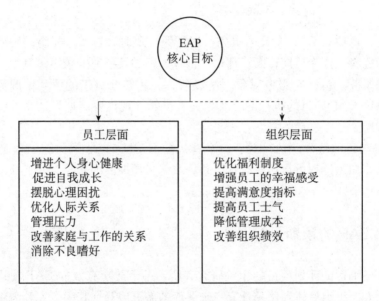

图 2—1  EAP 的核心目标

## （三）国家、社会层面

改善社会工作氛围，创建工作场所的和谐气氛；

提高社会劳动生产力，提高整体工作绩效；

加速 GDP 增长，促进经济增长；

增加社会稳定，减少工作场所问题带来的社会不稳定因素；

提高国民幸福感，带着快乐去上班；

...........

## 五、EAP 的服务范围

员工帮助计划的内容相当广泛，许多研究者都提出了自己的看法，下面列举一些具有代表性的研究。

Bohlander 等人认为，员工帮助计划的主要内容包括社会、心理、经济与健康四大方面的问题。Interlock 将员工帮助计划分为个人事务与工作事务两大类。国际 EAP 组织将员工帮助计划分为电话服务、面对面咨询、网络援助、EAP 培训、管理援助、危急事件及压力管理（Critical Incident Stress Management，CISM）及其他服务。经纶国际经济研究院（Fung Global Institute，FGI）将员工帮助计划分为专业咨询服务、生活信息服务与员工服务三大类。

目前国内的员工帮助计划服务项目还主要集中在心理方面的帮助，从服务项目上来说，主要的服务包括以下几个方面。

（1）调查分析：从员工个人心理健康、组织整体两方面进行调查分析，深入研究企业压力、组织气氛、组织承诺等各方面情况，给出整体评估和建议。

（2）个体咨询：解决工作、个人及家庭问题。

（3）团体咨询：以团体为对象，目的在于解决团体面临的问题。

（4）教育培训：为员工提供与心理健康有关的各种咨询培训。

（5）职业生涯规划：为个人或组织提供职业生涯规划方面的咨询。

（6）推广促进：宣传及推广员工帮助计划。

（7）危机干预：为各种紧急、重大事项，如办公场所的暴力、自杀等提供干预服务。

（8）个人测评：为员工和管理者提供个人测评服务，对个人能力和性格等方面进行综合评定。

员工帮助计划按照其服务范围可以分为以下几个方面。

（1）工作面：除了一般的劳动条件外，还包括工作设计、专长发展、工作调适、职位转换、生涯发展、绩效考核、职位晋升、退休规划、离职安置等。

（2）生活面：包括家庭婚姻、生活管理、休闲娱乐、人际关系、财务法律等。

（3）健康面：健康面不仅指如何有效减肥、戒烟，而且还强调有效统整企业内部服务与外部资源，主动关心员工，如在心理卫生、压力管理、运动保养、饮食健康、忧郁焦虑、嗑药毒瘾、酗酒戒赌等方面给员工提供解决方案。

## 六、EAP 的通用模式

按服务来源划分，员工帮助计划可以分为以管理为基础的内部模式、以契约为基础的外部模式、以资源共享为基础的联合模式、以专业化和灵活性相结合的混合模式四种。

## （一）内部模式

指组织内部设置专门机构或在人力资源部等相关部门新设职能，由内部专职人员负责员工帮助计划项目的策划和组织实施。该模式的优点主要有：专职人员对公司独特文化、潜在问题和员工特性有着更深的理解和把握，拟订方案更加富有针对性；更加有助于借助内部资源去执行和实施项目计划。有关研究表明，公司高层更关注员工帮助计划对组织需求的适应性，内置模式在此方面显示出更大的弹性。主要缺点有：专职人员因为身处同样的环境，在设计方案的过程中难免带有主观性；向同事直接提供帮助有可能因为担心个人隐私受到威胁而影响服务的使用；企业要消耗一定的人力资源、时间、精力来执行计划。

内部 EAP 经常由被企业直接雇佣的员工组成，他们的工作是评估、短期咨询以及当需要长期咨询时向外界的服务供应者转诊。一些内部的 EAP 机构，如为新英格兰电话公司 30 000 名员工提供服务的 EAP 机构，也会提供一些长期咨询。

据这一计划的拥护者讲，内部 EAP 的一个好处，就是现场的 EAP 专家能更紧密地适合公司的需要，因为它就设立在工作所在地。一个经常被提到的最大的缺点，就是员工对 EAP 的信任度不高，特别在有关记录的保密方面。

拥有 380 000 名员工的 AT&T，自从 20 世纪 70 年代就开始运营一家类似的内部 EAP 机构。治疗服务以新泽西州的莫里斯顿为基地。这项计划是作为职业酗酒计划开始的，但是大约从 1980 年起，功能就已经扩展了——目前涉及了很多相关方面，而不仅仅只是物质滥用了。

AT&T 的所有下属公司，有 41 名全职咨询员和 15 名左右的兼职咨询员，都是公司内部的职员，当员工所处的地区没有咨询员时，就由外界的咨询员代替进行评估及短期咨询。

除了接待有困扰的员工，AT&T 的内部咨询员还承担着收集数据和协调信息的任务。他们每年要接待的人数大约是全体员工总数的 2/3，如果把员工的家人也算上，人数将至少增加两倍。在 AT&T 的两家公司，有 43% 的员工是自愿投入这项计划的，30% 是在管理部门的要求下，19% 是在医疗部门的指导下，1.9% 是工会提出的，2% 是同伴建议的。

AT&T 的内部 EAP 机构也要负责通过邮件及传单，宣传 EAP 能够提供的帮助。此外，他们还要指导对一般员工和管理阶层的培训计划。该机构花费了 50% 到 60% 的时间和精力做治疗工作，剩下的 40% 做管理、研究、设计以及 AT&T 的 EAP 改进工作。

该机构的一位负责人这样分享他们的经验:"我们对个体工作的整个环境更加敏感,因为我们在现场,我们和管理阶层有着更多的接触,所以我们与他们有着更密切的关系。我们大概有更多的机会去做更多的培训,一年中做大约 45 次培训。"

他认为为全体员工提供这种服务,有利于企业形成一种良好的公共氛围。

"它向员工发出一种信息,那就是企业是关心你们的,一个外面的卖主能够传递同样的信息,但是他不能确定对于企业自己的这项计划,这种信息是否也一样有力。"

"这种模式的一个缺点就是员工的信任问题。每次定位和培训计划的一部分,就是确使员工相信计划是保密的,它很可能成为妨碍员工参加的首要问题。"

"然而也不能确定如果把 EAP 机构移出企业,这个问题就能得到解决,人们可能不会像在企业内部一样不得不对付保密问题,但是它仍然可能使一些人离开,因为有一些人会觉得不论 EAP 以任何方式和企业联系在一切,信息都将被泄露。"

## (二)外部模式

外部模式是组织将 EAP 项目外包,由外部具有社会工作、心理咨询辅导等知识经验的专业人员或机构提供 EAP 服务。这种模式的优点在于对企业人力资源的耗费最少,企业只需要支付一定的报酬就可以得到全套的服务,同时由于工作人员完全是企业之外的第三方,员工在接受服务的时候更能感到个人隐私的安全性。但缺点在于工作人员可能对组织的了解不够,费用也相对较高。

员工职业计划中心(COPE)是一个位于华盛顿的 EAP 专业服务组织,它为华盛顿地区 45 家公司的 35 000 人提供 EAP 服务。COPE 的主席 Donald Phillip 这样认为:如果一个组织少于 2 000 人,采取外部供应模式更经济;对于人数多于 2 000 人的大企业,COPE 会提供现场咨询员,咨询员会提供每周数小时的服务。

## (三)联合模式

联合模式指若干组织联合成立一个专门为其员工提供援助的服务机构,该中心配备了专职人员。这种服务模式可以最大限度地节省经费,但是在中国很难实施。一方面,由于中国对 EAP 有明确需求的组织比较少,很难形成规模;另一方面,在人员配置、人员权限、薪酬福利待遇支付等方面,多个企业也有引发争端的可能。

员工帮助计划联盟(The Consortium of Employee Assistance Programs),总部设在纽约的奥尔巴尼,为奥斯汀地区周围 6 个郡的企业服务。这个联盟,部分受赞助于美国家庭服务协会（Family Service of America，FS），后者是美国联合慈善总会的一部分，是一家非营利机构。

计划顾问 Gene Stone 解释，在此区域设点的、与 FS 有合约关系的全国范围内的企业，都被让渡给联盟，他们与为同一家企业提供服务的 FS 的其他机构形成了一个网络系统。协会为 30 多家企业，10 000 多名员工，提供广泛综合的服务计划。基本的服务是评估、短期咨询以及转诊。大约 60% 的来访者在接受 EAP 后，还需要某种形式的额外帮助。

另外，协会还提供员工职业规划、主题研讨会，以及一些管理培训，如教授经理如何将工作绩效问题归档。

协会覆盖范围内每年有 7%～8% 的人在协会接受帮助，其中大约 85% 是自我转诊。所处理问题的细目划分为：家庭成员的药物或酒精依赖问题（大约占转诊的 40%）、人际关系或婚姻问题、职业或个人压力问题。

## （四）混合模式

混合模式是指组织内部 EAP 实施部门与外部的专业机构联合，共同为组织员工提供帮助项目。这种模式应该说是四种模式中最为理想的，既能保证工作人员的专业性、员工的信任度，同时也有企业内的联系人可以协助推进整体项目，并对质量进行监督。

在全球拥有大约 30 000 名员工的大西洋富田公司（Atlantic Richfield Company，以下简称阿科公司）有一个 EAP 团体。Bill Durkin，是企业在洛杉矶的一家内部 EAP 的合约人，另一个内部合约人在费城。

"在这两个地方，"Durkin 解释说，"我们在企业内部处理事务。出现问题的员工直接来找我们。还有其余 25 个地区，范围是从阿拉斯加的安克雷奇，到达迈阿密和休斯敦，再到印尼首都雅加达，我们和一个 EAP 供应商建立合约关系，他们了解当地的情况，并能够为当地的员工提供服务，就像我们在洛杉矶和费城提供的服务一样。"

Durkin 说："在那些地方，员工人数未能达到设置全职 EAP 员工的条件，因此，合约关系允许阿科公司向员工提供直接的服务。"

"关键是直接，"Durkin 强调说，"与热线相反。协调人提供面对面的服务。"

据 Durkin 讲，另一个采用当地合约人的优点是：你有一些了解当地资源并知道如何利用资源的合约人。而在洛杉矶工作的 EAP 人员，并不能十分清楚地了解当地的情况。

Durkin 说，他相信这种混合的手段非常适合像阿科公司这样的企业。拥有企业内的 EAP 工作人员是有好处的，因为"你有某个人，他了解 EAP，你让他来监督合约。如果没有了解 EAP 服务的全职人员，合约可能无法正常履行。"

阿科公司并不在所有地区采用同一个合约人，而是在不同的地区选择不同的合约人。

虽然现在 EAP 的供应者几乎到处都是，但在计划的早些时候，阿科公司企业内部的人员经常需要培训自己的当地合约人。

"我们经常找一名心理健康教授或者机构，让他们培训员工在商业概念下提供帮助，而不仅仅是心理健康概念上的。"他说。

"我们试图提供一种服务，既能使个体达到心理健康，同时对工作的影响又最小。"Durkin 说，阿科公司对外部协调人的选择，基于两个主要的标准：具有优秀的治疗技术、管理技巧和与企业合作的能力。

（五）有关内部、外部 EAP 的相关研究情况

1985 年，美国一个研究机构对 480 个私人公司（每个公司的员工至少 500 人）的 EAP 情况进行了调查分析，该项研究受到了来自国家酒精滥用和酗酒者研究所（National Institute on Alcohol Abuse and Alcoholism）的资金支持。

研究的一个首要的但又出乎意料的发现是有三分之一的组织建立了外部 EAP，在研究中存在一种小规模组织建立外部 EAP 项目的倾向，与规模的关系表明这不是一个简单的外部项目选择的预兆。

还要指出的重要的一点是，在现在讨论的范围内，他们局限于一般类型的内部和外部项目。在每一个分类下，还有很多种类或变式。还有一些情况，内部和外部设计实际上是相同的，因为在项目中外部服务提供者会安排一名全职的项目经理在所签订合同的组织内。

研究机构通过组织控制、便捷性、灵活性、持续性、责任和花费等维度对内部模式和外部模式进行了分析。

（1）组织控制。组织的控制在内部 EAP 中是较强的，这点是毋庸置疑的。项目的运作人员是组织的员工，从属于管理者和业绩评估。由于依赖于一个特定的组织，内部 EAP 能够在使用预先分配资源的工作范围内负有责任，不需要与项目参与者签订保密协议，报告的性质可以被管理机构具体指定。但是，这种控制也存在着约束。管理机构也许与同外部协约中的情况相比，对内部 EAP 的低活动性具有更多的容忍。而且内部 EAP 必须要有充分的监管和指向性。这意味着管理机构必须要有评估 EAP 成员个体和集体共同业绩的能力。一般来说，外部 EAP 的提供者使组织从提供直接控制的责任中解脱出来，直接的管理被降至最低。

（2）便捷性。EAP 相关服务的使用率基于它的便捷性。从自然的角度看，内部 EAP 更容易接近，但是从保密的角度出发，接近也许是项目应用的障碍。比如对许多员工来说，离开工作场所去外部 EAP 机构也许就比去内部 EAP 更具

有吸引力。

对于管理者来说，EAP 项目的便捷性使正常的工作秩序和流程得到了保障。

当考虑到 EAP 在提高工作业绩方面的作用时，要考虑 EAP 对经理的通达性是十分重要的。调查研究显示，为经理提供咨询是内部 EAP 管理者中最中心的活动之一。相比而言，内部 EAP 的优点很明显。当一名工作繁忙的经理，在公司内部就能找到合适的人去解决问题时，他就不太可能拿出时间去找一名距离较远的 EAP 工作人员了。

（3）灵活性。组织内部员工可能会发生变化，这就要求设计和运作 EAP 时要具有灵活性。有人预计，假如外部的提供者向员工提供服务，却没有得到合同中所规定的固定费用的话，就会影响服务的提供；而内部项目会比较容易地接受这种改变。

另一方面，内部 EAP 可能会因为自己是组织中的一员而受到技巧上的很大限制，而这也限制了项目的灵活性。

（4）持续性。调查研究的数据表明，外部模式在项目或服务的持续提供方面对组织而言有较低的约束。如果管理机构对工作不满意或认为资金可以更好地用于其他投资方向时，合同期满后不再续签的可能性会增加。

另一方面，从员工的角度来讲，内部项目更有可能被员工视为纳入了组织的运行体系，认为其在保证自身收益方面发挥的作用很小，因此员工保护该项目持续进行的意识不强；而外部合同项目较容易被员工认为是一种利益，得以维持的力量可能强于内部 EAP。

（5）责任。调查研究表明，相对而言，很少有管理机构出于对 EAP 项目效果评估审视的角度而对 EAP 的运作进行仔细的检查。在很多情况下，EAP 都是在一种"表面效应"的基础上进行的。经理看到员工受到项目的帮助，了解到其他经理通过 EAP 学会和一个令人头痛的下属打交道，并且对于 EAP 帮助自身的效果方面，内部模式和外部模式存在的差异不大。

从收集有关 EAP 效果信息可能性的角度出发，内部 EAP 显示了较强的优势：相关部门不仅可以持续稳定地得到数据，还能得到项目参加者的相关数据及与其工作相关的行为，比如：出勤记录、健康和习惯、工作成绩等数据。

研究发现外部 EAP 向管理机构进行报告，内容保密，而且大部分的外部提供者都对项目的用途和结果按照不同公司的标准进行记录，这很难根据某一个特定组织的个性标准来对外部 EAP 进行测量。

（6）花费。对内部和外部 EAP 的花费进行比较是不可能的。组织规模的大小比较重要，但不是在做内/外模式选定时的决定性因素。

一个"最佳的原则"是一名全职的 EAP 协调人员可以负责 1 800～2 000 名员工。这是一个粗略的估计，因为这取决于服务提供的范围和员工是否愿意使用

EAP。调查研究建立在，这个规模范围内的公司基本配有全职协调员，一些超过这个规模的，配有很多兼职协调员。研究认为从花费的角度出发，最有效的决定似乎在于充分利用 EAP 的用途。

除了花费的因素，通常经理会在综合考虑各方面的重要性之后，包括资源、自由度、信任和普遍问题后，作出一个对内或者对外的项目花费—收益的合理评估。

### （六）员工帮助计划的分类

按服务范围划分，员工帮助计划可以分为职业戒酒计划（OAP）、员工帮助计划（早期雏形，EAP）、职业健康促进计划（OHPP）、员工增强计划（EEP）、危机干预计划、心理资本增值计划（PCA）等。

**1. 职业戒酒计划（Occupational Alcoholism Programs，OAP）（1939—1962）**

职业戒酒计划最早可追溯到 1917 年美国纽约梅西百货公司所创立的员工咨询系统。从 20 世纪初，美国的一些企业开始注意到员工的酗酒、吸毒和其他一些药物滥用问题会影响员工和企业的绩效，于是开始聘请有关专家探讨解决这些问题的可能性。另外，当时已不再认为酗酒是缺乏道德与精神堕落的表现，而被正式认为是一种疾病。这些原因都推动了职业戒酒计划的产生。从 20 世纪 40 年代起，职业戒酒计划开始在许多美国企业中实施并逐渐普及，这时候也有一些企业将职业戒酒计划的内容扩展到了员工精神和情绪方面。到了 20 世纪六七十年代，由于美国社会的剧烈变动，酗酒、吸毒、药物滥用（drug abuse）等成了很严重的问题，而家庭暴力、离婚、精神抑郁等个人问题也越来越影响到员工的工作表现，于是很多原来的 OAP 项目扩大了它们的范围，即提供更多的帮助和服务以解决更广泛的个人问题，并且开始把服务的对象扩展到了员工的家属。

**2. 员工帮助计划（早期雏形，Employee Assistance Programs，EAP）**

从 20 世纪 60 时代起，越来越多的企业开始执行员工帮助计划，扩大帮助解决处理员工个人问题的范围，并提高独立解决问题的能力。从这时起，人们开始关注一些更为广泛的社会问题，探讨酗酒背后的深层次原因，并一致认为各种社会问题和压力是引发酗酒的主要原因。在这个时期，企业主要运用一些系统干预的方法来了解、诊断问题员工的行为并探讨问题产生的原因，积极主动地提供家庭、法律、医疗、财务方面的援助，帮助员工解决问题。常见的干预方法主要包括评估、咨询、辅导、治疗等。

这一时期具有代表性的事件是美国在 1970 年正式成立美国联邦酗酒机构（National Institute on Alcoholism and Alcohol Abuse，NIAAA）和劳工与管理者酗酒咨询机构（Association of Labor and Management Consultants，AL-

MACA），负责全美员工帮助计划的研究与推广。后来 ALMACA 更名为员工帮助专业机构，并于 1987 年开始 EAP 专业人员的考试认证制度。

3. 职业健康促进计划（Occupational Health Promotion Programs，OHPP）

职业健康促进计划是针对员工戒酒计划中员工帮助项目过于一般化，对员工心理与行为问题缺乏细致描述的不足而提出的。它是组织所采取的寻找并解决那些在工作场所内外引起员工健康隐患问题的措施和活动的总称，目的在于提高员工的身心健康水平，促进员工的人际关系良性发展，增加工作环境中的合作行为，提高员工的适应性、健康水平及主观幸福感，最终达到提高工作效率与组织绩效的目的。

4. 员工增强计划（Employee Enhancement Programs，EEP）

从 20 世纪 80 年代起，一些新概念的提出使员工帮助计划延伸至员工增强计划，它强调压力管理、全面健康生活形态、人际关系管理等问题，致力于改善工作中和工作后可能逐渐引发未来健康问题的行为。

5. 危机干预计划（Crisis Intervention Programme，CIP）

它是为了适应快节奏、高压力、意外事件频发的现代社会而逐渐发展出来的一种 EAP 服务，它能够降低危机事件给企业和员工带来的负面影响，让其迅速恢复正常，将损害降到最低。主要包括高危人群筛查、面对面危机干预、干预后回访等环节。

6. 心理资本增值计划（Psychological Capital Appreciation，PCA）

心理资本增值计划是在 EAP 基础上，从潜能的角度关注员工心理疏导，以员工的幸福为最终目标，关注每一个员工的自我成长和潜能开发，致力于使每个员工更加健康、幸福和高效。可以说，PCA 源于 EAP，但又高于 EAP，是一项更加贴近中国企业员工的关爱项目。

## 七、EAP 的导入程序

在国外，企业在实施 EAP 项目时，往往会遵循如下的导入程序。

（一）明确负责 EAP 项目的职能部门

员工帮助计划项目作为一套系统、长期的项目，项目本身涉及诸多环节，且环环相连，彼此互为支持和呼应。另一方面，也要考虑与组织现有资源的匹配和融合，为此需要企业根据自身情况和项目本身的定位，明确项目的责任部门，以便统筹调度和组织实施。

### (二) 成立 EAP 导入的专项小组

由负责 EAP 项目的职能部门牵头，成立 EAP 工作小组推动组织实施，在规模较小的组织中可涵盖在职能部门内部，规模较大的组织往往有其他职能部门人员介入，这些人员除了来自不同的部门，可以站在不同的角度提供意见，还可以发挥他们本身专长，如有些人善于沟通，有些人擅长促进宣传，还有些人可能有助于表达和推广……

当然，该小组并非意味着组织内部所有职能部门均委派代表参与，总体负责的职能部门要根据组织内部的需要进行选择，最核心的目的是争取各部门的认同并集思广益，共同推进 EAP 项目的实施和执行。

### (三) EAP 项目方案的需求分析

EAP 项目工作小组应根据组织的特性和员工的需求，对 EAP 项目进行初步需求分析，为 EAP 模式的选定、专业机构选择做好相应准备。

通常情况下，如果组织倾向于采用外部模式，该项工作往往由外部专业机构协同进行。

有关 EAP 项目的需求评估和规划，我们将在下面的章节进行详细论述。

### (四) 确立 EAP 项目目标及编制预算

EAP 项目小组的一个至关重要的任务就是确立员工帮助计划项目的预期目标，当然这个目标的确认需要得到公司高管层面的最终认同，否则将极大影响项目的最后评估。

目标可以从短期、中期、长期不同的角度来阐述，具体情况要根据组织的情况和员工需求进行设定。

如同企业导入其他项目一样，成本问题是项目小组考虑的另外一个重要问题，编制项目预算要结合公司的财务状况和年度预算，并尽可能在细化的基础上进行量化。

采用外部模式的 EAP 项目，该环节往往有外部专业机构不同程度的介入。

### (五) 设置专职人员或指定专业机构

对于采用内部模式的员工帮助计划项目，需要设置专员具体负责项目的
岗位的工作职责予以澄清和明确，确立相应的工作流程和

业能力和实施能力的外部专业机构，并就整体合作

## （六）建立员工帮助系统

任何一种模式的 EAP 项目，均需要形成员工帮助计划项目详细规划书，并由项目专项小组对其进行完备的论证后，提交公司高层管理者批准后实施和执行。

实施前的规划方案与相关准备工作对 EAP 项目的顺利导入有较大影响。一个完备的规划方案与充分的准备一方面容易说服高管层并获得最大限度的支持，另一方面容易得到员工的认同和信任。

实施前期的促进和宣传同样具有非常重要的意义，包括项目导入目的、工作流程、服务内容、服务形式，等等，由此员工可以清楚地知道如何有效使用组织所提供的资源并寻求相关帮助。

出于对宣传问题的高度重视，我们将在下面的章节对其进行专门说明。

## （七）项目评估

根据设定的项目周期，EAP 项目小组形成评估分析，对前期执行过程中存在的缺陷和不足进行修正，同时将评估分析结果和相关建议向管理层汇报，作为组织层面审定后期项目实施和执行问题的相关依据。

# EAP 的发展历程

## 一、19 世纪：EAP 产生的背景

EAP 实际上起源于解决工人们的过度饮酒行为。在 19 世纪中期的西方，工作场所饮酒是一种极为普遍的现象，包括雇主在内的大多数人都普遍接受了这种习惯，管理者对此也多持鼓励的态度。工人们多会在工间休息时间跑去喝酒，部分雇主还会为工人们留出专门用来喝酒的时间。就连员工在饮酒上的花销，也大多是由雇主来支付的。例如，在美国南部，工人们在工间休息时间会离开工作场所，跑去喝上几杯威士忌或者白兰地。这种现象一直持续到了 20 世纪。

当时英国的酗酒现象也颇为严重。工人们的饮酒行为不但不会受到约束，甚至有些雇主自己还会将一些酒精类的饮料拿到工作场所销售，并靠这些收入支付工人的工资。例如，在英国的一艘煤矿运输船上，大多数的工人每天都要喝下大量的酒类饮品，而无论他们有没有喝酒，雇主都会扣除部分工资，用来抵除饮酒的花销。而在英格兰码头，工人们每天通常会有四五次要暂时放下手头的工作跑去喝酒，对此管理者没有任何的限制。

饮酒行为逐渐渗透到了工人的工作和生活之中，成为其不可缺少的一部分。很多员工整夜酗酒，第二天带着醉意投入工作。人们慷慨大方地将自己的大部分收入用来购买酒类饮品。就连当时居住在美国的移民也不可避免地受到波及，进而促进了酒精滥用在世界范围内的蔓延。虽然其间也有一些组织为消除这种现象付出过努力，但是直到 20 世纪初期，这种恶劣的状况仍然没有得到明显的改善。

1880—1920 年农场主和雇主们第一次试图将酒精"赶出"工作场所。他们希望能够借此提高劳动力的工作效率，减少工作失误。但是他们忽视了饮酒行为存在的根本原因，也就是这种行为究竟能给员工们带来怎样的帮助。饮酒现象之所以如此泛滥，显然是因为人们需要它，它能够给人们带来某些正面的作用，而对于这些作用管理者们知之甚少。因此管理者们的此次尝试困难重重，道路漫长

而艰辛。但是无论如何，此次尝试动摇了人们一贯的观点，为后来的员工帮助计划打下了基础。到了20世纪的头10年，工作场所酗酒严重的现象终于有了初步的缓解。

## 二、20世纪初：EAP的萌芽阶段

随着美国的一些企业不断扩大自己的规模，大量引进劳动力，管理者与员工之间的接触变得越来越少，管理方式上的漏洞也就更多地显现了出来，怠工、装病、离职和工作事故等问题层出不穷。人们逐渐发现，酗酒正是引发这些问题的首要原因。因此，一些管理者开始试图将酒精拦截在工厂大门之外。其中，最为典型的是美国轮胎厂，这里的管理者为了使工人们不再将酒类饮品带进工厂，使用了包括解雇在内的一切方法。也有很多的铁道部门不只要求工人在工作时间内不能饮酒，即使是工作时间之外，也都必须远离酒精。

到了20世纪初，随着这些努力初见成效，禁酒的观念开始在美国蔓延。但与19世纪的禁酒运动不同，这时的人们开始关注酗酒问题的真正起因。当时，大部分人认为饮酒对于长期从事繁重体力劳动的工人来说是有一定帮助的，但实际上，饮酒会令工人变得异常虚弱。一个很好的例子可以证明这种观点，英国船工的工作场所饮酒现象较为严重，他们中间患有酗酒相关病症的人数也较多；煤矿工人中酗酒的人数较少，而相应的，他们中间患有酗酒相关病症的人数也要少很多。因此，当时有人主张，对于在工作场所的饮酒行为应该极力劝阻，而非鼓励。

在这种背景下的美国，出现了三股力量，即有政府参与其中的禁酒运动、追求效率最大化的"泰勒制"（Taylorism），以及为工人发放抚恤金的相关法规的颁布，这三股力量的共同推动，促使EAP逐渐显露出了萌芽。

1920年，美国政府颁布了第十八条修正案，要求禁止生产、销售烈性酒。随后，几乎整个美国都加入到了这场轰轰烈烈的禁酒运动之中。管理者们更是全力以赴地消除工厂内的饮酒行为，以彻底根除这个使工人无法适应正常社会生活的严重问题。这与管理者们曾在很长一段时间内接受甚至鼓励工人的饮酒行为形成了鲜明的对比。

《希望》（The Outlook）杂志在1915年发表的一篇短文中提到，美国中西部地区的63家大型企业发现，即使是少量的饮酒也会造成工作效率的降低，他们进而开始使用包括解雇在内的各种方法，制止员工的饮酒行为。这一结果正是由这场科学效率运动所带来的。"效率准则"在20世纪二三十年代成为人们行为的一种主导观念，并以"泰勒制"的方式存在于各个企业之中。这一准则的主要内容是追求商业效率最大化。各个企业以最大限度地提高工作效率、获得更多的收益为最终目标，这需要工人们能够严格遵守公司纪律、熟练掌握工作技能、勤奋努力地投入工作，需要营造一种紧张高效的团队氛围。管理者们仔细研究工作流程中的任何一个环节，对于该环节所需要消耗的时间做出精确的计算，力求使工人能够在最短的时间内创造出最高的利润。这种理念在后来甚至影响到了家庭主妇、牧师和教师。在这样的社会背景之下，人们无法容忍包括酗酒在内的任何浪费时间的行为。

由于工作事故发生率不断上升，美国的一些州政府为了遏制这种现象，陆续颁布了关于发放工人抚恤金的法规，这同样对禁酒运动形成有力影响。根据该项规定，不论工作事故由谁引起，雇主都要为那些在工作中受到人身伤害的员工提供经济补偿。雇主们担心工人会由于醉酒引发工作事故，对自己或他人造成伤害，因此抵制饮酒行为的决心也就变得更加坚定。

美国安全博物馆曾将欧洲企业为了制止工人在工作场所的饮酒行为而采取的各种方法编辑出版，并销售给各行各业的管理者。其中提到，企业管理者们之所以采取这些行动，主要是因为工人们的饮酒行为不仅会带来工作效率的降低，还会增加发生工作事故的可能性。总之，无论管理者们是出于什么样的动机，20世纪已经开始重视醉酒对工人工作业绩的负面影响了。

1935 年，EAP 的前身——酗酒者匿名团体（Alcoholics Anonymous，AA）在俄亥俄州成立，这一团体建立的初衷是为那些有严重酗酒行为的员工提供帮助。Bill Wilson 是纽约的一名股票经纪人，已经戒酒五个多月了，但自从在阿克伦经历了一次生意场上的失败，他对酗酒又产生了极度的渴望。因此，为了尽快摆脱酒精的困扰，他与 Bob Smith 医生进行了长达几个小时的面谈。通过此次谈话，Bill 终于能够在酒精面前保持头脑的清醒。在当时，美国的大多数医学和心理学专家都认为酗酒是一种道德上的缺陷，无法治愈，因此拒绝为酗酒者提供帮助，人们逐渐放弃了对这些人的治疗。但这次偶然的会面却创造了奇迹，人们由此看到了希望，开始把酗酒问题看作一种疾病而不是某种道德上的缺陷。这也最终成为了 AA 成立的基础。

传教士 Bill Sunday 对于推动酗酒现象的改善也起到了一定的作用。他说，在提高企业生产力上，教会方面无计可施，只有停止工作场所的各种饮酒行为，才能真正使工人们投入到高效的工作之中。因此，二战之前的几十年中，人们对于酗酒现象的关注不再局限于酗酒者的健康问题，而将重点转向了酗酒对工作绩效造成的不良影响。这些关注既不是来自医务人员或人事专员，也不是来自那些试图说服雇主的企业外部人员，而是来自企业内部。确切地讲，大部分的关注是来自管理一线的，这些管理者所关心的首要问题就是如何使工人们更好地完成工作。事实上，当时人们的努力都围绕着这一共同的目标，就是解决工作场所的饮酒问题。虽然在不久之后，EAP 也将处理员工的其他个人问题列入服务项目之中，但是，EAP 的起源是工作场所的酗酒问题，这是毫无疑问的。

## 三、20 世纪三四十年代：EAP 的初步发展

### （一）发展背景

一方面，各种工作场所的禁酒方案（Job-based Alcoholism Program）都是在第二次世界大战的背景下开展的，另一方面，战争的爆发也对禁酒运动起到了重要的推动作用。

战争时期，为了使本国军队的物质供应充足，各个国家的产品需求量不断增加，这对于当时社会的生产力水平来说构成了极大的挑战。各工厂不得不对生产效率进行严格精确的计算，增加员工的工作时间，同时提高他们的工作强度，想方设法地榨取工人们的每一份能量。在这种"生产力最大化"的压力之下，任何有可能导致工作效率降低的因素都会引起管理者们的极大重视。而此时，人们已经越来越清晰地认识到了酒精滥用与工人旷工之间的密切联系。当时的很多企业为了最大限度地提高生产率，歇人不歇机器，工人们要轮班上岗。在这种过度的体力消耗之下，工人们少量饮酒都会成为重大的安全隐患。因此，管理者们对工作场所的饮酒行为变得更加警觉。

战争对于物质产品的快速消耗也给当时的劳动力市场带来巨大压力。企业不断扩充规模，招募工人，甚至不得不考虑雇佣那些在和平时期不会雇佣的工人。例如，新英格兰电力公司（New England Electric Company）的 Tames Robert 医生说，公司在二战期间曾极度需要补充劳动力，甚至开始在纽约鲍威利的职业中心招募工人。从这里招来的工人有很多都是生活在酗酒者聚集的贫民窟中的，要想帮助他们恢复工作能力并不容易。他进而强调，公司的这一行为并非出于任何慈善目的，而是不得已而为之的。

战争的需要迫使管理者采取各种手段帮助酗酒工人恢复工作能力，而不再像从前那样简单地把他们拒之门外，更不像上个世纪的管理者那样对此类行为置之不理。结果，如何对工作场所的酗酒问题进行有效干预逐渐引起各个行业的管理者和医疗工作者的高度重视。EAP 的前身 AA，作为以为酗酒者提供帮助为初衷而建立起来的组织，也因此在这段时期快速成长起来。

### （二）AA 规模迅速扩大

1938 年，在美国一共只有三个 AA 小组和大约 100 名成员，而第二年这一组织就已经遍及美国中西部和东北部地区。越来越多的人在 AA 的帮助下从酗酒的阴影中走了出来，返回到工作之中，继续为企业创造效益。而到了 1944 年，AA 在美国和加拿大就拥有 300 多个小组，约 10 000 名成员。一些管理者开始将

类似的酗酒者恢复工作引入企业内部,"职业戒酒方案"(Occupational Alcoholism Program,OAP)也随之出现。

AA 的发展引起了一些为企业内部提供医疗服务的医学专家的重视,这些专家在该领域颇具影响力,他们对于推动工业企业中戒酒方案的实施起到了不可忽视的作用。20 世纪 30 年代,新英格兰通讯公司(New England Telephone Company)的医疗主管 Daniel Lynch 医生首先将戒酒方案引入到工作场所。由他独自实施的"健康指导专家"(Medical Director)项目出现在 30 年代中期,是当时最早的职业戒酒方案。此外,OAP 也引起了其他一些医学专家的兴趣,比如杜邦(DuPont)的 George Gehrmann 医生,伊斯曼柯达(Eastman Kodak)的 John L. Norris 医生以及联合爱迪生(Consolidated Edison)的 John Witmer 医生和 S. Charles Franco 医生等。

### (三)方案在企业中开展

在这段时期,OAP 的实施多是秘密进行的,例如杜邦在戒酒方案的保密上做了大量的工作,该项方案在实施了四五年后才逐渐被人们所了解。虽然并没有相关资料可以明确地指出各企业不愿将 OAP 公开的真正原因,但我们有理由推测,这是由于管理者们普遍认为,酗酒现象的存在会使企业的名誉受损。大多数的方案是非正式的,并没有留下任何的文字记载,只有那些直接参与其中的管理者才真正了解整个方案的进展情况。

为了保证企业内部的戒酒方案不为外人所知,管理者希望尽量减少参与其中的人员数量,因此也就不会有人考虑向工会寻求支持。这导致了这段时期的 OAP 有一个共同的特点,即没有工会的参与。虽然此时的工会无论在组织上还是在能力上,都比从前有所提高,但在很长一段时间内,人们都认定该项方案的建立和实施应以管理部门为基础,与工会无关,甚至直到伊斯曼柯达和杜邦开始向社会公开推广自己的戒酒方案时,也没有任何一家工会组织参与其中。战后,越来越多的企业开始模仿伊斯曼柯达和杜邦,尝试实施戒酒方案。虽然不同企业中戒酒方案的具体实施模式有所不同,但对于工会的这种观点却一直沿袭了下来,直至它最终导致了一些问题和冲突的产生。

二战及战后,一些企业陆续开始以非正式的方式实施 OAP,虽然当时大部分方案都没有详细的文字记载,但我们依然可以找到一些相关资料。例如,太平洋电话电报公司(Pacific Telephone and Telegraph Company)在 1940 年对该公司原有的员工收益计划(Employee Benefit Plan)做了进一步的补充和修改,将由酗酒直接或间接导致的工作问题正式纳入到计划之中,而在此之前,该公司对酗酒员工的干预多是非正规的。但是对于这些资料,我们很难进行进一步的证实。

40 年代中期，新英格兰电力公司迫于战争的压力开始对存在酗酒问题的员工提供正式的、有计划的干预治疗。而在战争结束前夕，伊利诺伊州的贝尔电话公司（Bell Telephone Company）也开始着手处理员工的酒精成瘾问题，但这一行动是在没有任何管理人员参与的情况下秘密进行的。西部电力公司（Western Electric Company）也曾经在 40 年代早期实施了一系列的努力，帮助酗酒人员恢复工作。据公司一名员工透露，当他在 1930 年正式进入这家公司工作时，类似举措就已经展开了。与当时的其他企业所不同的是，西部电力公司的戒酒方案从一开始就得到了工会的大力支持。但这些措施同样也没有得到正式的公开。

卡特彼勒公司（Caterpillar Tractor Company）在经过了一段时间的尝试之后，于 1945 年开始正式对酗酒问题采取措施。公司的医疗部门与康奈尔大学医学院的人事专家合作推出了一项心理健康计划，该项计划除了负责对酗酒问题进行干预之外，还帮助解决很多与个体健康相关的其他问题，从某种程度上讲这已经具备了 EAP 的雏形。虽然在当时将戒酒方案与更加广泛的个体健康问题相结合已经成为一种明显趋势，但该公司的心理健康计划仍然是当时唯一的一个以类似于 EAP 的形式开展的方案。

这段时期出现的戒酒方案大多面临着一个共同的困难，即难以得到高层管理人员的支持。例如，加拿大贝尔电话公司的 Harvey Cruickshank 医生从战争结束时就开始关注工作场所的酗酒问题，但由于受到管理者的强烈抵制，相关计划在其后的几年里都无法得以实施。关于这个公司的方案我们还将在后面的章节中提及。

这一时期，具体实施方案的人员会对他们的行为严格保密。在这种背景之下，仅有的几个经过大范围报道和宣传的 OAP 便显得更加引人注目，这其中最为著名的要数杜邦公司和伊斯曼柯达公司的计划了。这与杜邦的 George H. Gehrmann 医生和伊斯曼柯达的 John L. Norris 医生的努力是分不开的。对于 AA 在抵制员工饮酒行为上的功效，这两位工业医疗专家感触颇深。他们帮助企业中的酗酒员工恢复正常工作，并以此来推动 AA 的前进。当时，类似的方案大部分都是非正式的，多由那些 AA 成员或是某个相对有影响力的主管推动。而在这两家公司中，医疗主管的参与为方案的开展提供了专业上的支持和宝贵的专家意见，使方案得以顺利进行。虽然这两家公司的出发点大致相同，却在方案的实施方式上有着本质的区别，其中一个在实施方式上更加正式，有专门的计划书和协调人员，而另一家则借用了企业外部社区机构的力量，建立起一个非正式的信息网络，为酗酒员工提供帮助。

Gehrmann 医生发现，杜邦公司拥有一些具有很高价值的员工，但其中的一些却存在酗酒问题，由此他开始关注工作场所的酗酒现象。在对杜邦公司的戒酒方案进行推动的过程中，Gehrmann 医生得到了 AA 成员 David M. 的大力协助。

David M. 是为该项方案而专门雇佣的员工。同时，公司高层管理者这对这项方案产生了强烈的兴趣，这有助于促进方案的顺利进行。随着战争的结束，杜邦的戒酒方案得到不断的规范，变得越来越正式。与此形成对比的是，此时柯达的戒酒方案仍然是非正规的。管理者只是默许了医疗部门的这些行动，却并未给予任何正式的肯定。Norris 医生充分调动社区的力量，在公司内部建立起了一个 AA 成员网络，并用这种方式进一步在纽约的罗契斯特组织了一次关于酗酒的会议。在这次会议的促进下，Norris 医生创建了一家门诊病人医疗中心。

　　Gehrmann 医生在公司内部正式开展戒酒方案的方法在纽约联合爱迪生公司得到了延续。该公司的方案从很多方面显示，OAP 正在从早期的非正式形式向正规化转变。1947 年初，联合爱迪生公司正式承认酗酒是一种疾病，并建立了三层治疗程序，帮助酗酒员工恢复健康。与柯达和杜邦公司截然不同的是，在这一方案中起首要推动作用的并不是某位 AA 小组成员，而是医疗部门及其主管。在高层管理人员的鼓励下，他们主要依靠自己的力量设计并实施了该项方案。公司高层管理者在方案的展开过程中提供了更多正式的干预，同时工会在其中也起到了积极的促进作用。公司更是进一步将这项方案公之于众，不再担心这会对公司形象造成负面影响。从某种角度来讲，这已经可以被看作一项正式的"职业方案"（Occupational Programming）。

### （四）个人的推动

　　这段时期，有两个人为 OAP 的发展做了大量的努力。一个是在前文中提到过的 David M.，他独自一人在布里奇伯特的雷明顿武器制造公司（Remington Arms Company）进行着坚持不懈的努力，该公司是杜邦在康涅狄格州的一个附属公司。另一个人，耶鲁酒精研究中心的 Ralph Henderson 与 David M. 不同，从 1948 年开始他便以工业咨询师的身份，与众多相关工业组织取得联系，并鼓励他们开展戒酒方案，其行踪几乎遍及整个美国。

　　这两人无论从经历上还是从个性上都有着很多相似之处，他们都曾长期受到严重的酗酒问题的困扰，也都通过 AA 获得恢复，甚至都是在 1940 年成为了 AA 的一员。两人身边也都各有一名具有较高社会影响力的共事者为他们提供必要的支持和帮助。这两对搭档的合作都非常默契，同时，他们也都具有超人的意志力和坚持不懈的奋斗精神。

　　David M. 是第一个专门为了处理员工的酗酒问题而雇佣的产业咨询师。他出生于北爱尔兰，在英格兰长大，并在那里接受教育。他对网球具有强烈的兴趣。1923 年，他移民到美国，当时的美国正在开展禁酒运动，而他却在 1928 年前后染上了严重的酒瘾。此后的 12 年里，他的情况越来越糟，不得不依靠担任网球教练和职业网球手来维持生计。直到他在《自由杂志》（*Liberty Magazine*）

上读到了一篇关于 AA 的报道，对这个组织有了初步的了解。1940 年初，他购买了一本介绍 AA 的书后，便立即对它产生了强烈的兴趣，并开始试图与这个组织取得联系。

成为 AA 一员之后，David M. 开始为雷明顿武器制造公司工作，继而又被调到了杜邦公司，并在那里工作了 25 年，直到 1967 年退休。其间，他同杜邦公司的很多办事处及附属公司建立联系，不断将 OAP 发展壮大，并将其作为自己一生最重要的事业和追求。对于他在这项工作中所付出的努力，我们可以通过他自己的描述加以了解：

在我所效力的网球俱乐部中，有一名会员是雷明顿武器制造公司的副总裁。我曾向他详细描述过自己在 AA 经历到的那些奇妙的体验，并告诉他，我认为工业企业也可以用类似的方式帮助酗酒员工恢复工作，同时也告诉他我希望能够离开网球场到企业中去工作。他当时听得很认真，并认为我的观点是非常独特的。我随后在报纸上做了广告，告诉大家在布里奇伯特地区有着这样的一个 AA 小组，酗酒者可以在那里获得帮助和支持。在对我的这些行为给出回应的酗酒者中，有一位曾是雷明顿武器制造公司的轮班督导。于是，我又找到了那位副总裁，问他是否愿意重新雇佣这名督导。我陆续拜访了该公司的人事主管和福利专员，他们都对我的努力表示理解，但却都表示需要与另一位医疗主管共同商议这件事情，而当初也正是这位医疗主管解雇了这名督导。这次，仍然是这位医生，最终将他拒之门外。

那年夏天，我结束了网球场的工作，希望能够在雷明顿武器制造公司中开展戒酒方案。但随后我发现，自己当时只拥有第一张公民身份证，而第二张公民身份证要到第二年三月才能拿到。而没有这张身份证，我什么都做不了。因此，我不得不耐心等待，这样，从九月份辞掉艾肯（Aiken）的工作，一直到第二年三月，我将无所事事。1942 年，我终于加入了雷明顿武器制造公司。这是我长期以来的愿望，因为只有这样，我才有可能在企业中实施一套完整的戒酒计划。我在这里的工作类似于检察员，要对弹头被甲（bullet jacket）的制作过程进行监督。在网球场，我每工作一小时可以赚 5 到 6 美元，而现在却只能从每小时 15 美分开始。最初的五个月，我每天晚上11：00开始工作，直到第二天早上 7：00 下班。这段经历给我带来了很多收获，我在这里找到了两名酗酒者，并成功地说服他们来参加我们设在布里奇伯特的 AA 成员聚会。

经过一番努力，我被转到了人事部门，成为那里的一名离职访问员（Terminator/Exit Interviewer），与那些因为被解雇、被派去服务机构或因怀孕而将要离开公司的员工进行会谈。这个工作的特殊性使得酗酒者在离职前必须要见我一面，也正是因为这样，我才有机会将 AA 介绍给他们，并使他们加入到 AA 之中。到我离开雷明顿时,已经有 22 名酗酒员工在 AA 的帮助下逐渐康复,能够在工作中保持头脑的清醒和状态的稳定。

在人事部门工作的这段时间,我曾经接触过三四位生产一线管理者,向他们介绍我的这些工作,并问他们那里是否存在酗酒员工,告诉他们我非常愿意为这些员工提供帮助。在自己的独立办公室中,我很快便能说服这些管理者,使他们同意再给那些将被解雇的酗酒员工一次机会,通常他们对此都会非常乐意,我的成功概率非常高。但是,当我联系到高层管理人员,希望能够在他们的支持下更加正式地开展更多的戒酒工作时,这些管理者却都一致认为,公司目前存在的问题还没有严重到需要实施类似的方案。我曾经争取到了一次与杜邦公司联系的机会,但前提是我要先得到该公司的一位医生的许可,而这位医生却斩钉截铁地拒绝了我。1942 年,我收到了抵押信托(Guarantee Trust)公司副总裁寄来的一封信,将我介绍给了威尔明顿的两个大人物:Maurice DuPont Lee 先生和 Emile DuPont 先生。这位副总裁在当时也在参加 AA 的活动。

在做了充分的准备之后,我出发去拜访这两个人。在那里我向他们详细介绍了自己在雷明顿所做的工作。他们为人都很亲切,感谢我为此所花费的时间和精力,但是,他们认为酗酒问题并不是特别重要。他们说,在这几年中我已经使一些个体得到了恢复,对于这家公司来说这些工作已经足够了,目前还没有必要为此专门设计一套完整的方案。

在这次拜访的途中,我曾在费城的 AA 小组做了短暂的停留,并与那里的一名会员成为了很好的朋友。我将自己在雷明顿武器制造公司所做的工作讲给他听,并将自己前去拜访杜邦的目的告诉了他。他向我透露,杜邦的医疗主管 Gehrmann 医生曾在这里参加过两三次聚会,对酗酒问题很感兴趣。他还建议我到了威尔明顿一定要见见 Gehrmann 医生。因此,在拜访过 Lee 先生和 DuPont 先生之后,我来到了医疗部门,但碰巧赶上 Gehrmann 医生出差,我们没能见面。

两周后,我收到了来自 Lee 先生的一封信。信中,他再次向我表示感谢,但同样也再一次告诉我,他们认为这个方案的实施不会为公司带来多大的帮助,这当然令我非常失望。三周后,我收到了裁员的通知,雷明顿武器制造公司正准备将这里的员工从 15 000 名削减到 7 000 名。1943 年 12 月 1日,在收到离职通知一个月后,我决定给 Gehrmann 医生打电话。电话中,我向他说明自己是 AA 的一名成员,加入 AA 已经有三年了,并向他描述了我在雷明顿武器制造公司所从事的工作,Gehrmann 给我的回答令我惊喜,他说:"感谢上帝,我正在寻找一个像你这样的人。"他说他曾经参加过几次费城的 AA 聚会,给他留下了很深的印象。他希望能够在公司或威尔明顿也成立一个这样的小组。我终于有机会为工业戒酒方案发挥自己的力量了。

见到对方的那一刻，我们都异常兴奋。紧接着，我们便开始针对这项方案进行商讨。Gehrmann 医生打算把我安排在医疗部门，但是我建议他让我继续以匿名身份开展工作。这需要他为我另外安排一项工作，以掩饰我的真正身份。同时我还在杜邦公司中创建一个类似于 AA 的小组，任何员工都可以参加。1944 年 1 月，我开始了自己新的工作。

一旦工作上了轨道，Dave M. 便开始与员工进行私下的接触。这项工作得到了 Gehrmann 医生的大力支持。部门主管会与那些表现不佳的员工进行面谈，初步判断他们的问题是否与酗酒有关。他们会将出现酗酒问题的员工交给医疗部门处理。据 Gehrmann 医生的夫人描述："管理者们将那些存在酗酒问题，需要医疗部门进行更深一步接触的人员名单交给他（Dave M.）"。他会将 AA 小组介绍给这些员工，并告诉他们在特拉华州威尔明顿市已经成立了类似的小组。同时他也会向这些员工说明，是否参加 AA 小组活动完全由他们自己决定，同时员工仍然能够获得医疗部门的帮助。但是如果他们无法成功摆脱酒精的困扰，最终将被解雇。在随后的四年中，这些声明以及其他相关措施，逐步正规化，并纳入到了公司的政策和流程之中。

对于 Gehrmann 医生在 20 世纪 30 年代末到 40 年代初的经历，人们知之甚少，但仍然能够找到一些相关线索。他从 1915 年就在杜邦工作，当时他只有 25 岁。1926 年他成为了医疗部门主管。AA 这个组织及其所取得的成就给他留下了很深的印象，他将公司员工介绍过去，自己也参加过几次聚会。他是一名获得过良好训练的专业人员，同时也是一名管理人员，这样的身份使得杜邦的工作能够更加顺利地开展。1943 年，当 Dave M. 打电话给他时，他同 Kodak 的 Norris 医生一样，在处理酗酒员工的过程中遭遇了多次失败。后来他说："没有 AA 的帮助我独自战斗了 28 年，一无所获。而过去的五年中，在 AA 的帮助下，我使65％的酗酒者得以康复。"

Ralph Henderson 可以被看作第一个职业方案咨询师（Occupational Program Consultant, OPC），他于 1895 年出生于达科塔南部，1919 年毕业于美国州立大学法学院，在公司做了一段时间的审讯律师后，他入伍并参加了第一次世界大战，成为了一名军官。不久后他出现了严重的酗酒问题，在 1954 年的一次谈话录音中，他说："大概在七到八年的时间里我失去了我的朋友、我的家人，甚至失去了我自己。"他和他第一任妻子分居并最终离婚。30 年代后期，他在很多地方过着贫民的生活。1939 年，他的生活出现了转折，芝加哥的一个地方法官为他提供了精神上的支持，并鼓励他了解并加入到 AA 之中。那时的 AA 是很难找到的，当他最终与这个组织签订协议时，发现那名法官自己也是其中一员。1940 年，在 AA 的帮助下，他在芝加哥的 Wedge Pipe Company 找到了一份工作，在公司外部的新奥尔良办事处工作，并成为了一名企业员工问题专家。战争中得到的相关经验使他能够在处理特殊工作场所中员工的酗酒问题上找到直接有效的方法。1946 年，公司将他调回芝加哥，在这里，他的生活掀开了崭新的一页。他再次组建了家庭，并同妻子一起在 1947 年参加了耶鲁暑期班的酒精研究。Esther Henderson 担任酒精研究中心的 Selden Bacon 教授的秘书及财务专员，Ralph Henderson 则成为全国酗酒教育委员会（National Committee for Education on Alcoholism，NCEA）的执行董事 Marty Mann 女士的助理。1947 年，他开始为 NCEA 到各处奔波，足迹遍及美国的东南、东北和中西部地区，1948 年，他接受了来自耶鲁中心的邀请，成为了这里的企业咨询师。

从 1948 年到 1958 年，Henderson 一直在为职业戒酒方案到处奔波，同时他还在耶鲁中心开展了一系列与解决工作场所酗酒问题相关的工作。在这里的第一年，他与 Selden Bacon 共同草拟了一项"工业企业耶鲁计划"。在这份计划中，他列举了一系列的指导方法，并多次强调酒精依赖是一种疾病。虽然后来只有艾利斯—查尔默斯公司一家公司执行了这项计划，但却在后来作为典型的案例被多次引用和研究。这 10 年中，他为了说服那些大大小小的企业和工会，为了使这些公司中的酗酒员工能够返回工作岗位做出了不懈的努力。接替 Henderson 工作的 Milton Maxwell 教授，根据他的描述，Henderson 几乎对当时出现的每个职业方案都有或多或少的参与。Henderson 还曾多次拜访密尔沃基地区，并促成了该地区第一次以职业方案为主题的会议的召开，有 14 名雇主参加。

当然在这段时期还有很多其他的人在为推动这项计划进行着不断的努力，但真正被详细记录的并不太多，Great Northern Railroad（现在的 Burlington Northern Railroad）的第一个咨询师 Warren T. 便是其中之一。在一封写于 1943 年 3 月，署名为 Warren T. 的信中写道"我正在致力于处理酗酒问题，我相信这是第一家为这样的目的而实施 AA 计划的公司。在这个新的岗位上我已经工作了 7 天，处理了 17 个病例，这些人承认他们有酗酒问题，并向我寻求帮助。"Warren T. 在奥克兰大加利福尼亚附近的 Kaiser 造船厂的人事部门工作，在那里，他可以直接面对酗酒员工。而在进入这里工作之前，他已经在 West Coast 获得了一些处理酗酒问题的相关经验。

## 四、20 世纪 50 年代：EAP 快速成长

### （一）主要推动因素

20 世纪 50 年代以后，出现了更多公开而持久的职业戒酒方案。在这段时期，很多因素都推动了 OAP 的开展。

AA 继续为这一方案提供支持，回答会员或非会员的各种与 OAP 相关的问

题。从1949到1954年，这类问题的数量增加了近50%，而AA自身在这段时间也进一步扩大，截至1950年，有大约90 000成员分布在世界各地的3 000个小组之中。

耶鲁中心的努力也不容忽视。Ralph Henderson在这段时期与Selden Bacon进行频繁的会面。Selden Bacon后来回忆说："我个人访问了40到50位管理者（董事或执行董事），并用相当长的一段时间用来与他们讨论与职业戒酒方案相关的问题，这种频繁的会面可能会产生一定的作用，但或许其实际效果我们永远也无法得知。"耶鲁中心为Bacon和Henderson制作了一份大型企业领导者名录，但其中的很多领导者对戒酒方案表示拒绝或置之不理。

50年代早期，Christopher D. Smithers基金会建立，并在1952年10月正式组成公司。它很快便发展成为当时唯一一家致力于促进戒酒方案的传授和实施的私人基金会。虽然当时它所关注的问题并不仅限于工业场所的酗酒方案，但很快工作场所酗酒问题的预防和干预工作便成为了它的首要关注对象。更进一步，该基金会针对这项计划发行了专门的会刊，并广泛收集各个公司关于戒酒方案的信息，最终对OAP在四五十年代的发展进行了评定，并编辑成册出版发行。

广告宣传同样开始发挥作用。至少有两家公司——艾利斯—查尔默斯公司和爱迪生联合电气公司将他们的方案公开发表。另外，在1950年开始播出的一个广播节目中，大波士顿酒精咨询公司（Greater Boston Council on Alcoholism）的执行管理者伊丽莎白在每期都会邀请到不同的人，其中有很多是工商企业的管理者，还有一些是执业医生、心理专家或护士，邀请他们讨论关于帮助酗酒员工的问题。该节目每周一次，拥有15万听众。与酗酒相关的内容也被纳入到了工业医疗教科书中，格尔曼医生在这本广泛发行的书中用一章的文字专门介绍了在杜邦展开的戒酒工作。与10年前"保持沉默"的原则相比，这段时期的方案明显更加公开化。

（二）相关会议与研究

同时出现的还有一系列与酗酒相关的会议和课程。美国工业医疗协会（American Occupational Medical Association）成立了一个酗酒委员会（Committee on Alcoholism），并在1950年更名为饮酒问题委员会（Committee on Problem Drinking），多伦多的R. Gordon Bell任委员会主席。该委员会致力于转变工业医疗部门对酗酒人员所抱有的负面态度。

在耶鲁大学的带领下，很多机构开始开展酗酒研究暑期班，将酗酒问题纳入到他们的课程大纲和研究课题之中。例如威斯康星的成年人推广中心（Adult Extension Division）在1949年举办了一次为期一周的以酗酒为主题的会议。Henderson在50年代早期还在那里开办了一期关于工业酗酒的课程。犹他大学在当时也举办过一次类似的会议。同一年，芝加哥酗酒委员会发起了第一次关于工作场所酗酒问题的国际会议。会议主题确定为"工业中的酗酒问题"（The Problem of Alcoholism in Industry）。Gehrmann 和 Norris 医生都出席了这次会议。

1949 年和 1951 年，密尔沃基信息与转介中心（Milwaukee Information and Referral Center）举办了一系列的会议，参与赞助的公司至少有 18 家。1951 年在马凯特大学劳动人事学院成立了一个酗酒协会，同一年，Henny Mielcarok 在该协会举办了一次课程，向人们讲述 Allis Chalmer 中所实施的戒酒方案的全部开展过程。1952 年，Elizabeth W. 在波士顿大学创办了一门专为人事部门管理者设立的课程，课程的名称为："工商业中的酗酒问题"（The Problem Drinker in Business and Industry）。

与此同时，大量的相关研究涌现了出来。1946 年 Ehin 医生为 Detrait 经济学俱乐部做了一次演讲，主题为：关于酗酒我们应该做些什么（What Shall We Do about Alcoholism），这次的演讲十分著名。演讲内容于 1947 年出版，其中对由酗酒造成的旷工、工作事故等问题给企业和政府带来的损失进行了估算。

1950 年耶鲁中心建立了一个工业酗酒研究咨询中心（Industrial Research Council），中心在 1951 年发表了一篇文章，介绍耶鲁中心的 Robert Straus 和 Selden Bacon 进行的一项课题。该项课题调查了来自九家门诊的 2 000 名男性患者，发现在工作和生活中，仍然存在着很大一部分没有被发现的酗酒者。这篇文章至今仍被频繁地引用。

艾利斯—查尔默斯公司在戒酒方案开始后进行了八个月的追踪研究，研究结果在 1950 年出版。其中一共涉及了 71 个病例，有 51 名员工仍在岗位上工作，他们的酗酒量有所减少，不会对正常工作造成影响，只有五名员工不得不被解雇。这或许是第一次对企业的戒酒方案进行正式的评估。这项方案同时也为旷工的研究提供了数据，方案刚开始实施时，174 名酗酒病例平均每年缺勤 26 天。Benson Y. Landis 也对酗酒引起的工人缺勤次数进行过评估，认为他们平均每月缺勤 3 天，一年共缺勤 36 天。当时发表的研究中，还有一些试图对工作场所现有的酗酒工人的真实数量做出评估。

（三）工会的参与

缺少工会的参与常常会使戒酒方案在开展过程中遭遇困难，幸运的是，在50 年代工会对戒酒方案的关注越来越多，甚至还有工会组织直接参与到方案的实施过程之中。

美国劳工联合会和产业组织联合会（The American Federation of Labor and Congress of Industrial Organizations，AFL-CIO）社区服务（Community Services）部门在 1948 年将酗酒加入到心脏病、癌症等问题之中，列入该部门的工作

日程。1948 年到 1949 年，产业组织联合会的社区服务工作委员会发起了一系列的研讨会和工作坊。1950 年，美国钢铁工人联合会（The Steel Workers of America）在俄亥俄州扬斯敦举办了两次会议，同一年，美国劳工联合会和产业组织联合会社区服务部门主管 Leo Perlis 在该部门成员的帮助下实施了一项全国范围的职业方案。1953 年，美国公共事业工人联合会（The Utility Workers of America）、产业组织联合会以及国际电力工人兄弟会（International Brotherhood of Electrical Workers）在纽约医学研究院共同举办了几次会议，会议主题定为"饮酒问题与工业组织"（Problem Drinking and Industry）。这些会议所取得的成果之一是出版了一本名为《每位员工所应该知道的酗酒问题》（*What Every Workers Should Know about Alcoholism*）的手册，这本手册是第一份由劳工组织印刷的关于酗酒的刊物。

50 年代中期，产业联合会将一批社区服务人员代表送到耶鲁酗酒研究暑期班。Henderson 利用产业组织联合会的那本手册鼓励这些工会代表积极参与，并使他们普遍认识到了职业方案的应用价值，这对于由产业联合会参与实施的企业方案起到了极大的推动作用。Bacon 曾与钢铁工人联合会的代表进行过一次长时间的讨论，使他们最终认同酗酒问题的确应该是由工会来负责的。同时，纽约和芝加哥地区社区服务机构的咨询师也开始着手研究酗酒病例。

但是这些工会的努力也带来了一些内部冲突。类似的方案本应由管理部门授意或指挥，工会现在却试图将它全部接管过来。例如，艾利斯—查尔默斯公司所属的工会在 40 年代后期并没有参与方案的最初实施，直到公司开始对此进行宣传时，他们才听说了这一举措。这使工会感到非常气愤，甚至开始举行罢工。1949—1950 年，情况变得越来越糟，以至于美国汽车工人联合会主席 Walter Reuther 不得不出面调停。他最终说服了艾利斯—查尔默斯公司的管理者，使其同意应该同工会共同审查此项方案，与工会领导一起协商并达成一致意见。工会代表也开始参加相关的培训课程。最终这次冲突得以平息，方案得到工会的广泛支持。

## （四）著名的戒酒方案

当时出现了大批的职业戒酒方案，与前段时期相比，由于有工会的参与，这时的方案更加正规化和公开化。最为知名的方案包括了威斯康星州的艾利斯—查尔默斯公司和加拿大的贝尔电话公司的方案。

在 Allis Chalmer 公司的早期方案中，同样也有一名 AA 成员 George S. 在其中起了重要的促进作用。1948 年，他创立了密尔沃基信息与转介中心（Milwaukee Information and Referral Center），关注工商业企业的酗酒问题。通过与艾利斯—查尔默斯公司的高层管理人员建立密切的联系，他最终说服了他们采取行动处理员工的酗酒问题。该项目于 1947 年 10 月启动。期间项目曾出现过两年的停滞，但经过 George S. 的不断催促，公司在 1950 年将一名有着丰富经验的企业咨询师和一名曾经担任 AA 地方小组秘书的人员派来参与这项工作。该公司的方案在处理员工酗酒问题的同时还为员工提供家庭、健康、养老等多项福利。医疗部门在这项措施开始后的两三年也参与了进来。该公司的人事部门从一开始就对此报以极大的兴趣，这对方案的实施起到了积极的促进作用。人事部门的参与使方案可以由管理层的规划转向具体的实施。

当时的人事部门主管 Henry Mielcarek 前往威尔明顿拜访了 Gehrman 医生，同时参加了耶鲁暑期班，他似乎在某种程度上采纳了杜邦和爱迪生联合电气公司的观点，"我们的戒酒方案中，工作的准则是帮助那些酗酒者改过自新，同时不必受到惩罚。"这种人事部门参与的形式在这段时期的戒酒方案中变得越来越普遍。

与艾利斯—查尔默斯公司的方案不同，加拿大多伦多贝尔电话公司的方案几乎全部由医疗部门负责，没有任何 AA 成员或人事部门的参与。它的发展应该说与 W. Harvey Cruickshank 医生的不懈努力是分不开的。在二战开始前，Cruickshank 医生正在攻读他的精神病医生学位。在当时，几乎没有多少人会考虑尝试帮助员工再就业，即使有也大多未能取得成功。但随着后来战争的爆发、工业医疗机构的产生以及经济状况、养老和医疗福利的不断提高，有越来越多的人开始意识到员工的健康问题以及缺勤和旷工会带来重大的经济损失，高层管理者也开始对此加以关注。在这样的背景下，Cruickshank 医生在战争结束之后立即担任了加拿大贝尔电话公司的医疗主管，而他当时所关心的问题并非酗酒，而是探究疾病和缺勤的根本原因及对公司收益的影响。从这些研究中，他很快发现那些经常生病或缺勤的员工为公司带来了重大的损失。进一步，他们开始调查那些员工的详细信息，而最终的问题终于归到了酗酒上。随着探究的深入，他们发现了酗酒现象的广泛和深入，并开始在此花费越来越多的时间和精力。从 1947 年到 1950 年他和同事开始促使各部门的管理者意识到这个问题，同时为他们提供相关的培训。但是在每一个层面上他们都会遇到反抗力量，使得这件事情的进展极为缓慢。即便这样，到 1950 年，该公司依然获得了大量的成功案例，案例中还有一些是有着很高专业才能的熟练员工。持有怀疑态度的人也逐渐变少。真正的方案直到 1951 年才得以实现。而工会虽然对此给予支持，却没有提供任何切实的帮助。

在这段时期持续推行的另一个项目是美国大北铁路（Great Northern Railroad）的方案。该公司的董事 John M. Budd 在 1951 年就意识到了在公司的员工之中确实存在酗酒问题，而在铁路运行过程中的每一个环节上，酗酒都有可能为公司带来严重的经济损失。这项工作引起了他的强烈重视，并要求该公司的酗酒问题咨询师 Warren T. 直接向他报告工作。除了得到管理部门强有力的支持之外，该公司的方案还覆盖了更广泛的内容，Warren T. 的夫人 Alice 为这里的员工提供债务理赔的服务。1956 年，Les V. 接替了 Warren T. 的工作，并同妻子一起将关于家庭的内容加入到了此项目中。他们的工作逐渐获得了铁路部门工会组织的支持。

在这段时期，还出现了很多类似的较为正规化的和公开的方案，这些方案的数量增长进一步说明了 40 年代后期和 50 年代中期该方案的快速发展。

## 五、20 世纪六七十年代：EAP 发展成熟

20 世纪 60 年代，美国越来越多的政府与法律机构采取相关行动，这推动了职业方案的发展，其中一些专业组织的作用也不容忽视。

从 60 年代中期开始，大量对劳工纠纷的法院判决显示出，法律机构希望管理者能够对员工的酗酒、物质滥用或情感等问题负责。因为州法院发现工作环境对员工的精神健康会产生重大的影响。工作环境中的各种问题是导致员工精神或情感问题的重要因素。

1962 年坎波集团（Kemper Group）启动了酗酒员工再就业计划，并将计划的涉及面扩大到了员工家属，以及那些有着其他生活问题的员工。这次方案从根本上增加了帮助方案的服务内容，将婚姻与家庭问题、情绪问题、经济与法律问题，以及其他与饮酒过量相关的问题也列为此项服务的关注内容，开启了现代员工帮助计划的新篇章。到了 70 年代，这一计划的覆盖范围迅速扩大。

1969 年爱达荷州的参议员休斯提议政府应该在对酗酒者的帮助上投入更多的精力。该提议得到认可，《酒精滥用和酗酒者的预防、治疗和恢复法案》在 1970 年获得通过，该法案简称为休斯法案。根据此项法案，联邦政府于 1970 年设立了国家酒瘾研究所（National Institute of Alcoholism and Alcoholism and Alcohol Abuse，NIAAA）。该机构主要负责专门对酒精成瘾及其预防和治疗的方法进行深入研究。此外，该法案还要求每个州政府都设立具有针对性的酗酒方案，并应设立两名以上的酗酒咨询师，专门致力于推动戒酒方案在企业内部的实施。在该法案的作用下，1970 年几乎所有的州都立法承认酗酒是一种疾病，并对戒酒的工作给予了更多的重视，投入了大量的精力。

1970 年，酗酒者干预中心的数量迅速增加，佛罗里达州在 1969 年有三家干预中心，一家由州政府公开设立，另外两家由私人资助设立。而一年后，仅在坦帕地区就出现了四个国家的 20 多家私人干预中心。这些私人干预中心作为当地几家社区机构的补充，致力于帮助企业解决员工的酗酒问题。

国家酒瘾研究所在成立后也采取了一系列的措施，积极参与工作场所的戒酒活动。在 1972 年，NIAAA 在每个州几乎都设立了两项关于戒酒行动的专业项目咨询基金。同时他们还为负责戒酒活动的人员提供专业的训练，为企业内部建立

起完整的 EAP 提供帮助，并协助企业执行该项目。

另外，在 70 年代初期的联邦法令中也出现了禁止歧视弱势群体的条文，这里面包括了酗酒和物质滥用的人员。法官们要求管理者不得在没有做出任何努力去帮助酗酒或其他物质滥用员工恢复工作能力的情况下，随意解雇他们。

耶鲁大学和新泽西州立大学对 EAP 的发展继续发挥着推动作用。他们进行着有关酗酒问题的研究，并共同促使了美国酗酒协会（National Council on Alcoholism，NCA）的成立，出版并发行了大量与戒酒相关的资料。同时，还举办了多场关于 EAP 的研讨会，向参加者发放相关资料，使得更多的企业接触到了 EAP 并对其有了初步的认识。

## 六、20 世纪 80 年代：EAP 遭遇瓶颈

80 年代，美国政府在社会福利上的资金投入减少，这使得大量公立的酒精和药物成瘾的研究机构及心理健康服务机构不得不想办法维持自身的生存，他们逐渐把自己的服务对象转向各大企业，这也使得 EAP 的发展更具专业性。

对酗酒者的咨询或治疗多是以早期干预和对质的方式进行的，其遵循的主要原则是，酗酒是可以被治愈的。通常企业所关注的酗酒员工多是那些工作了十年左右的熟练工人，治愈这些员工，使他们能够恢复正常工作，将能够为企业节约成本并提高企业生产力。在二战期间以及随后的二十多年中，由于社会缺乏接受过相关训练的熟练工人，这种帮助员工再就业的工作得以快速发展。同时，OAP 或 EAP 的成员对于酗酒者的恢复工作抱以极大的热情。而到了 80 年代，情况开始有所转变，越来越多的熟练工人甚至开始排队等待工作。另一方面，EAP 工作者也不再像他们的前辈那样接受过专业训练并对这项工作拥有极大的热情。大多数地方性企业的管理者也都认为他们的企业中并不存在酗酒员工。80 年代的 EAP 似乎进入了一个瓶颈，那么，它的将来会怎样？谁又将取代它呢？

目前，更多的人逐渐开始接触一种新的形式，即员工成长计划（Employee Enhancement Program，EEP），在不久的将来，它很有可能会取代 EAP。EEP 所关注的员工健康问题不再只局限于单一的躯体健康，而是关注员工各个方面的整体健康，包括员工的压力管理及其他更为广泛的成瘾问题，比如吸烟、暴饮暴食等，帮助个体保持良好的工作状态。EEP 的出发点是，压力是引发员工各种成瘾行为的深层原因，如果员工能够学会控制压力，学会健康的生活方式，那么无论是 OAP 还是 EAP 所关注的问题，都能从根本上得到解决。

虽然对于这种新的观点也同样存在争议，但这很有可能正是 80 年代的"产业咨询"所倡导的核心概念。希望这种新形式的从预防入手的方法，能够对旧的方法予以补充，使这项以帮助酗酒者以及其他陷于困境的员工为目的的工作，得到不断的完善和提高。

## 七、中国 EAP 的发展

### （一）台湾的 EAP

台湾 EAP 的发展要领先于大陆，台湾 EAP 始于 1972 年台湾松下电器公司建立的"大姐"组织（Big Sister，BS）。该组织成员是由部门主管与组织代表推荐的资深且服务热忱的女性员工组成的，经培训后，她们在员工与主管之间担任沟通桥梁的角色，并办理社团活动、座谈会，与新进员工或离职员工进行面谈，帮助离职员工分析原因，提供就业协助等，为周围的员工提供各种形式的帮助。该组织后与公司的"大哥"组织（Senior Companion，SC）合并为"大哥大姐"组织（Big Senior Companion，BSC）。

1974 年，美国无线电电子公司以美国的 EAP 为蓝本，在公司内部成立了名为"温馨家园"的生活指导组，为女性员工提供生活上的指导，协助她们适应工作上的问题，并帮助她们安排休闲活动。公司还成立了张姐姐信箱，协助员工们解决感情、心理、生理、工作和交友等各种问题。美国无线电电子公司的这些协助员工的制度，使公司的离职率降至最低。

1976 年，东元电机股份公司设立"情桥"信箱，协助员工解决生活及工作中的问题。1983 年，公司聘用了两位专业辅导员，为员工提供情绪疏导、协助康复活动、个案辅导、员工座谈会、心桥活动刊物、邀请专家演讲等服务。1987 年公司招聘培训员工辅导员 46 人，并于不久之后开办了"大哥大姐"活动，使 EAP 的工作更趋完善。

随后，越来越多的员工帮助项目陆续在台湾涌现，EAP 也由初期的以福利服务及员工辅导为重点，演变为后来全面完整的 EAP 方案。1981 年，台湾中油公司根据《厂矿劳工辅导人员设置办法》的规定，成立了"咨商辅导委员会"，相继培训了多名辅导员，在各部门进行员工辅导的工作。1982 年，迪吉多电脑公司在内部设立咨询室，聘请专业咨询人员，为员工提供心理咨询服务。1995 年，台湾集成电路公司设立了心理咨询服务，1996 年开办部门讲座，1997 年开始提供心理课程。

统一企业公司于 1984 年成立"宿舍自治委员会"，为住宿人员举办各种文体活动，1992 年设立了"工厂辅导员"，使每一位新进员工都有一位资深的同事提供工作指导，并在公司总务部设置咨询室，由专业咨询员提供服务。1998 年，统一公司为了更加有效地解决员工在工作和生活上遇到的生理或心理问题，使员工能以健康的身心专注于工作，提升工作绩效，在公司内部开始推行员工协助方案（EAP），并将原有的"员工咨询服务中心"更名为"员工服务中心"，与公司现行的福利措施整合，并扩展了服务的范围。此后，EAP 逐渐受到越来越多管理者的重视，其服务的覆盖范围也更加广泛。

## （二）大陆的 EAP

随着越来越多外资企业的涌入，EAP 被带到了中国大陆。部分外资企业开始在公司内部设立专门的人员或部门，提供或协调心理咨询相关的服务。但由于涉及员工的个人隐私，更多外资企业希望能够由外部独立的服务机构来为员工提供心理帮助。在这样的需求之下，一些国外的 EAP 公司开始采用电话等远程服务的方式，直接从国外向中国境内的外资企业员工提供心理帮助。然而，由于在国内接受这些服务的多是本地员工，文化、社会、观念的差异使得这样的服务形同虚设，进而，一些国外或港台的 EAP 服务公司陆续进驻，在内地设立分公司或办事处。

天力亚太总部设在香港，1999 年在广州设立分公司，并于北京、上海等地设立了办事处，曾在杜邦、宝洁等多家外资企业中开展 EAP 项目。IPS（The International Psychological Service）是亚太地区最大的 EAP 企业，1999 年来到中国，是最早进入中国的国外 EAP 服务公司。2001 年，IPS 在香港设立了中国总部，为香港、内地、台湾和澳门的企业或组织提供心理咨询相关的服务。

无论是由公司内部还是外部机构提供的服务，基本上都在沿袭着国外的模式，其主要服务多局限于各种形式的心理咨询。但是，由于受到国内心理相关服务发展状况的限制，这样的服务模式很难得到国内管理者或员工的接受和认可，无法在本地企业中广泛推广。2001 年，IPS 撤回了位于上海的中国大陆唯一办事处，中国的 EAP 刚刚迈步便遭遇了阻碍。

但 EAP 并不会因此而夭折，新的 EAP 模式终将出现。近年来，国内的心理学者逐渐接触和了解了 EAP，并深刻地认识到了企业对于这项服务的潜在的强大需求，他们开始努力尝试着寻找一条适合中国本土企业的 EAP 道路。

西方的 EAP 是由对酒精成瘾人员的帮助发展而来的，而中国本土的 EAP 则是与心理健康相关培训的开展分不开的，培训在中国本土 EAP 的推进过程中起到了必要的宣传作用。1997 年，韩国三星集团第一次将笔者邀请到公司，为其内部员工提供心理培训。此后，笔者及其他心理学专家在 IBM、朗讯、思科、可口可乐、西门子、三星、联想、中国建设银行、太平洋保险公司等企业进行了大量的心理培训。培训的内容包括交互作用分析（TA）、咨询式管理者、压力管理、积极情绪、工作与生活协调、裁员心理调适等有关职业心理健康的各方面内容。

心理培训虽然与完整的 EAP 概念尚有区别，但是，这些培训使管理者们开始意识到员工心理健康对企业发展的重要影响。而另一方面，通过与诸多大型企业的合作，心理学专家们也有机会对中国企业的各种心理问题进行深入的了解和研究，积累了大量的相关经验，并对 EAP 在中国的发展产生了自己的思考。

在这样的形势下，中国本土的 EAP 项目应运而生。2001 年 3 月，北京师范大学心理学院在联想集团有限公司客户服务部开展了国内企业的第一个完整的 EAP 项目，这也是第一个由国内心理学专家主持的 EAP 项目。这一项目完全打破了国外 EAP 的固定套路，创立了适合于中国企业的独特心理帮助模式。

此次 EAP 项目从对员工心理健康状况的调查诊断开始，逐步深入。首先采用一系列专业研究方法，如问卷调查、访谈、座谈等，考察了员工的压力、工作满意度等心理相关状况，对员工和组织的现状有了全面和深入的了解，随后多角度多方向地开展了大量的宣传活动，采用卡片、海报、网络等各种形式向员工宣传心理健康知识，增强他们对心理问题的关注和认识。项目还为管理者提供了各种各样的培训，使管理者认识到了心理咨询在企业管理中不可或缺的作用。在此基础上，电话咨询、面询和小组咨询等各种心理帮助开始在员工中广泛开展开来。整个部门，从上到下，都通过这一系列新形式的服务了解和认识到了心理健康对于企业以及员工个人的重要性。EAP 经过专家们的改造后焕然一新，并在这个中国本土的企业中引起了很大的反响，员工们为能够在拥有这项"福利"的企业中工作而感到自豪，管理者也从中看到了 EAP 为企业带来的收益。

经过这次成功的实践，国内的 EAP 先驱者们看到了 EAP 在中国发展的巨大潜力，对于 EAP 在中国的开展树立了坚定的信心，并开始着手创建中国本土的 EAP 公司。

2001 年 10 月，北京易普斯企业咨询服务中心作为国内第一家 EAP 专业服务机构在北京成立，该中心的核心人员由众多长期潜心研究企业心理和 EAP 的心理学专家组成，笔者担任了中心的首席顾问。该公司积极倡导"健康、幸福、高效的员工是企业最大的财富"的理念，致力于向中国的本土企业推广 EAP 服务，让越来越多的管理者看到 EAP 为他们带来的巨大收益。

此后的一年内，为了向更多的国内企业宣传这项新型的心理服务，易普斯举办了一系列与 EAP 相关的公开培训课，陆续有实达电脑、华为等众多国内企业的人力资源部负责人接受了培训。并先后为北京国际交换系统有限公司（BISC）、中关村 IT 专业人士协会（ZIPA）等进行了相关的专题培训。IBM、IN-TEL、ABB、东芝、三星等部分外资企业出于对中国本土 EAP 服务的强烈需求，也参加到了这些培训之中。同时，易普斯开始尝试在大型国有企业中逐步推行完整的 EAP 服务，并取得了初步的成果。易普斯在 EAP 实务领域的这些推进，以及经验成果的推广，有力地推动了 EAP 在中国的发展。

随后，德慧等几家国内的管理咨询公司也陆续推出了 EAP 的相关服务，更多专业的 EAP 机构也开始出现。2004 年，曾经在 IPS 担任中国大陆首席代表及副总经理职务的朱晓平博士在上海成立了中国 EAP 服务中心，与多家国外咨询机构合作在中国企业中推行 EAP 项目。2005 年，出现了国内第一家中外合资的 EAP 服务机构——北京盛心阳光国际企业咨询公司。

在这些国内外专家和相关人员的不懈努力下，EAP 在中国开始缓慢起步，在对中国企业的 EAP 服务模式的探索中，逐渐找到了 EAP 的方向，员工心理健康问题也受到了越来越多的国内企业管理者的关注和重视。另一方面，近几年中，几次大规模的 EAP 相关会议及论坛的召开，也对 EAP 在中国的发展起到了极大的推动作用。

2003 年，由财智杂志和德慧共同主办的第一届 EAP 年会在上海召开，国际 EAP 协会主席 Donald G. Jorgensen 应邀参加，在会上对国际 EAP 的发展现状做了大致的描述，并向国内的同仁们介绍了国际上一些成功的 EAP 实践经验。朱晓平、笔者等一些国内 EAP 的先驱者们在会议中共同探讨了 EAP 在中国的发展道路和前进方向问题，分享了自己在实际运作过程中获得的成功经验。此外，香港和台湾的专家们也对 EAP 在中国大陆的发展提出了自己的看法。

此次会议吸引了众多的国内外知名管理者参加，EAP 在国内企业中的推广又向前迈进了一步。会议的成功举办也使越来越多的相关媒体开始关注 EAP，关注企业员工的心理健康。

作为国内第一家 EAP 本土企业的易普斯企业咨询服务中心也在 2004 年与国务院发展研究中心人才交流培训中心合作，举办了一次题为"职业压力与心理健康——如何建立高效、健康、幸福的员工队伍"的 EAP 专题研讨会。此次研讨会除有新任国际 EAP 协会主席 John Maynard、众多国内心理学专家及国内 EAP 专家的参加之外，国际专业 EAP 机构的资深专家也在会上详细介绍了他们在跨国企业中实施 EAP 的成功经验，国内的专家们也与他们共同探讨了 EAP 在中国的发展道路和发展模式等问题。

2004 年和 2005 年，第二届、第三届 EAP 年会相继召开，截至 2014 年 4 月已经举办了九届。此外，中国国际人才交流协会也在 2005 年举办了中国首届企业心理服务（EAP）国际论坛。首届中国 EAP 行业峰会暨 EAPA 中国分会成立大会于 2013 年 6 月在北京的中国科学院心理研究所隆重召开，这次大会由中国科学院心理研究所与国际 EAP 协会共同主办。2014 年 3 月，国际 EAP 协会中国分会（Chinese Employee Assistance Professionals Association，CEAPA）第一届全国会员代表大会在北京中国科学院心理研究所顺利召开，以不记名投票方式选出 10 家理事单位。

虽然近十多年来，EAP 在中国迅速发展起来，但总的说来，EAP 在中国大陆仍然处于起步阶段，这一领域还需要更多专家和相关人士的努力探索和开拓。心理健康在中国仍是一个较新的概念，更多的管理者还没有认识到企业中心理问题的重要性，在相关概念的宣传推广上还需要做大量的工作。此外，完整意义上的 EAP 在中国的发展也只有不到十年的时间，还需要更多专业人士的参与，需要更多的理论研究和相关实践，EAP 的发展道路仍将是一个漫长和艰难的过程。

### （三）中国的 EAP 标准

20 个世纪 90 年代由 EAPA 编制的 EAP 标准一直是行业内最为权威的一套标准，也被全球各地的 EAP 工作者学习使用，但是随着 EAP 在中国的发展，由于文化差异所导致的服务内容重点也在逐渐转移，在国内，大家希望在 EAP 中更多地体验到培训和咨询类的内容，而国外的工作场所戒烟戒酒计划在国内基本没有实际操作空间，因为国内在这方面的需求本身就十分稀少。

针对这样的情况，我们在细致的讨论和研究后，开发出了一套新的适用于中国的 EAP 标准，希望能为广大 EAP 工作者提供一定的帮助和参考，具体如下。

## EAP 标准（中国）

### （一）总则

#### 1. 目标

提升员工身心健康，提高工作绩效，促进组织管理动态优化，推动员工与企业的共同成长。

#### 2. 服务

EAP 应当根据目标群体的需求提供适当的服务，优化服务效果。

#### 3. 职业资格认证

EAP 从业人员应当具备专业资质，以便更好地履行其职责。

#### 4. 职业道德

EAP 从业人员应当严格遵守职业道德标准，保护包括客户、员工、社区、专业服务人员及行业相关群体的权益。

#### 5. 开放性

根据不同的企业结构和需求，EAP 服务机构可对当前标准进行适当调整，以提升服务的有效性。

### （二）标准的框架

#### 1. 服务目标

（1）满足客户与用户需求。

（2）培育积极的心理能力。

（3）思政创新与促进。

## 2. 服务范围

（1）心检与组织评估系统。

（2）管理促进系统。

（3）心理与信息咨询系统。

（4）培训提升系统。

（5）宣传促进系统。

（6）专员提升系统。

（7）网络自助系统。

（8）危机管理系统。

（9）场室与软硬件建设系统。

## 3. 项目管理

（1）执行原则。

（2）执行流程。

（3）组织架构。

（4）监控管理。

（5）档案管理。

（6）效果评估。

## 4. 服务人员

（1）专职服务人员标准。

（2）签约网络资质标准。

（3）专职人员管理。

（4）签约网络管理。

## 5. 职业规范

（1）EAPA 职业道德标准。

（2）中国文化下的道德元素。

（3）隐私与保密承诺。

（4）职业责任与使命。

## (三) 标准的细化解释

## 1. 服务目标

（1）满足客户与用户需求。

目的：EAP 服务应基于组织和员工的需求进行设计。

a. 项目设计应该考虑到员工和其他有资格享用服务者的需求。

b. 项目设计应该考虑到组织领导的需求和目的。

c. 项目设计应该考虑到组织的需求和长远利益（商业的价值）。

（2）培育积极的心理能力。

目的：EAP服务应兼顾现有问题解决与促进员工积极心理品质这一长期目标。

a. 项目设计应该提升员工的心理资本。

b. 项目设计应该提升管理者的积极领导力。

c. 项目设计应该促进组织层面的积极文化与氛围。

（3）思政创新与促进。

目的：EAP服务应增强党群思想工作的针对性、科学性、有效性。

a. 丰富现有的员工思想动态调查，掌握更深入全面的思想、心理状态信息。

b. 提供平台进行典型问题、共性群体的专项研究，推动党建思想工作新课题研究。

## 2. 服务范围

（1）心检与组织评估系统。

目的：EAP帮助员工与组织实现心理体检。

a. EAP应为员工提供高信效度的心理学量表，定期测量员工的心理健康水平。

b. EAP应为组织领导提供全面的组织心理现状及其影响因素分析。

c. EAP应为员工每人提供一份个人心检结果的全面解析报告和提升建议。

（2）管理促进系统。

目的：EAP促进管理改善与管理结合。

a. EAP应该根据组织心理分析结果为企业提供管理改善建议。

b. EAP促进企业心理要素与人力、思政、工会等各管理模块之间的结合。

（3）心理与信息咨询系统。

目的：EAP应通过个人咨询，解决影响员工身心健康、绩效的问题。

a. EAP应恰当地诊断问题或评估问题，提供适当的咨询或转介，使问题得到解决。

b. 对于心理咨询范围内的问题，EAP应提供专业的咨询师对客户进行1～5次的个人咨询（电话咨询、面对面咨询、网络咨询）。

c. 对于非心理咨询范围内的问题，EAP应提供相应资源，将其转介到其他服务机构。

（4）培训提升系统。

目的：EAP服务应对高层管理者、基层管理者、普通员工开设各种主题的

（4）监控管理。

目的：EAP 需要确保为客户提供的服务效果得到监督和追踪。

a. EAP 应当建立个案管理体系和追踪服务体系，并定期向客户汇总报告。

b. EAP 应当记录所有用户的服务信息与相关资料，以备后期监管与查询。

（5）档案管理。

目的：保留及时、准确、完整的记录，作为后期诊断、评估、追踪、督导及研究的依据。

a. EAP 应记录来访者的个人基本信息，建立个人档案。

b. EAP 应记录治疗推荐计划的每一个步骤，与来访者一起完善记录，并向有关人士报告来访者的进展情况，这些人可能来自 EAP、公司、工会和为来访者提供服务的社区专职人员。

c. EAP 应为参与该个案的治疗的所有专职人员提供总结报告，包括接纳性访谈、服务计划、常规联系和结案四个方面，描述来访者在治疗中的进展的各个方面。

d. 档案的储存、转移和销毁必须依据保密的原则进行处理。

（6）效果评估。

目的：评价 EAP 应该设立可衡量的结果和数据收集机制，以此来评价服务是否达成目标。

a. EAP 应制定一个书面的评估计划，包括评估目标（不同层面）、评估方法的说明和计划时间表。

b. EAP 应收集所有项目内容和服务数据。

c. EAP 应根据评估计划每年至少进行三次评估。

d. EAP 应至少每两年更新一次评估计划。

e. EAP 应建立一个机制，以促进所有项目的评估结果并不断改进工作。

## 4. 服务人员

（1）专职服务人员标准。

目的：内部 EAP 项目工作组必须保持其专业性，使其更好地管理、筹备、推动 EAP 项目。

a. EAP 专职工作人员应该具有稳定的情绪，开放、认真的态度，助人为乐的价值取向，强烈的责任感。

b. EAP 专职工作人员应该具备心理学、管理学、人力资源管理、组织行为学等方面的知识背景。

c. EAP 专职工作人员应掌握有关 EAP 的技术性知识。

d. EAP 专职工作人员应具有良好的沟通能力、系统思考的能力、直面自我的能力、善于灵活地解决问题的能力等。

e. EAP 专职工作人员应了解与职业咨询相关的法律条文，深刻理解有关职业咨询师的职业道德知识。

（2）签约网络资质标准。

目的：EAP 咨询师的能力素质决定着 EAP 服务的质量。

a. EAP 签约人员必须持有咨询师的认证或证明。

b. EAP 签约人员应参加培训并了解 EAP 的实践。

c. EAP 签约人员应具备人力资源管理、劳动关系学和组织动力学等相关知识。

d. EAP 签约人员应有对其复原指导的服务机制。

（3）专职人员管理。

目的：EAP 应当对专职人员进行严格管理，保障其对客户的服务质量与效率。

a. EAP 应当确保其专职服务人员分工明确、管理严格，其人员构成与工作方式符合客户及该项目的具体特点与要求。

b. EAP 应严格区分内部专业人员的信息权限，保障客户与用户的隐私与信息安全。

（4）签约网络管理。

目的：EAP 应当对各类签约资源网络进行严格管理，保障服务水平与客户利益。

a. EAP 应当对包括咨询师、培训师等在内的签约资源进行严格监督，确保其专业水平与职业规范。

b. EAP 应当对各类签约资源的工作规范负责，使其工作方式符合 EAP 项目需求与客户利益。

### 5. 职业规范

（1）EAPA 职业道德标准。

目的：保护参与到 EAP 服务中的员工和管理层，使其免受不道德行为的伤害。

a. EAPA 会员有义务为客户的信息保密。会员需要使客户充分了解在整个 EAP 过程中隐私权的适用范围和适用限制。未经客户同意，会员不得泄露客户的信息，除非这种保密行为会严重影响客户或他人的身心健康。

b. 提供 EAP 服务的 EAPA 会员应该拥有工作组织、人力资源管理、EAP 政策和管理及直接 EAP 服务方面的知识。所有会员都应该具有物质依赖、物质成瘾、情绪障碍方面的知识，还应该懂得不断接受培训以提高工作质量的重要性。

c. EAPA 会员不应该因客户的种族、信仰、国籍、躯体残疾、性别的因素而对其产生歧视，而且应该充分尊重和维护客户的权益。

d. EAPA 会员应该向客户详细解释 EAP 及其附属治疗和训练的功能及目的，不能向客户收取额外费用，不能客户发生性关系，不能做有损于客户关系的事情。

e. EAPA 会员只能在自己专门负责的业务领域中为客户进行评价和咨询。如果有客观需要，会员应该接受咨询或督导。

f. 为避免利益上的冲突，做最初评价的人员最好让客户同时接受 EAP 以外的组织或个人的评价。EAP 服务执行与否取决于最初评价者对客户情况的评定，只有向客户证明咨询可以给他们带来更大的经济效益，并被客户认可后，EAP 才能正式实施。

g. 无论是没有取得专业资格的从业者，还是 EAP 专员，都应该团结协作，一起推广 EAP 服务。

（2）中国文化下的道德元素。

目的：EAP 应充分考虑到中国文化下的道德元素，促进 EAP 在中国的顺利开展。

a. 中国本土化 EAP 应充分考虑到中国传统文化的影响，在对组织、团体、个人、家庭提供服务时，应接纳包括儒释道在内的文化需求，避免照搬西方文化传统下的道德标准。

b. 中国本土化 EAP 项目应当借用、善用中国优秀传统文化元素，为客户和用户提供更具针对性和更加落地的服务。

（3）隐私与保密承诺。

目的：EAP 应执行符合法律、专业标准和职业操守的书面保密协议，保护员工的隐私。

a. EAP 专业人员有责任向求助者说明保密原则及应用这一原则的限度。

b. 在工作中，一旦发现求助者有危害自身和他人的情况，必须采取必要的措施，防止意外事件发生（必要时应通知有关部门或家属），但应将有关保密信息的暴露程度限制在最低范围之内。

c. 心理咨询工作中的有关信息，包括个案记录、测验资料、信件、录音、录像和其他资料均属专业信息，应在严格保密的情况下进行保存，不得列入其他资料之中。

d. EAP 专业人员只有在求助者同意的情况下才能对咨询过程进行录音、录像。在因专业需要进行案例讨论或采用案例进行教学、科研、写作等工作时，应隐去那些可能暴露出求助者身份的有关信息。

（4）职业责任与使命。

目的：EAP 服务人员应当具有职业责任与使命感，推动心理学在企业的应用，促进员工的幸福感，提高其生命质量。

a. EAP 作为一项带有"自助"与"助人"性质的服务项目，其专业服务人员应当具有职业责任感与使命感，关注生命本质，帮助来访者与用户解决问题、提升生命质量和幸福感。

b. EAP 专业人员应当形成良好的互助氛围，避免因长期受到来访者负面情绪的影响而产生心理问题，保持良好的职业健康水平，持续为客户和用户提供服务。

EMPLOYEE ASSISTANCE PROGRAMS

# 第二篇　EAP 实务

# 实施 EAP 第一步：EAP 的规划

完成任何一项复杂的事务都需要规划，EAP 服务更不例外。如何选择 EAP 服务，如何规划一项 EAP 服务，都需要一个长期思考的过程。如何思考？在思考过程中如何做出决策？这些问题，都需要通过 EAP 执行规划来解决。

## 一、方案规划的功能与目标

方案规划的功能众多，简要来说，主要表现在以下三个方面。首先，方案规划可以帮助企业进行理性思考。企业首先应该了解的问题是规划的原因，即为什么要做该规划？该项目能否成功？能否实现预期的目标？是否满足企业当前的需求？通过对这些问题进行分析，就可以逐渐理清实施该项目的原因、对象、可用资源以及可选方案等。其次，方案规划在组织内部起到了沟通与协调的作用。在企业内部，员工与组织的需求差异、员工与领导的需求差异、青年员工与中老年员工需求的差异、不同部门员工需求的差异等，都是影响 EAP 服务是否能够成功实行的重要因素。因此，良好的规划方案有利于协调上述不同群体之间的需求差异，争取最大的共同需求范围，同时，也可以借机取得员工对该方案实施的认同。再次，方案规划为今后的评估提供了依据。在方案规划中，由于项目的目标、任务、策略等都有详细的描述，因此，在项目进行过程中和项目完成后对项目效果进行的评估就应该依照事先的规划来进行。

另外，方案规划还应该帮助 EAP 服务项目确定三个层面的目标（方隆彰等，1997）。

（一）结果层面

（1）满足需求：方案必须满足个人与组织的需求，单方面满足员工或组织都不利于该项目的持续开展。

（2）达成目标：方案的目标是具体化的需求。目标是方案结果的呈现，因此，一个成功有效的方案，其结果必然是与目标相匹配的。

（3）解决问题：期待状态与现状之间的差距就是问题，从实际来看，该方案的可行性往往是由现实问题所决定的。因此，好的方案必须是以问题解决为导向的。

（4）拓展效益：所谓效益最大化就是用最小的投入获得最大的产出。一个好的方案实施后，不仅要产生良好的效益，而且还应该具有相当的影响力。例如，以某几个部门的员工作为试点，员工接受服务以后，对效果加以宣传，就会对其他员工产生影响，或者因接受帮助而改善了与同事、家人的关系，使同事或家人受益，甚至他们也因此改变了与人相处的方式。另外，员工可能通过接受 EAP 的服务而提高了工作的积极性和工作效率，改善了工作策略，提高了团队凝聚力和组织承诺的执行力，这些都是成功有效的方案对组织、个人所产生的良性影响。

## （二）执行层面

由执行层面看，必须符合下列四个条件：

（1）具体：具有清楚的执行内容、步骤等；

（2）实际：能切实达到预期的目标；

（3）可行：确实可以执行；

（4）弹性：能够随情境变化而适当改变。

## （三）规划层面

从规划层面看，需要做到以下几点：

（1）知道为谁而做：方案的服务对象是谁？目标群体是谁？从组织的实际来看，不仅要了解直接服务的对象是谁，还要考虑到间接对象的想法、反应，必要时要与间接对象沟通，因此，实际上的服务对象应该包括直接与间接对象两个群体，否则就可能出现各种阻碍因素。

（2）清楚为何而做：要清楚为什么要做此方案，到底要达成什么目标？想解决什么问题？对公司、个人有什么意义？其重要性在哪儿？而并非一味模仿同类公司。

（3）了解可做什么：了解可以做什么，其中包括可以得到哪些适当的支持，有什么资源可资利用，以及可以发挥的空间或限制有哪些。

（4）明白如何去做：指通过哪种渠道、哪些方式，将服务运行起来，以接近要服务的对象。

## 二、方案规划流程

对于 EAP 的流程规划，方隆彰等提出了理性思考模型。该规划假设人是理性的，在规划过程中有很多条件可以被控制。当然，在实际规划时，每一步骤之间会有许多变异的可能，还需要靠经验来灵活处理。理性思考的过程如图 4—1 所示。

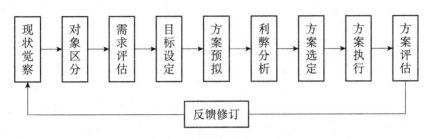

**图 4—1　理性思考过程图**

### （一）现状觉察

任何 EAP 项目的产生，都起源于某些对现状的觉察。例如，在对有强烈离职倾向的员工的访谈中，发现有些员工决定离职是因为心理适应的问题、人际关系问题或工作因素等，或者通过调查发现最近新员工有离职倾向升高的现象，或是调查表明为了公司的未来发展，领导层希望提升员工现有能力等。因此，不论是希望解决问题，还是进一步提升、发展员工的素质，都必须先觉察到现状，对企业各个层面的员工做深入的了解，对已经出现或是可能出现的问题进行准确的诊断或预测。

### （二）对象区分

接着要了解的是当前出现的状况与哪些人有关，即群体间的差异。例如，觉察到员工对单位的满意度有所下降，希望了解造成这种情况的原因。但这样的判断还过于抽象，需要对员工做进一步的分析。简单地说，就是要看看哪些员工可能具有这样的特点，以便明确对象的范围，为今后的工作做好准备。如：新员工可能因为人际适应问题和与上级的沟通问题而不能融入某个单位的团队之中，从而导致对单位的满意度下降。同时，也可能有部分老员工因为职业发展受挫（如近期的竞岗失败）而对单位产生不满情绪。

### （三）需求评估

准确地区分对象以后，就应该进一步去了解他们有什么需求或明确的问题是什么。调查或访谈是完成这一工作的有效手段。调查或访谈的对象应该涉及相关的重要他人，如部门负责人、同事等。掌握初步情况以后，还应该了解组织内现有的相关服务以及实际成效。另外，对于现有资料，如做过的调查或相关的记录等，也应该加以利用。只有通过多种渠道的深入调查，才能准确了解该组织需要提供的真正服务是什么。

（四）目标设定

接下来的工作就是根据需求来设定目标。目标是方案执行的方向，也是过程评估与总体评估的标准。一般而言，目标又分为总体目标与阶段目标（见图4—2）。总体目标是概括性的结果陈述，是比较理想化的抽象表达，如"提升新员工的组织向心力"。阶段目标也就是子目标，它是对逐步实现最终目标的过程的说明，具有很强的操作性，通常是可测量、可观察的。如，在2015年度，新员工离职率降低30％，出勤率增加20％。阶段目标既是对总体目标的一种拆分，同时也是对其进行具体化的一个过程。

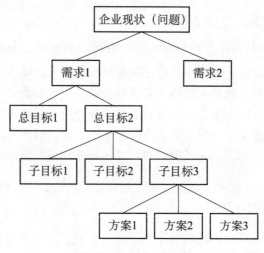

图4—2　目标结构图

（五）方案预拟

针对阶段目标预拟出各种可能的方案，并进行优化。这表明某一个目标可能需要同时准备几套方案才能完成，或者几套不同的方案皆可达成同一个目标。应该尽可能多地准备几套应对不同情境和突发事件的优化方案，以供比较和选择，同时在最大限度上规避方案实施后的风险。

## （六）利弊分析

接下来需要分析的是预拟的方案实施后可能带来的收益及隐患。没有任何方案可以在实施前就做到万无一失，有百利而无一害，因此，要针对每一个方案做可能的成本、效益的分析和比较。

## （七）方案选定

根据前一个阶段分析的结果决定选择哪些方案，被选定的方案称为行动方案，也就是实际要执行的方案。当然，方案的选定过程也是一个决策的过程，除了 EAP 方案本身所具有的一些特点之外，通用的决策方法与策略同样应该被应用到该方案的选定中来。

## （八）方案执行

方案选定后就应该开始执行。有时为了慎重起见，有的企业会选择在几个部门试行，经过一定时间的观察以后，对原有方案进行修订、改进，然后再在企业内全面推行。EAP 在国内作为一个新兴行业，尚处于探索阶段，对不同性质、行业的企业而言，其项目的实施本身就无成法可循。对 IT 企业员工适用的 EAP 服务内容与方式不一定适合于银行员工，同样，适用于外资企业的方案也不一定适合于国有企业。因此，在没有太多先例可供参考的前提下，通过局部试行的方式在实践中考验方案的可行性不失为一个好的选择。

## （九）方案评估

方案评估包括过程评估与结果评估。许多企业在实施 EAP 服务时往往忽略了过程评估的重要性。评估并非是一个"结尾"的工作，相反，它应该贯穿于整个项目的始终。对于 EAP 服务各阶段、各内容的即时评估，可以帮助企业及时调整、修订方案，避免方案偏离目标，保障整个项目的准确、高效运行。例如，对于一个 EAP 项目而言，调查完成后应该有对调查的评估，前期访谈完成后应该有对前期访谈的评估，宣传完成后应该有对宣传的评估，培训完成后应该有对培训内容、培训效果甚至培训师的评估，咨询完成后应该有对咨询满意度、咨询效果以及咨询师的评估，项目过程还应该通过大量的回访来对项目的各个环节进行评估，等等。在某种程度上，可以说过程评估的重要性甚至超过了结果评估，它是保障整个项目顺利进行并不断改善的基础。

整个项目完成后，还应该有一个结果评估，即总体评估。总体评估既是对整个方案实施过程的一个回顾，也是对预定目标达成情况的一个检验，同时也是对下一步工作的一个建议。作为该方案本身来说，它是一个终结性的工作；对于整个企业的发展来说，它是一个承上启下的重要环节。项目评估是鉴定一个 EAP 实施是否有效的重要环节，在后面的章节中会进行详细介绍。

### （十）反馈修订

评估的结果可以产生反馈的效果，作为下次执行类似方案或规划的参考。一般来说，实际达成目标与预定目标会有一定出入，有的是没有达到理想效果，有的是解决了另外一些没有预先规划的问题。因此，结果与目标之间的"差距"，或者说"距离"，就会使企业产生新的需求，需要重新或是继续进行下一步的 EAP 规划。

## 三、方案规划的策略

进行整个 EAP 的方案规划，要讲求一定的策略，这些策略对于 EAP 在某个特定企业的实际施行有很大帮助。

### （一）突出亮点，循序渐进

EAP 项目很难在一开始的时候就全面获得企业方面，尤其是企业高层的认同，因此，可以先采用局部试点的方式，深挖实际问题，做出几个亮点，把现有的一些独到的发现呈现给企业的领导层，使之看到现有问题的重要性以及 EAP 在该企业实施的可行性。只有让出资方充分地感受到这个项目"物有所值"，才有可能争取更多的资金，在该企业内进行更全面的、更深入的 EAP 服务。

### （二）兼顾组织、领导与员工三方利益

所有的 EAP 项目都可能遭遇这样一种困境：为谁的利益服务？兼顾 EAP 服务的科学性与实际实施中的具体困难，服务方必须明白，只有把企业利益、领导利益与员工利益三者整合起来，才有可能为该企业提供切实有效的 EAP 服务。企业利益是领导利益与员工利益的根本基础，是整个服务过程中的重中之重；各级领导的利益与员工的利益是服务的直接对象，但它们之间并不冲突，只要加强沟通、彼此协助，EAP 服务就完全能够做到兼顾整个团队的利益，提升整个企业员工的心理健康水平、组织向心力、工作满意度，以及压力管理能力等指标。

### （三）加强沟通，掌握动态

在方案规划的过程中，要不断与企业的管理层以及各级员工进行及时沟通，充分、全面地了解整个组织内部对该服务的期望与看法。只有通过深度访谈，了解员工的真实想法，才能准确地规划方案，不断调整方案，并使员工对整个方案

的规划过程有强烈的参与感。只有这样，才能保障后期执行时整个项目的畅通无阻。

### （四）直面挫折，再接再厉

与任何方案规划一样，EAP 服务在规划过程中也一定会遇到各种各样的困难，甚至是严重的挫折，此时就要求服务方有充分的心理与策略准备，应对困难、克服障碍。由于 EAP 服务在中国的开展还十分有限，大多数企业对于其价值、服务内容、服务流程、最终产品、可能的风险等方面的认识非常有限，常常抱着"将信将疑"的态度引入 EAP 的服务。因此，在整个协商与谈判的过程中，就难免会遇到各方面的阻力，对于 EAP 提供方来说，做好充分的心理与战略准备常常是使整个规划过程"峰回路转、重现生机"的关键。

对于尚处于探索阶段的 EAP 服务来说，没有"万灵"的方案与策略，只有服务提供方与企业自身不断探索、创新、反思、总结，才可能阐释出一套适合特定企业或是某个行业的方案规划策略。

### （五）争取 EAP 投资的核心信息

如果希望某个企业掏钱购买 EAP 这个产品，就应该至少为客户提供以下一些核心的信息。

（1）通过调查、访谈或观察得到的该企业突出的员工问题的简要描述。

（2）实施 EAP 服务的任务陈述、目标以及当前紧迫问题等描述。

（3）推荐的服务框架与实施策略。

（4）EAP 服务的预算以及可以为企业节约的成本。

（5）至少有两至三个专业的业内人员或顾问为企业阐释这样一些问题：物质滥用的危害、EAP 的重要性、EAP 的花费和收益、组织引入 EAP 服务的必要性。

## 四、诊断评估过程

实际上，在 EAP 专业服务机构与客户第一次接触的时候，整个诊断评估过程就开始了，而这个过程的目的就是帮助客户建立一个适宜的 EAP 服务项目。首先，EAP 专业服务机构应该帮助客户了解他们作为 EAP 项目的服务对象所拥有的权利与需要承担的义务。达成与客户对这一项目的共同理解是顺利完成整个服务的重要前提。

# 了解客户需要：EAP 的需求评估

## 一、为何要做 EAP 的需求评估？

在运作 EAP 之前，一定要有一个完整而详细的 EAP 执行方案或计划。这个计划需要周全地考虑到有关 EAP 执行的各个方面，包括组织可提供的资源、组织内员工的特点等等，并据此为 EAP 计划确定目标。只有具备了明确的目标，EAP 服务机构才能指导工作人员去收集相关的信息、设计周密的执行方案、协调各部门的关系，并最终按步骤完成整个工作。

确定 EAP 的目标最重要的依据就是员工和组织的需求。EAP 计划本身就是针对企业内员工和组织两个层面进行的，它的重点就在于通过专业的服务解决员工的各种心理问题和困扰，改善组织的环境和气氛，从而提高员工的工作效率和企业的生产效益。EAP 服务本身虽然具有一定的固定模式，但是在一个框架之上针对不同的单位也有不一样的具体落实措施，所以要想达到这个 EAP 计划的最终目标，首要的就是分析员工和组织的具体需求。这就像治病，要想治标又治本，首先要"对症"：只有找到病人的病根，诊断出病人到底得了什么病，才能开始治疗。EAP 需求总体评估的目的就是要找到员工亟须解决的问题，企业亟须改进的方面，这样我们才可能找到 EAP 工作的方向，并以解决这些问题为目标，来设计接下来的工作步骤。同时我们还可以在工作的过程中，随时反思这些问题解决的过程与状态来确定和调整接下来的工作步骤，并在 EAP 计划的结尾阶段检查最初提出的问题是否真正有效解决，并以此为标准评估 EAP 的效果。因此，EAP 需求评估的根本目的就是要找到员工和组织的需要，评估组织现有的形式和结构是否满足了这些需要，对于没有得到满足的方面，根据企业现有的资源和 EAP 服务机构的能力，尽可能地帮助企业解决这些问题，改善企业的气氛。简单来说，需求评估的目的就是为 EAP 整体方案的设计确定目标。

需求评估是 EAP 最重要的临床功能之一。评估过程能够持续几小时到几个月的时间不等，其主要目的就是界定问题，在客户和服务者之间达成共识。研究发现，客户当前能够意识到的通常都只是实际潜在问题的其中一部分（Oher，1999）。而需求评估就为客户与 EAP 提供方提供了很好的机会去完成这样几个目标：第一，揭露出所有对当前现状产生影响的潜在问题；第二，按重要性和解决方案的可行性重新组织问题；第三，建立初步的处理或行动方案。在评估过程中，应该（但不局限于）考虑以下一些问题：

（1）工作问题以及这些问题对工作的影响；

（2）工作经历；

（3）家庭环境；

（4）酒精和药物史；

（5）心理状态；

（6）子女抚养或老年人赡养问题；

（7）病史和住院史；

（8）职业发展问题；

（9）完全风险评估，包括试图自杀或杀人、家庭暴力以及虐待幼童/老人等方面。

简单地说，需求评估就是帮助一个组织判断其是否需要 EAP 的服务。需求评估的目的结构图如图 5—1 所示。其目的之一是为决策者提供建议，即是否需要在组织内部实施 EAP 服务；目的之二是向决策者提供当前的一些研究结果；目的之三是预期的能够实现的投资/收益分析；目的之四是收集组织当前的一些基本数据，以便今后在评估 EAP 效果时作为对照。从图 5—1 可知，需求评估结果同样被应用在 EAP 规划的其他三个阶段（Myers，1984）。

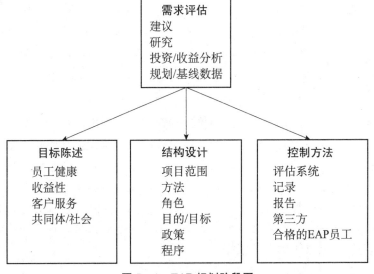

**图 5—1　EAP 规划阶段图**

## 二、EAP 需求评估要做哪些准备？

EAP 需求评估要做以下准备。

### （一）选择需求评估团队

要进行 EAP 的需求评估，首先需要一个专家团队。一个优秀的 EAP 需求评估团队应该具备各专业的人才。例如，有会计人员负责成本/收益分析；也应有参与组织战略规划的成员加入该团队，负责设计 EAP 的结构、计划、政策及程序，并协调服务方与组织其他员工之间的沟通；应该有人员负责人力资源，可以是人事经理或员工福利的负责人；还应该有人来自医务部门，可以是专业的护士或医师；另外还应该有一两个人来自生产部门，如产品或市场部门。这些专业的人员组合在一起才有可能产生一个高质量的评估团队。除此之外，为了配合该团队的工作，还应该配备一名专业的 EAP 咨询顾问，该顾问能够站在一个中立、客观的角度来辅助该团队的工作并努力为其节约时间。最后，在启动该项目之前，还应该有一个资深的项目经理来帮助整个团队设立目标、制定时间表。整个团队明晰了工作方向以后，可以在内部选出一名负责人带领团队开始工作。表5—1 列出了需求评估团队必须考虑的五个影响因素。

表 5—1                      需求评估团队必须考虑的影响因素

| 组织 | 其他组织 | 文献回顾 | 顾问 | 专家组 |
|---|---|---|---|---|
| 员工需要<br>成本/收益分析<br>观点调查 | 成功/问题<br>成本/收益<br>可行性结论 | 期刊<br>书籍<br>有关信息 | 公共的<br>私人的<br>非营利组织 | 设定目标<br>确定计划<br>落实分工 |

### （二）收集数据

需求评估里应该囊括大量的组织信息和数据。在考虑收集什么类型的信息之前，应该掌握一个基本原则：数据应该从尽可能小的组织进行收集，如各个部门或各个职级。这么做的原因是实施 EAP 以后，管理层很希望了解各组织单元产生的具体变化，以此来评价项目的效果。如果信息是以整个组织或较宽泛的程度来收集的，就很难通过比较发现不同部门员工前后的变化。例如，要考察新员工工作满意度的变化，就必须在刚开始收集数据的时候对人群特征进行区分，能够分离出某个年龄段员工的具体数据。

## 三、EAP 需求评估的关键要素

如上文所述，需求评估的目的是找到员工、企业的需要，以及企业现有的状况是否能满足这种需要，设法帮助企业满足员工尚未得到解决的需要，甚至包括对组织发展战略的研究或评估。由此，我们可以发现，需求评估主要涉及两个层面：员工层面和组织层面。当然，组织层面又包括作为一个整体的企业，以及企业内部的不同部门、团队的层面。只有评估出这几个方面的现状，并找到它们之间存在的矛盾与冲突，我们才能分析出企业现在亟须解决的问题，确立本次 EAP 服务所要达到的目标。

### （一）员工层面的评估

对于员工个人层面的评估，需要从员工自身的心理年龄特点，所处工作、生活环境以及工作性质本身的影响来考虑。尽管员工的需求涉及方方面面的内容，但总体来说，有一些共同的核心问题需要在进行员工层面需求评估的时候特别加以考虑。

按照马斯洛的需要层次理论，人的需要被分为五个基本的层面。第一层是人的生理需要，包括人为了维持生存状态的各种基本的需要，比如饮食、睡眠等；第二层是安全的需要，指人必须感到自己的生理和心理安全能够得到保证；第三层是归属和爱的需要，这代表了人需要有人爱，必须感到自己从属于某一群体；第四层是尊重的需要，指人有受到别人尊重、被别人尊敬的需要；第五层是自我实现的需要，这里表明了人都有一种实现自我价值、充分发挥自己潜能的需求。前三种需要被称为缺失需要，意思是没有了其中的任何一种，人的生存都会出现问题，后面两种被称为发展需要，它们是人们更高级的需要形式。一般情况下，只有在低级的需要得到满足后，人才会追求更高级的需要，但是这种满足不一定是全部的满足，有时只要低级的需要得到部分满足，对高级层次的需要就会产生。

马斯洛的理论一经推出，马上产生了很大的反响，尤其是管理学更是将他的理论当作员工激励的基础。从他的理论中，我们可以看出员工的需要是多层次、多方面的，他们所需要的不仅仅是生理上的满足，甚至可以说生理上的满足只不过是人的各种满足的开始阶段，人们更多追求的是建立在生理满足之上的精神需求。每个人每种需要得到满足的程度不同，他们在需求上所达到的层次也有很大的差别，因此而产生的各种需求组合是千变万化的，所以不能简单地凭主观估计员工的需要，而要真正利用科学的方法来评估。记得有位心理学者在给某企业作培训的时候，将主管分在一组，员工分在另一组。让员工在纸上写下自己的需求，同时请主管在纸上写下他们认为员工的需求。最后，将两组的结果对照，主管猜中的概率只有 20%。在这种基本不了解员工需要的情况下，管理者为员工所设定的激励体制又怎么能够真正起到激励的作用？同样，在 EAP 计划的实施中，也只有在了解了员工的真正需求之后，确立的计划目标和执行步骤才可能真正解决员工的心理困扰，起到提高企业组织气氛、增加企业效益的作用。

## 1. 企业员工需要

企业组织内常见的员工问题包括员工自我定位问题、人际沟通问题、生涯发展问题、家庭问题、经济问题、心理与生理问题等等，这些不同的问题直接或间接地导致了员工产生这样或那样的需要。结合实际研究发现，国内大中型企业员工需要有自身的一些特点，他们的需要主要表现在生存需要、个人发展需要、人际交往需要、家庭生活平衡需要及在一些特殊环境下产生的需要等等。

（1）生存需要。

生存需要是每个员工最基本的需要，在企业里主要表现为员工所获得的工资、奖金、福利及工作环境的安全、稳定等因素是否满足了员工最基本的"生存"与"安全"需要。如果员工的工作环境存在安全隐患，月薪收入不足以维持该员工个人、家庭及其他相关方面的开支，或是实际收入与预期差距过大，都可能造成员工感受到生存压力。此时，满足生存需要就会成为该员工所关注的最基本需要，离职、跳槽、转行等行为就可能成为员工为缓解生存压力而采取的应对方式。因此，对于不同行业、不同性质的企业而言，确保安全的工作环境、合理的薪酬设计、稳定的员工福利，才能解决员工的最基本需要，规避因生存需要得不到满足而引起的严重后果。

生存需要是最基本的需要，但在很多情况下，它并非员工最主要的压力源。一味只顾提高员工的薪资水平，也并不能提高员工的满意度。相反，还很可能把奖金等物质激励由"激励"因素逐渐蜕变为"保健因素"。也就是说，在得到该"奖励"的时候，员工不会表现出"满意"，而在得不到该"奖励"的时候，却会表现出明显的"不满意"。因此，要提高员工的工作满意度和职业心理健康水平，生存需要是需首要考察的内容，而一旦得到满足，它就不应该再成为最主要的影响因素。

（2）个人发展需要。

人生的发展脉络可以看成是由出生、受教育、工作、退休、死亡这样几个阶段构成的生命线，在此要着重考虑的就是工作阶段。而处于工作不同阶段的员工，如新员工、老员工、管理者，又有自身不同的需求特点。尽管千人千面，每个人的需求都会有各自的特点，但准确把握这些主要的"共性"是全面了解企业员工需求的前提。

个人发展需要有许多表现形式，从职业发展的角度来讲，晋升前景是企业员工（尤其是知名企业的高学历员工）最主要的职业压力源之一。能够明确感知自己的职业发展前景的员工，在心理健康、身体健康、工作满意度、团队效能、组织承诺等方面都显著优于对自己的职业发展前景不明的员工。这种职业发展前景不明可能是由晋升制度不公平、员工对晋升规则缺乏了解、员工自身缺乏有效的生涯发展规划等方面原因造成的。因此，使企业晋升制度公平、公正、公开，为员工制定职业发展规划，是解决员工职业发展压力、提高员工忠诚度的重要途径。

（3）人际交往需要。

人际关系的要求也是影响员工工作和生活的重要心理变量。人际关系是人支持系统的重要构成，它是当人面对压力和危机时心理上最好的支柱。在企业中的人际主要包括同事之间的关系和上下级之间的关系两种。企业同事关系融洽、整体的组织氛围积极会使员工对本企业的组织承诺高、愿意为企业贡献自己的能力，并很容易在工作场所充分发挥自己的潜能。上下级之间的关系是员工更为重要的关系。领导能力、领导风格都直接对员工的工作情绪产生很大的影响。很多企业都喜欢采用物质奖励作为激励员工的手段，但其实员工所需要的不一定是金钱，他们需要的是一种对自身能力的肯定，是一种感到自身价值得到实现的感觉。这些有时不是金钱就可以解决的，领导的鼓励可能会起到更好的效果。领导的关心对员工来说也是必需的，让员工感到自己随时受到领导的关注对其维持、建立自身的价值感有很大的作用。

不同阶段、不同特点的员工也有不同的人际交往需要。例如，新员工刚由教育阶段走入工作阶段，人际交往的重点可能是适应团队，而老员工或是中层领导的重点更可能是促进、协调团队的交流；专业部门的员工主要是进行部门内的交流，而人力资源部门则可能更需要实现跨部门的交流；一般员工更多的是进行同事间的交流和与领导交流，中层领导更多进行上下级交流，而高层领导则更多与下级员工进行交流。研究表明，人际关系（尤其是与上级的交流）是员工主要职业压力源之一。有的企业采用同事间相互打分的考评制度，平时又忽略了人际沟通，员工之间产生较大的人际压力也就可想而知。这种压力状态具有极大的破坏力，对企业生产效率和团队凝聚力具有显著的负面影响。

（4）家庭生活平衡需要。

家庭生活是影响员工心理稳定很重要的方面。在家庭中夫妻之间的冲突、子女的教育问题、父母的赡养问题等等都可能引起员工的负性情绪。而这些冲突所带来的消极情绪又很容易会被迁移到工作中来，影响工作的各个方面。所以说员工家庭上的需要也是企业应该关心并重视的。例如，在易普斯为某国有大型机构进行 EAP 服务的两年期间，在来寻求咨询的员工当中，有一半以上是子女教育问题，另外有相当一部分是夫妻感情问题。

### 2. 不同阶段员工主要需求的变化

不同阶段员工的各种需要有很大的变化。将一个员工10年前需要评估的结果与10年后的结果进行比较，可以很容易地看出两者的不同。新入公司的员工主要的需求是适应。这种适应包括对人际关系、对自己的业务、对公司的组织运作等方面的适应。人际关系的稳定是这一阶段关键的问题。员工在学校或原单位所建立的旧的人际体系已经被打破，现在的他急需在新的企业中建立个人的支持体系。如果这个体系建立的好，那么他今后将更容易承受工作中的压力、充分地发挥自己的能力，而如果这个体系建立的不好，那么他将情绪低落，甚至产生离职的想法。对自己业务的熟悉和对公司的了解也是他迫切的需要，这种需要主要通过领导和同事的帮助实现。

对于在公司中的年轻员工，他们的需要主要表现在个人职业的发展上。已经熟悉了自己现在的工作，并建立起了相对稳定的人际关系的他们，现在注意力的重点已经转移到了工作上。他们基本已经构架起了自己在公司中发展的路线，他们希望从工作中学到更多的东西，希望在公司里更顺利地向上发展。这时的他们可能更注意组织的架构形式是否合理，是否能给他们提供充分的晋升机会；更注重领导的能力，是否能够让自己充分发挥潜能。总之他们的注意力已经从对外部环境的关注转移到自身的发展上来了。

对于公司中的中年员工，他们的职业发展已经基本上稳定，家庭成为他们主要的需要。夫妻之间的关系、子女的教育问题等都成为他们这时所关心的重要问题。他们更多考虑的不是自己事业上的突破，而是如何协调家庭和工作之间的关系，解决家庭中出现的种种矛盾，有更多的时间和家人相处。如果家庭出现矛盾，他们将是所有员工阶层中受影响最大的。对于工作的改变和调动他们也是比较敏感的，家庭的利益常常成为他们考虑工作变动和出差等的首要影响因素。

对于到了退休年龄的员工，他们更多关心的是自己在退休后生活的保障和安排。这时的他们要逐步从公司经营中退出来，他们的注意力也从工作上转移到自己的身体和生活保障上来。他们普遍比年轻人更注意自己身体的健康状况，定期检查身体对他们来说已是必不可少了。公司对退休人员生活的保障也是他们随时关注的话题，有时一些小的变动没有向他们解释清楚，都可能引起他们的负面情绪。但同时他们也重视自己在公司中的地位，比较关心新进人员的工作状况，对公司的业务也有一种责任感，更爱提出参考性的意见，并希望被别人采纳和重视。

### 3. 员工自身特点

员工的特点也是需求总体评估中不可缺少的一部分，它主要评估员工的学历、人格、年龄等生理和心理的特点。对它的评估的重要意义在于，在确立EAP执行步骤时，充分考虑到本企业员工同其他企业的不同之处，依此来调整计划的实施。比如，对于一个员工普遍学历层次在本科以上的企业和对于一个以技术工人为主的企业来说，在他们内部实行 EAP 时，要有很大的不同。即使两者的基本目标相似，如都是为了增加员工同领导者之间的沟通，在执行时的具体步骤也会有很大的区别：例如在进行培训时，培训师所用的语言；在制作宣传品时，文字的风格。特别是相较于一般学历的阶层，高学历的员工对 EAP 计划中各项服务提供人员的专业资格、工作经验有很高的要求，他们往往要求在接受培训或咨询前，先审核培训师、咨询师的资格，因此在开展工作前的详细准备就显得很重要了。此外，对于员工的人格和年龄的评估也是很重要的，比如对以年龄大的员工为主的企业进行 EAP 时要尽量显得稳重，对比较民主的企业，工作的开展要充分征求员工的意见……这些都关系到 EAP 的成败。

## （二）组织层面的评估

对组织进行评估的主要目的有两点：第一点是为配合员工的需要开展 EAP，也就是怎么样才能充分利用企业现有的资源以最佳状态完成预定的计划；第二点是通过评估组织内部的需要，来设定专门解决组织自身问题的目标。组织层面的评估，应当是从企业发展的角度出发，对企业所处的当前情境进行评估。也就是说，应当把企业内部与外部信息结合起来进行评估（Smits，S. J. & Pace，L. A.，1992）。

### 1. 内部评估

许多企业都有丰富的数据可以帮助他们分析是否需要引入员工帮助计划，但决策者却常常忽略了这些数据的重要性。

（1）出勤记录。

出勤问题是反映员工生产效率的一个指标。员工的工作动机是工作绩效的重要前提，大部分员工通过自己的工作责任感来保证自己的出勤率，而有的员工却因为诸多原因影响了自己的出勤，如疾病、休假等。有调查表明，受酒精和药物问题困扰的员工，其缺勤率超过普通员工 16 倍。由物质滥用引起的缺勤常常表现在以下方面：周末或假期完毕后不能按时回到工作岗位上，午饭后很晚才能回到办公室，缺勤后理由牵强、搪塞，等等。因此，企业可以通过回答以下一些问题来分析员工的出勤数据。

a. 与平均出勤情况相比，周一以及节假日结束后一天的出勤情况如何？

b. 有多少没有慢性疾病记录的员工所请的病假超过了一般水平？

c. 过去几年来，本公司的出勤情况是否有所改变？如果有，那么缺勤率是否有明显的增加？

（2）人员变动。

企业中的非常规人员变动，如离职、解聘及企业对员工做出的惩罚，都是反映企业现有内部状况的一个重要指标。

过去一年来，有多少员工因为以下一些问题被企业处罚或解聘：缺勤过多、不服从工作指令、打架以及各种形式的人际冲突、偷窃、违规等行为？与以往几年相比，这些数据呈现出一个什么样的趋势？

过去一年来，有多少员工主动离职？其原因是什么？与以往几年相比，这些数据呈现什么样的趋势？

（3）工伤事故。

研究表明，酒精以及其他一些物质滥用可以导致短期的记忆力、判断力甚至高级的大脑皮质功能方面的损害。物质滥用者无论在身体上还是心理上都不能对应激情境作出良好的应对，因此常常导致一些原本可以预防的事故的频繁发生。

有酗酒或物质滥用问题的员工发生事故的几率是其他员工的四倍以上，赔偿数额为五倍以上。统计数据表明，40％以上的工伤事故都与员工酗酒问题有关。

越来越多的企业已经认识到员工的物质滥用问题与工伤事故之间的关系，因此，如果我们发现在企业中出现了高于一般水平的事故率，那么这个信息就表明企业需要密切关注员工的物质滥用问题以及其他一些个人问题，努力做出预防或干预措施。

（4）卫生保健津贴。

员工的一系列健康问题是仅次于物质滥用的、影响员工工作成绩的一个重要因素。

种种员工事故的后果是企业不断增长的卫生保健津贴花费。在这种情况下，部门负责人就应该充分考虑以下几个问题：

a. 近几年来，我们为酒精引起的相关疾病（肝硬化、胰腺炎、食道癌、胃溃疡等）的支出是否有所增加？

b. 近几年来，员工身患在职疾病以及提前辞职或矿工的情况是否增加？

（5）其他统计指标。

企业还可以从其他许多细微的途径，如企业的种种相关记录，发现物质滥用对企业员工造成的影响，但我们常常很难凭此把它定义为最主要的影响因素。例如，企业发现某些员工的工作效率显著降低，从个人的角度来说，这些员工可能需要 EAP 服务，但工作效率是个非常敏感的指标，许多因素都可能影响其变化，因此很难说员工的工作效率降低就一定是物质滥用引起的。其他诸如一些工作质量、工作绩效之类的问题也同样如此。

总的来说，评估一个企业是否需要 EAP 服务，或者说是否需要进行 EAP 投资，其首要步骤就是评估一些由物质滥用引起的相关统计指标的变化。这些信息对于设定 EAP 服务的客观目标以及后期计算投资回报率都是十分有用的。

## 2. 外部评估

对于企业来说，进行 EAP 的投资或是再投资，有许多信息或经验可供参考。下面主要从国家和地方两个层面来阐述可利用的外部信息。

（1）国家信息。

在美国，有机构发起并追踪过有关毒品使用的现状、范围和对社会的影响，工作场所中的物质滥用，以及各种预防与干预措施的花费与收益等信息的全国性研究。这些研究报告和调查发现都能对企业进行 EAP 的投资准备提供非常有用的信息与帮助。在 1986 年的物质滥用法案中，美国国会就要求劳动部长进行相关研究，帮助解决物质滥用问题。随后，劳动统计局、劳动部等机构都开展了大量相关调查，力求创建一个没有毒品和物质滥用问题的工作环境。在中国，尽管类似研究和政府行为起步较晚，但随着当前中国经济高速发展、社会建设卓见成效，整个社会对精神与心理健康的诉求也随之凸显。卫生部、教育部、公安部等部门在 2004 年 9 月发布的《关于进一步加强精神卫生工作的指导意见》中指出，按照卫生部、民政部、公安部、中国残联《中国精神卫生工作规划（2002—2010年)》确立的工作目标，普通人群心理健康知识和精神疾病预防知识知晓率 2005年达到 30%，2010 年达到 50%；儿童和青少年精神疾病和心理行为问题发生率2010 年降到 12%；精神分裂症治疗率 2005 年达到 50%，2010 年达到 60%；精神疾病治疗与康复工作覆盖人口 2005 年达到 4 亿人，2010 年达到 8 亿人。同时，在重点人群心理行为干预中强调了开展职业人群精神卫生工作的重要性，要"针对不同地区、不同类别职业人群的具体情况制订适宜计划，疏导和缓解职工因工作、家庭生活等带来的压力。"

（2）地方信息。

全国范围的有关信息有助于帮助企业规划宏观框架，同时还需要更贴近当地现状的地方信息来帮助企业做出自己的决策，尤其是同行业领域内其他企业的有关信息对希望进行该方面投资的企业来说，是最有影响的。因为这些企业可能曾经关注过类似的员工问题，也很可能已经积累了一些成功经验。对于一个企业来说，尽管实施 EAP 是一个对员工非常有帮助的举措，但不可忽略的是，做出这一抉择必须"谨慎"。也就是说，没有一个 EAP 案例是适合于所有企业的，成功的 EAP 项目必须量体裁衣，满足企业特有的需要，适应组织内外部的环境以及人力资源管理策略。因此，要把一个 EAP 项目从一个企业照搬到另一个企业，并期望取得同样的效果，是非常困难的一件事情。

你的企业需要进行哪种水平的 EAP 投资？要想了解该问题，最好的方式就是问问别人。问问你周围的人，看看谁曾经做过成功的 EAP，然后咨询对该项目做出决策的主管人员以及负责该项目日常运作的相关负责人。看看他们启动一项 EAP 服务的原因是什么；他们是如何决定进行哪种水平的投资的；他们有哪些成功与失败的经验；如果要再一次进行投资，他们会保留哪些东西，会做出什么改进；最后请他们给自己一些建议。Smits 等人（Smits & Pace，1992）发现，企业之间其实非常愿意分享自己的 EAP 经验，即使是在竞争对手之间。

## 四、EAP 需求评估的方法

对一个企业的实际 EAP 需求进行评估需要根据实际情况使用不同的评估方法，例如，现场观察、问卷调查、访谈、团体焦点访谈等等，在此简要介绍以下两种评估方法。

### （一）管理者观察

在很多时候，管理者常常容易忽视有关物质滥用问题导致员工产生的一些数据变化。管理者常常把这些问题解释为："我当然知道他喜欢喝酒，但他干完了他该干的工作"，或者是"他的确也曾出现过一些问题，但我想那是因为他没有太注意，他常常这样。"管理者常常会发现员工的问题，但很难有意识地把这些问题与相关的原因联系起来进行分析。

要对员工所有的数据进行分析的确相当麻烦，但"80 比 20"的标准常常是物质滥用问题的一个显著指标。当一个管理者总是花费 80% 的时间和精力来应付 20% 所辖员工的话，那此时管理者就应该问问自己为什么会这样。除了一些明显的原因（比如这部分员工是因为到了一个新的工作岗位还不适应）之外，管理者就应该对这部分员工进行深入分析，看看究竟是什么原因导致了该问题的出现。

了解这些管理者所观察情况的一个好办法是进行匿名调查。这种调查能够发现各种各样与员工绩效相关的问题，包括一些并非由物质滥用引起的问题，如缺乏培训、设备老化、长期工作超负等。最后再以一个开放式问题"你认为你的员工的工作问题最主要的原因是什么？"结尾，可能会给管理者带来意想不到的收获。

另外一种方法是与该企业中不同级别的管理者进行保密的、结构化的访谈。这种方法常常需要在第三方咨询顾问的帮助下进行，以确保隐秘性以及能够对一些敏感问题进行充分交流。

### （二）员工调查

进行有效的员工调查是了解员工物质滥用或其他困扰的类型与程度的最普遍的方法。然而，调查的信息相当敏感，要想对这些信息进行有效的、可靠的测量，常常需要借助第三方力量的帮助，并通过专业的测评人员将调查与结构化的、保密性高的访谈相结合，从而获得更加真实的信息。

内部评估的目的是对员工在物质滥用等问题上的困扰程度进行合理的评估，从而确定进行何种水平的 EAP 投资可以帮助企业解决问题，达到预期的效果。前面提到过，对企业真实状况进行评估有许多途径。尽管所用评估方式越多，所获得的信息就越准确，但事实上，有的评估是相互重叠、不需要重复进行的。如果通过对管理团队的数据统计分析与观察就足以对企业现状进行有效评估的话，那么就没有必要耗费大量人力、物力与财力来考察工作环境中的每一个因素了。

## 五、EAP 服务定位

在计划进行 EAP 服务投资之前，还应该考虑其服务定位，即服务目的。一般来说，避免开支（Cost Avoidance）的 EAP 服务定位是预防，而遏制开支（Cost Containment）的 EAP 服务定位则是及时、有效的干预。

### （一）预防

研究发现，问题预防要优于问题解决（Pace & Smits，1989）。高效的人力资源是实现组织竞争策略，帮助企业赢得成功的关键。但组织的预防行为无论在类型还是在程度上都必须精打细算。打一个比方，汽车需要定期更换机油，3 个月或是 3 000 英里定期更换机油和空滤的维护措施是基于一个保守策略。4 000 英里不换机油可能不会出现什么问题，但如果两万英里都不更换机油就可能会给车主在维修上带来一系列的花费。另一方面，如果每 1 000 英里或 100 英里就换一次油很可能会带来各种不必要的花费和麻烦，这样的预防性措施就会显得物"无"所值。同样，在员工心理健康预防上的花费如果没有经过精打细算就盲目投资，这样的决策显然是错误的。

预防员工问题而进行投资包括安全感提升、员工教育以及广泛意义上的积极管理行为，等等。毫无疑问，企业应该更倾向于从一个长远的角度进行 EAP 的投资，在最大程度上规避风险，避免各种各样可能给企业带来负面影响的员工问题。选择完善的预防措施可以帮助员工拒绝物质滥用、正确应对各种不可避免的职业压力，为整个企业创建一个从管理层到员工的健康的压力管理氛围。明确了这种目标以后，组织的领导层面对的就是具体的预防措施，这样就会避免产生投资过多或是投资不足的情况。

### （二）干预

有很多因素都可能影响对员工问题的干预效果和质量：服务机构的能力与信

心，员工对 EAP 服务的尊重与信任，支持 EAP 政策以及这些政策的生成、宣传方式，绩效监控系统的质量以及及早发现问题的能力，门诊和住院病人服务人员的能力，工作中体现出来的团队精神等。

许多需要接受专业帮助的员工遇到的问题常常还没有被社会所正确认识，员工更倾向于隐瞒自己的问题，拒绝接受帮助，甚至认为接受 EAP 服务或是心理咨询服务是"丢脸"的事情。解决这个问题必须经过员工与 EAP 服务方双方的努力，正确认识 EAP 服务是进行员工问题干预的前提。有效的干预措施应该把关注员工健康与精打细算的合理投资有机地结合起来，忽略其中任何一个方面都可能给企业带来损害，甚至得不偿失。

# 让 EAP 深入人心：EAP
# 的宣传推广

在国外 EAP 的模式中，宣传很少作为一个独立的模块被放进整体规划中，它更多是以辅助工具的形式发挥作用，比如 EAP 的使用手册、培训的预告海报等等。很少有人在项目的计划阶段花费时间和精力单独针对宣传进行策划，大多只是在需要的时候临时设计使用，因而国外有关如何进行宣传推广的文献资料很少。

但是目前在国内实施的 EAP 项目中，宣传发挥了极为重要的作用。作为 20 世纪末才在中国出现的新事物，国人对 EAP 的了解可谓少之又少。即使是很多专业的心理工作者，当被问及何为 EAP 时，也多是一脸茫然，更何况是普通民众。因此要想让他们相信 EAP、使用 EAP，宣传就成为头等大事。只有借助多种形式的推广，让人们更多地了解 EAP 的相关知识，他们才可能主动地使用其提供的服务。由此看来，宣传就有必要成为整体 EAP 项目的核心组成部分，在计划之初就给予充分关注。

本章的内容就以宣传作为重点，讲述在 EAP 执行过程中如何使用多种媒介向员工推广 EAP，向其介绍心理、生理健康知识，从而为中国本土的 EAP 专业人员提供参考。

## 一、宣传推广的功能与规划

### （一）宣传的功能

具体说来，EAP 宣传在整体的 EAP 执行中起着服务和工具的双重功效。说它是服务，是指员工能够通过宣传提高自己的心理健康水平，改善生活质量，提升工作绩效。说它是工具，则是因为宣传除了介绍知识外，还可以起到效果反馈、过程监控等多种功能，减少项目实施中可能存在的障碍，使 EAP 进展顺利。

由于我们可以利用宣传品讲授时间管理、生涯规划、压力缓解、子女教育等方面的知识，因此员工通过阅读文字或浏览图片，就能直接获得各种心理健康知识，提高自己的生活品质和工作效率。

同时，一些关于获得 EAP 服务的途径、EPA 服务品质保证和保密承诺等信息也可以通过宣传体现，使员工能更方便地使用和监督 EAP 服务项目。

宣传采取双向的方式，也使 EAP 执行人员能够通过员工心理、行为信息的反馈，及时发现存在心理隐患的人员，及早推荐他们接受专业人员的帮助。

项目开端对 EAP 服务流程的详细阐述、过程中的反馈、日常对组织管理提出的建议都能帮助 EAP 人员获得管理层的支持。如果这种支持来自高层管理者，那整体项目的运作则更将受益匪浅。他们的认可不仅能够使工作人员更方便地获得组织内的各种资源，而且当他们发现问题员工后，会更主动地推荐当事人接受 EAP 专家的帮助。

毫无疑问，良好而强大的宣传攻势能促使更多的人使用 EAP，提高 EAP 的使用率。

同时，宣传本身还可以作为其他服务的辅助工具，如预告培训的地点和时间，提醒人们如何参与调查和评估以及作为网络咨询和在线调查的平台等。

## （二）宣传的规划

宣传是一个既简单又复杂的工作，对于国内 EAP 项目的推进有着极其重要的作用。因此在开始正式执行宣传之前，一定要有一个详细可行的规划。只有按照规划去执行宣传，才可能用最少的投入获得最大的收益。

### 1. 影响宣传的因素

在规划宣传的整个过程里，有一些因素尤为重要。只有把握好了这些因素，宣传才能进行得更为顺利和有效。它们包括：WHO（宣传者）、WHOM（被宣传者）、WHAT（内容）、WHERE（场合）、WHEN（时机）、WHY（动机）、HOW（宣传方法）。因其单词中都有 W，故通称为 W 诸因素。

（1）宣传方法。

宣传方法即如何进行宣传。作为 EAP 的宣传，要达到效果，必须适当地运用一定的宣传手段、技巧和途径。比如对培训的预告，海报就是最佳方式，它色彩鲜艳，容易吸引人们的注意，它的信息简单明了，便于人们记忆。不同的媒介具有不同的优点和缺点，对此我们将在宣传品的形式部分给予详细阐述。

（2）宣传动机。

宣传动机也就是宣传的目的。宣传目的不同，内容和方式的选择也就不同。只有明确了目的，才能对症下药进行整体的计划，并在执行计划的过程中起到引导作用。

（3）宣传场合。

对宣传场合的分类方式有很多种。按照是否封闭可以分为封闭环境和开放环境。封闭环境下信息渠道单一，外界干扰小，宣传容易取得预期效果；开放环境下信息渠道多样，容易受到其他信息的干扰，达到预期效果就比较困难，只有使用更为新颖和鲜明的宣传方式才能收到满意的效果。

按照地点的不同，可分为工作场所和休息场所。前者如办公室，是员工工作和接待客户的区域，在这里进行宣传要注意保持严肃、庄重的基调。休息场所是员工吃饭和放松的场合，可以使用更为活泼的色彩和轻松的文字，营造出休闲、愉快的氛围。

总之，宣传场所的选择是取得预期效果的重要一环。

（4）宣传时机。

宣传要针对各个个体在不同时机的不同心理状态，才能取得预期收益。比如在佳节的前后，多设计一些祝福和温馨的宣传材料能让员工体会到组织的关怀；在高考临近时，多做一些有关如何帮助考生降低心理压力、提高学习效率的主题活动更符合员工的需要。尤其是在企业转型或者出现危机的时期，宣传内容和方式的选择就更要特别小心，稍不留神，都可能造成组织内部的动荡。

（5）宣传对象。

宣传对象他们既是宣传效果的承担者，也是宣传效果的最后鉴定者。必须综合考虑宣传对象的年龄、职级和文化程度，才能使宣传的内容被他们理解和接受。对于年龄较大、职级和文化程度都较高的职员，宣传时要注意保持严肃的风格。而对于年轻人，多采用一些活泼时尚的主题和形式则更能吸引他们的注意。如果宣传对象是文化水平较低的基层工人，就要注意避免使用一些过于专业、高深的用语。

（6）宣传者。

宣传者是宣传活动的组织者，是一切宣传的信源。宣传者的自身形象是决定宣传成败的重要因素。一般说来，宣传者和对象的相似点越多，他所讲述的内容越容易被理解和接受。因此在需要面对面或者有声的宣传中，尽量保持宣传双方的一致性，则能较好地达到宣传目的。

宣传者的可信度也是影响宣传效果的重要因素。对象对宣传者的信任度和宣传效应成正比，因此采用有效的手段使宣传人员看起来更有权威感、更为诚恳可靠则能提升宣传的成效。

策划一个完整的宣传计划是一项系统的工作。它至少包括确立目标、统合内外资源、确立任务和周期、分配工作人员职能、实施过程监控等几个方面。

2. 确立目的

总的来说，EAP宣传的目的就是希望通过多种渠道、多种形式来帮助员工更多地了解和心理学、EAP有关的知识，理解EAP为自己提供的服务及其对自己生活的积极影响，从而积极主动地使用EAP。宣传目的还有及时借助各种媒介呈现员工接受服务的反馈和建议，帮助EAP执行人员安排和调整下一步的工作。

但是根据EAP整体目标的不同，宣传的重点也有所区别。有些可能会加入企业建设的信息，有些则可能更侧重团队建设的内容，有的甚至可能配合企业的活动融入新员工培训、职业生涯规划，党建等方面的内容。

3. 统合内外资源

这个步骤中很重要的一点就是详细分析组织的人文和物理两方面的环境。这主要是为了确定合适的宣传内容和手段，并尽量有效地利用资源。

对人文和物理资源的分析，首先要考察企业内部是否本身就有建设完备的宣传媒介。如是否设立了宣传栏、内部广播系统等。详细记录下已有的设施，并与相关的部门进行协商，有效利用这些设备设计宣传计划。另外，还要考虑企业是否具有和宣传推广有关的内部部门，如新闻部、印刷部或设计部等。在宣传中充分和这些部门分工合作，使用内部资源完成宣传品的设计和制作等过程，可以节省大量金钱和时间。

要更全面、清晰地统合内外可利用的资源，最好的办法就是和相关部门的主管一起召开会议，一起商讨宣传计划，分配宣传任务。但是这有时很难实现，一方面在于召开这种会议太浪费时间，另一方面EAP的执行人员本身也没有这种权限。另外，这些部门经理可能觉得做宣传工作为自己增加了额外的任务、耗费了自己部门员工太多的精力，而不愿意参与到EAP的项目中来。这时如果没有高层领导的强力支持，部门之间的协作就很难达成。

不过在这种情况下，还有其他一些补救措施。如可以在企业内公开招募具备相关能力的人参与到EAP宣传中来，让他们自愿选择担当一些工作。这种打破部门界限的招募方式，可以避免部门层面协调的困难。如果这些人员的上级主管担心因为在上班时间进行EAP的工作会影响他们的日常工作绩效，那么可以和他们商议利用假日来完成。最好给他们支付一定比例的报酬，并在分配具体工作之前就工作内容、工作期限等和他们达成口头承诺或协议。

4. 制订计划

在完成了以上所有的工作后，就要开始进行宣传的计划工作了，具体说来，它包括以下几个步骤。

（1）确定宣传形式。

在统合了内外资源后，就要根据组织的现有条件和要求来选择适当的宣传形式了。不同的宣传形式适用于不同的宣传内容，在选择时应该尽量谨慎。在本章的后面部分，我们将专门讨论不同宣传形式的优点和缺陷。希望读者能在阅读之后对各种媒介有所了解，根据实施 EAP 企业组织的现实情况，有创造性地搭建宣传平台。

在确定了宣传形式后，还应该仔细考虑每种形式的工作步骤及需要利用的组织内外部资源。对于组织内部资源可以和部门之间协商，尽可能取得他们的支持，而对于必须依靠其他企业来完成的工作也应该早作准备，进行供应商的品质考核，以筛选出最适宜的人选。同时，为了使下面阶段的宣传计划工作能更加顺利地实施，最好预估出每种宣传形式从开始到出成品需要花费的时间和人力、物力成本，便于核算。

（2）确定宣传阶段的任务及时间表。

不同宣传阶段的目的不同，所侧重的方面也相应不同。如开始阶段是为了让员工更加了解 EAP，为将来他们能积极使用服务打下基础；中期则是为了及时反馈服务近况，提高服务使用率；后期则是项目收尾，为项目的继续执行作出努力。针对不同的目标，宣传的具体任务也有所不同。因此，就需要工作者详细划分出不同的宣传阶段，确定每个阶段的具体任务以及持续的时间。

宣传工作的执行是需要多个不同部门配合的，包括文字的撰写、图片的设计、技术的实施、最后的审核以及安装等多道工序。特别是采用组织外包的 EAP 模式，还要牵扯到多个不同机构对宣传品内容反复多次的协商和修改，极为耗费时间。所以在制订计划的时候，要尽量把每阶段每种不同的宣传品完成的工序细化，并为不同工序预估出花费的工作日及最终的期限。在实际操作时，多方按照时间表严格执行，才可能保证宣传到位、不拖延。

（3）成本核算。

在以上两个步骤完成后，就要进行具体的成本核算工作了。这应该由专业的财务人员和 EAP 工作人员联合完成。核算中不仅要计算可能发生的费用，还应该计算出组织内其他成员出于义务帮忙而付出的时间和精力。核算出成本后，EAP 工作组往往需要进行集体讨论，根据整体项目的预算，对其中明显超出或者在保证质量的情况下可以节省的费用进行修改，然后根据讨论的结果，对整体计划进行再次调整。

（4）确定工作人员。

最后需要确定宣传工作组人员。因为宣传工作经常需要多个部门或企业配合完成，因此很难划定一个明确的小组成员名单和职责范围。但是为了保证工作的质量，至少需要确定一个工作整体协调人员和最终审核人员，由协调人员负责协调不同人员的工作，完成成果的衔接，并由最终审核人员核查宣传结果，或与组织高层协商，敲定宣传的内容和形式。

## （三）宣传品的形式

### 1. 印刷品

（1）手册。

纸张印刷，采用人手一份，折叠或者翻页的形式，主要介绍 EAP 的服务项目、接受服务的方法、服务人员的专业保证及有关注意事项。目的是使员工学会怎样利用组织为他们提供的 EAP 服务。

（2）海报。

采用单张印制的形式，张贴在组织的公共场所，介绍相关活动内容，通知活动的主题、时间和地点等信息，吸引员工的注意，提高他们参加相关活动的积极性。

（3）宣传栏。

在组织的显著位置设置宣传栏，定期更新。依据不同的主题，分期向员工介绍 EAP 的相关知识、子女教育、缓解工作压力等内容，帮助他们更好地解决生活和工作中可能出现的难题。

印刷宣传品的优点就在于：受篇幅限制较小，便于深度报道；保存性强，一旦制成，可以让受众多次阅读，手册的形式也方便读者携带和翻阅。它的缺点主要为：传播速度相对缓慢，信息只能以文字和图片为主，直观性、生动性不如广播和网络，互动性也比较弱。

### 2. 广播和电视

广播和电视是通过无线电波及导线向广大地区传送声音和图像符号的传播媒介。广播、电视的传播手段分别是声音和图像。两者都是在现代被广泛应用的传媒手段，同传统的印刷品相比，传播形式多样，可统合受众视觉和听觉多感觉通道接受信息。

广播和电视的传播特点：渗透力强，覆盖面广；视听兼备，信息传递生动活泼，让受众感到亲切可信；如果能够依托组织内部的宣传设备，它的花费成本将大幅较低，便于多次传播大量知识和信息。

它的缺陷就在于难以保存，受众很难反复接收相关信息，但现代的光盘和磁带制作技术可以有力地弥补这一不足。另外，广播和电视虽然宣传形式生动，但可能出现缺乏深度的问题，且留给人们的想象空间不足。

### 3. 网络

新兴的网络宣传主要指内部网站宣传和外部网站宣传，网络宣传具备了众多传统宣传媒介所不具备的优势，它传播速度快、点对点的传播准确、信息呈现方式灵活多样、互动性极强，可以多形式地宣传大量的知识内容。例如在 EAP 内部网站中我们可以实现实时测评、心理科普、线上咨询等功能，可以说是 EAP 宣传中最有力的手段。但同时由于互联网技术的滥用，网络技术使用稍有不当，就可能造成极为不良的结果，降低 EAP 项目的可信度，歪曲专家们的形象。因而如何正确、合理地使用网络，达到我们预期的宣传效果就成为了 EAP 网络宣传工作的关键。

4. 移动互联及 APP 应用

随着移动通信设备的迅速发展，手机、电子书阅览器等逐渐成为人们生活的必备品，随之阅读习惯也逐渐发生改变。为了顺应这种转变，EAP 的传播形式也变得更加多样，如可利用手机报、微信、手机 APP 客户端开发等，让员工更加快捷、方便地知晓 EAP 服务，但面对手机上大量的信息，如何吸引、打动员工，就变成了一个非常关键的问题。

## 二、宣传推广的具体步骤

### （一）第一阶段

本阶段既是宣传的第一阶段，也是整个 EAP 的开端。因此本阶段宣传的首要任务就是让所有组织人员了解 EAP、接受 EAP，能够主动地使用 EAP 的各项服务。为了达成这个目标，工作人员需要从多方面入手，使用多种宣传媒介全面介绍 EAP 的概念、EAP 的服务内容、EAP 的执行程序及员工如何获得 EAP 的帮助、如何监督 EAP 的执行等。

对 EAP 和项目的执行介绍得越详细员工就越容易相信我们的项目，进而相信我们的服务，积极接受我们的服务。同时，对待不同职务和阶层的人员，我们的宣传内容也要略有不同。对员工进行的宣传更多的是介绍 EAP 的概念和如何使用服务，以及提供服务的专家和运作项目的工作人员的相关信息。对管理者的宣传除了以上基本内容外，还应该着重介绍项目的操作程序和监督方法，让管理者更多地了解整个项目的运作周期和阶段，并能随时了解 EAP 的进展状况和取得的效果。尤其应该让管理者们知道，EAP 项目能为企业带来的效益以及对他们日常管理和生产工作的实际帮助，促使他们在自身使用的同时，成为服务的推广者和支持者，主动推荐员工接受 EAP 服务，并在项目执行过程中给予积极的支持和帮助。

本阶段主要以讲座、使用手册和宣传栏等宣传形式为主。由于不同的媒介具有不同的长处，宣传工作执行人员就要充分利用其各自的特点，有区别、有重点地开展宣传。

同时，在本阶段也要注意对 EAP 工作人员的培训和教育，这是整体项目顺利执行的强力保证。培训的内容主要包括工作知识和工作制度两个方面，前者是为了工作者掌握必备技能，妥善完成工作，后者是为了规范其工作模式，提高其工作质量，两者缺一不可。

1. 讲座

以讲座宣传作为 EAP 整体项目和宣传推广工作的开端，是一个最优的选择。这种面对面的直接沟通模式，可以让组织内的人员在项目开始阶段就对执行项目的工作者有一个感性的认识，增强双方的亲切感，使他们在日后接受服务时更有安全感，更加放心。同时，这样做还可以更快地让组织员工融入到整体 EAP 项目中来。

（1）讲座的基本程序。

a. 开场。

和一般会议的开场相似，主要内容都是介绍讲座的目的和参与人员。作为 EAP 的开场讲座，开场发言的人最好是为听众所熟悉的公司的高层管理者。一方面他为组织人员所熟悉，又是高层管理人员，能很好地提升与会者对讲座内容的信任度。另一方面，他的出现也代表了组织对于 EAP 项目是抱有支持态度的，这也使 EAP 的实施能得到更广泛的关注和更多的支持。

b. EAP 概念的介绍。

在中国，虽然压力和心理问题已经逐步引起社会和企业的重视，企业对心理咨询服务的需求也越来越强烈，但除一些跨国公司以外，只有极少数的企业开始重视并有意识地去实施员工的心理帮助。对于中国的企业来说，EAP 基本上是一个全新的概念。但随着企业越来越多地认识到员工的心理问题会影响个人和企业的绩效，EAP 也逐渐为更多的组织所接受。在早期，组织可以把那些由于心理问题而导致工作效率低下或者不胜任工作的员工解雇。但后来人们发现，员工心理问题的产生，除了和他个人的心理特征有关之外，还和他所从事的工作本身以及整个社会和时代的背景都有密切的关系。同时，企业解雇老员工、聘用和培养新员工需要付出很高的成本和代价。因此企业开始不再简单地靠解雇员工来解决问题，而是采取了一项新的措施，帮助员工预防和解决工作及生活中的心理问题，这就是 EAP。

但是对任何一件新事物的认识都有一个过程。所有在国内执行过 EAP 的人员都会有这样一种感受，即让组织领导接受 EAP 项目是一件非常困难的事情。同样，要让组织内成员认可 EAP，积极使用 EAP 服务也是一项艰巨的任务。为此，首先要让他们了解什么是 EAP、EAP 具体包括哪些服务、能给他们自身和组织带来什么益处。当然这一工作不是只靠开场的讲座就能完成的，还需要工作人员在项目运作中通过持续不断的努力才能获得组织的最终承认。但是在项目开始阶段，就详细生动地向即将接受 EAP 的员工介绍相关概念，是一定可以收到积极的效果的。

当然在介绍 EAP 概念的同时，也可以适当介绍一些 EAP 在中国和国际上的发展状况，特别是实施 EAP 的组织同行业的使用状况，这一方面可以让与会者借鉴其他组织的运作来完善自己的 EAP 项目，另一方面也会对本项目的操作起到一种激励作用。

c. 项目运作的程序和周期。

详细地讲解本项目的运作程序和周期也是非常重要的。首先，它可以让 EAP 服务范围内的员工了解他们需要做哪些必要的配合工作，如完成前期的调查问卷、配合进行访谈、在培训和咨询后接受反馈等等。在向他们陈述需要员工执行的工作的同时，还要着重讲述这些工作对整个项目的重要意义以及员工可以从中得到的益处。尤其是前期需求和后期评估调查，需要很多组织内人员的积极协助才能完成。作为 EAP 项目的工作者必须要说明这些数据对整体计划是具有统领作用的，同时还可以适当承诺员工对最先发回反馈数据的给予一定奖励，以提高他们的配合度。

再有，提前告诉员工进行服务的时间和内容，以方便他们预先安排好自己的时间。对于培训和团队建设的服务这一点尤为关键。现代组织销售和运作模式的紧张度，使很多员工不得不常年加班或出差。事先将培训的主题和进行的时间、地点告知他们，使他们能够有充足的时间选择自己感兴趣的培训，并将其考虑进自己全年的工作计划中去。另外，这种预先公开培训计划再配合上员工提前报名的方法，能够使 EAP 服务提供者更合理地控制培训人数、选择适宜的培训场地，使相关培训顺利进行。对于团队建设类的服务，因为需要某个团队的全体人员参加，协调所有人的时间就成为了一个非常重要的问题。提早确定服务的时间，也方便团队的管理者安排日常工作，即使临时出现状况也有充足的余地调整计划。

最后，这样做也便于员工随时监督项目的执行是否严格遵照了时间表，对工作人员也是一种良好的鞭策，促使他们提高工作效率和进度，避免出现拖沓和推诿的现象。

d. 服务种类和获得方法。

这部分的介绍是讲座的重中之重，需要讲解人员特别细心、清晰的介绍。除了语言的表述外，利用一些生动的流程图也是非常必要的。

需要介绍的包括 EAP 项目提供哪些服务、这些服务都有哪些形式、员工怎样做才能获得适当的服务，以及监督投诉不满服务的方法。对于培训，需要详细介绍培训的主题、针对的人群和时间，可能的话也最好明确场地。还有就是是否需要提前报名、如何现场签到、需要携带哪些身份证明和文具，以及如何进行培训的评估，等等。对于咨询，由于可选择的方式较多，比如电话、网络和面询等方式，讲解人员要很详细地介绍每种咨询方式如何获得、是否需要提前预约、预约拨打哪个电话号码、将有什么人员接听电话、电话中是否需要提供个人 ID 号码、面询地点在哪里、如何到达、是否能保证个人隐私、网络咨询的流程、登录专用区域的密码，等等。由于其中涉及的细节非常繁杂，在讲座前要仔细地考虑，必要的时候在工作组内使用头脑风暴的方法，把所有过程中有可能遇到的问题都记录下来，并设计适当的解决方法。最好在讲座中安排工作人员进行现场模拟，以方便员工更直观地了解接受服务的流程。

e. 参与人员的介绍。

如果可能，最好召集项目组所有成员都参加开场讲座。给每个人留出充裕的时间，介绍个人的一些基本情况，以及在 EAP 整体项目中所担任的角色。对于一般 EAP 协调人员，他们需要向员工介绍自己的职责，并清楚地告诉员工当遇到哪些问题时可以找自己解决，同时留下保证在上班时间可以找到自己的联系方式，并对作出答复的期限给出清晰的承诺。

具体提供 EAP 服务的专家，则更需要着重介绍自己的专业教育背景和实际经验及自己的专长方向，便于员工根据个人需要选择合适的培训师、咨询师。由于很多外聘的咨询师并不在 EAP 项目组长期任职，而只在需要服务时工作，因此他们多不愿意留下私人的联系方式。为了保护他们的个人隐私，可以只透露专项负责整体协调咨询服务或者培训服务的 EAP 协调员的联系方式，通过协调员中间牵线，在保证不外泄专家私人信息的前提下为双方安排沟通。

f. 问题回答。

很多讲座将问题回答看做不重要的环节，而予以忽略。这种做法是完全错误的。在安排讲座时间时，必须为问题回答预留出充足的时间段，让与会人员就自己不理解的方面自由地提出问题。首先，这样做可以对讲解员讲解过程中模糊或忽略的地方给予补充，避免因此而造成项目执行中可能出现的问题。其次，这也是一个加深对 EAP 专家和组织人员了解的极佳机会。与会人员在参加讲座时对整体 EAP 可能是抱着怀疑态度的，特别是提供服务的专家，他们对这些专家的专业知识和素养是不了解的，在这种不了解的情况下，他们必定不敢贸然接受心理咨询这类涉及个人隐私的服务。通过专家的个人介绍，再加上他们对员工问题的回答，可以使员工更多地了解 EAP 专家的专业水平，以便能更为放心地接受服务。最后，一些问题，特别是某些焦点问题的提出，也为我们后面执行 EAP 计划提供了借鉴，使我们对某些员工非常关注的问题给予足够的关注，及时调整项目流程或服务细节，避免犯下不可挽回的错误。

问题回答的形式是多样的，既可以采用最后预留时间回答的方式，也可以在讲座的过程中让员工随时举手提问。一个效果较好，同时比较节省时间的方法是在讲座开始前给每位与会者分发纸张，让他们随时记录下来问题，并由专门的人员负责收集整理，最后针对一些发问人数较多、人们更加关注的问题让专家集中做答。对于其他问题，可以提示与会者在会后拨打项目组的咨询电话，或发邮件到专用信箱寻求答案。

g. 结束。

很多内容都可以作为讲座的结束。如领导的再次讲话，或者是分发使用手册，甚至是由主持人发起一个小的活动都是很好的选择。无论使用哪种方式，都最好再次重申一下 EAP 服务的种类和获得的途径，并对下一步要进行的活动做一个预告。

（2）注意事项。

a. 时间和场地的安排。

时间上当然是安排在项目启动时，但最好确定在一个能够最大限度集中组织成员的日期。地点上的选择上也要充分考虑与会的人数和设备是否齐全。

讲座的形式不同，对场地和时间的安排也会不同。为了让员工重视 EAP 项目，保证人员尽量到场及讲座效果，将讲座安排在例会时或者直接作为例会的一部分，在正规的会议室里举行，这样做是必要的。但要保证在讲座期间与会者不受到日常工作琐事的打扰，最好的办法是让他们在此时间段内关闭手机和其他通信工具。

如果为了让员工和 EAP 专家充分接触，采取鸡尾酒会的形式进行讲座，将时间安排在周末，地点安排在相对轻松的多功能厅甚至休闲场所，也是不错的选择。不过这时要注意保证酒会的进行不受到外界的打扰，且不要安排过多的娱乐项目，避免分散与会人员的注意力。

b. 与会人员的选择。

这一方面是对听众的选择。有可能的话当然是 EAP 服务覆盖范围内的所有人员都来最好。即使因为区域和人数的限制不能所有的人同时同地点参与，采用分批或者现场直播的方式也很不错，都能保证与会双方沟通顺畅。但是有些组织，如制造业或者销售业的单位，如果实在很难抽出足够的时间来让所有服务范围内的人员都参加讲座，也可以采取其他替代的方式。比如选择一定人员来现场倾听，其他人员用看录像的方式进行学习都是可行的。但在现场人员的选择上要注意避免抽样偏差的问题，即不要只让管理者或者只让员工，要不就是某些部门的人到现场，而要尽量均衡地让所有部门、所有职级的人员都有代表参与现场讲座，这也是为了保证有关 EAP 的信息可以在组织内不同人际团体中有效传播的途径。

另外一方面是对 EAP 项目团队，也就是讲座讲解人员的选择。如上所述，最好是让所有的项目组人员都能到场。即使这样做有困难，也要保证项目组的最高负责人和直接面对员工进行工作协调的人员及所有的专家都能到场，使员工对这些他们将来在接受服务时要直接交往的人能有个直观的了解，心理上获得更多的信任感和安全感。

c. 服务质量和保密的承诺。

这是在整个讲座中特别关键的两点。服务质量的承诺包括：培训中培训师的资历、教育背景和实践经验，咨询中咨询师的资历、教育背景和实践经验。国内有关这方面的法律规定很少，多是一些行业内部自己的认定。在我们所进行的EAP项目中，基本上都能达到培训师是心理学硕士及以上学历、在企业内执行培训有三年以上的经验。为了让组织内员工更为信服，最好能提供所有专家的毕业证书和从业执照。为了让员工对EAP服务的质量更加认可，讲解人员还可以向他们详细介绍项目的质量监控过程，如培训和咨询的反馈，并告诉员工这些相关的数据将通过怎样的渠道展示，以及将怎样用来监督EAP专家的服务。

有关保密的承诺同样非常重要。在整个EAP执行的过程中，工作人员将会接触到大量的员工的个人信息。包括在调查阶段问卷和访谈中所包含的姓名、心理和生理状况、对组织的态度等数据，在咨询阶段来访者所讲述的个人私密事件等等。所有这些数据一旦被泄露将会对当事人造成巨大的心理甚至生理伤害。只有员工相信自己在接受服务的过程中所透露的所有信息将受到EAP工作人员的严格保密，绝不会泄露给其他人，他们才能放心地寻求帮助，并在调查和访谈中表达自己真实的想法。实际上，严守来访者的私人信息本来也是咨询人员的基本道德，一旦破坏，咨询人员是要承担相应的法律责任的。但是在组织内部提供EAP服务有其特殊性，那就是需要依靠组织的支持才能顺利实施。因此有的时候EAP工作者会感到很难拒绝组织人员提出的某些涉及员工个人隐私的要求。比如，很多部门的管理者会要求工作人员提供那些接受了心理服务的员工名单。他们这样要求有可能是为了审核、监督EAP工作的执行，也可能是为了能够更好地掌握员工的心理状况，对那些"特殊人员"给予特别关注，避免在工作场所发生不愉快的事件。一些EAP工作人员，特别是本身就隶属于组织的工作者往往会为了得到各部门主管对自己工作的支持，避免"得罪"这些领导而出示相关资料。从情理上，我们能理解他们的难处，但是作为专业的EAP工作者，他们的这些行为绝对违反了职业道德，是不被允许的。

因此，在开场讲座中就应该正式地向员工承诺保护他们的私人信息。法律明确规定卫生保健、心理咨询的专业人员必须确保与来访者的交流是不公开的、保密的，并将此作为这些行业从业人员的基本道德要求。因而与员工有着治疗关系的EAP专业人员也有责任来为员工保守私人信息。但是，保密并不是指工作人员对所有人的所有信息在任何情况下都不能向其他人透露，也有一些例外。如当咨询中涉及可疑的虐待、忽视或抛弃儿童行为时，美国所有州都要求卫生保健专业人员打破保密性原则，等等。其中的具体条款我们将在咨询和其他相关概念的章节中展开讨论。另外，应组织的请求来对某些特殊员工进行评估的 EAP 专业人员，就没有责任为在评估中所获得的信息保密，他们必须把这些信息提供给组织。当然即使在这种情况下 EAP 专业人员也有责任尊重员工的隐私，不能把他们的信息告诉组织以外的人。

以上这些保密的具体措施和限制性，EAP 专业人员都有责任在实施项目之前就明确地告诉员工。为了更好地得到员工的信任，也可以向与会者具体说明他们的个人信息档案是如何建立的、如何在 EAP 项目中被操作管理的，以及项目组所制定的保密制度和信息透露权限等。总之，前期的介绍越详细，员工越可能相信自己的信息在 EAP 工作者那里是保险的，他们才越可能在调查和接受服务中真实地表达自己的想法和感受。

d. 活动穿插。

一般整个讲座将持续两个小时以上。在这么长的时间内，如果只是枯燥地由 EAP 工作人员讲解，相信与会者很快就会感到厌烦，注意力涣散，甚至出现中途退场的现象。为了取得更好的效果，让参会者认真地听完讲座，很好地了解并关注 EAP 项目，达到宣传推广的目的，在讲座过程中适当地穿插一些小活动是必要的。这些活动可以由现场的专家带领大家进行。比如放松活动、团队游戏，等等。除了可以更好地集中听众的注意力，帮助他们缓解参会的紧张情绪、放松身体之外，还可以加深员工对 EAP 专家的了解，并在互动中加强组织内成员之间的交流，使员工一开始就对 EAP 项目有一个好印象。如果这些活动是有助于个人心理调试且能自己反复操作的，将更有利于与会者对 EAP 项目产生积极情绪，使其认为 EAP 的确能为自己带来实际的收益，也将更愿意在今后使用 EAP 提供的服务。这可以说是一举多得。

当然，如果计划在讲座中穿插小活动，就要考虑到场地的选择和布置的问题。如果活动不需要大幅度的身体运动，对空间和桌椅的摆放要求便不大。但对于一些需要集体参与且有较多身体动作的活动，就需要在确定会场时选择空间较大的，在摆放桌椅时预留出足够的空间，并保证与会者能够方便地离开座位参加活动。这个时候，类似以小组为单位的鱼骨式的座位排列方法就会比较合适了。总之，只有尽量考虑到所有细节、设计周密才能更好地保证讲座顺利地进行。

e. 管理者讲座。

在设计开场讲座时，最好单独为管理者设计一场。这是因为管理者在 EAP 执行的过程中，不仅和员工一样需要个人方面的帮助，同时他们还肩负了管理下属、帮助下属获得 EAP 服务的任务。因而有些方面的特殊知识和内容是需要单独向他们讲授的。

作为管理者，他们更加关心 EAP 项目能为企业带来的实际效益。为了在项目执行中获得他们有力的支持和帮助，EAP 工作者应该在对管理者的讲座中详细描述 EAP 的效果，以及进行 EAP 项目的必要性和紧迫性。工作者可以客观地分析企业内现存的员工问题及其对企业效益的影响，并说明 EAP 服务将怎样有效地解决这些问题。同时，还应该详细叙述 EAP 的评估程序和评估结果的呈现，以及作为部门管理者他们可以通过怎样的途径监督 EAP 的执行。所有这些描述都是为了取得各层管理者的信任，在 EAP 协调工作中得到他们的支持。使他们相信为 EAP 项目所花费的金钱、时间都是物有所值的。

除了有关项目的内容外，还应该帮助管理者掌握鉴别问题员工的方法。很多工作场所的暴力事件、非裁员性员工解雇都是有明显的前期征兆的。如果管理者能够及时留意到这些表现，则往往可以避免事件的发生。因此，教会管理者鉴别有问题的员工是非常有必要的。其实管理者本身也很渴求这方面的知识。在同很多企业组织的会谈中我们经常发现，组织之所以引入 EAP 项目，是因为受到了一些员工突发事件的影响。他们经常向我们抱怨，自己的得力属下莫名其妙地出现了种种心理、生理问题，不得不忍痛割爱，将其解雇或处分。他们非常后悔没能及早发现问题，给予属下有效的帮助。在讲座中加入这方面的内容一方面是让管理者受益，及时避免突发事件，更好地提升部门业绩，另一方面也很好地完成了 EAP 服务中的预防部分，让 EAP 心理专家能及早地给予问题员工以适当的治疗。

除了如何鉴别有问题的员工外，也很有必要在讲座上教授管理者推介问题员工接受 EAP 服务的方法。在后面咨询的章节里我们将介绍更多的转诊方法。在针对管理者的讲座中将这些方法介绍给他们，将促使他们主动地参与到项目进程中。

2. 使用手册

除了开场讲座外，也应该给所有 EAP 覆盖范围内的员工分发使用手册。使用手册主要功用是向员工介绍 EAP 的概念、提供的服务和如何获得服务，以及专家的资历背景。基本的内容和讲座相似，但作为印刷品，它比讲座具有的优势在于方便携带、易于保存、可反复阅读。当员工遇到任何问题或困扰时，能想到身边还有这样一份资料，按照它的指引还可以得到专家的帮助，从而使他们在心理形成安全感，同时预防一些危机事件的发生。

（1）一个好的使用手册一般具有以下特点。

a. 便携性。

手册的大小要很合适，方便员工随身携带。如果手册过大过厚了，可能导致员工携带不方便，他们看过后就随意地扔在某个角落再也不愿拿起来了。但手册也不能过小过薄，一定要保持适当的版面来保证手册上的文字清晰，使人便于阅读。有一定的厚度，也能避免人们像对待街头广告一样，而忽视它的存在。

b. 设计吸引人。

使用手册不同于知识介绍类的书籍，不能做得呆板、枯燥，让人有读教科书的感觉。它的设计应该是新颖的，颜色应该是鲜艳的，文字应该是生动活泼的。应该让人一看到就有阅读的欲望，就会被它吸引。但同时，它又不能和商业广告雷同，应尽量避免过重的商业气息，要给人清新、亲切的感觉。特别是在使用一些具有煽动性的文字时，需注意分寸，不能做不切实际的承诺和描述，要本着诚实、可信的态度让阅读者愿意相信里面的内容。

c. 文字简单、重点突出。

由于使用手册的篇幅有限，因此不能长篇累牍，而应该做到简单、明了。这里的简单有双重含义，其一是指用尽量少的文字清楚地表达出作者的意思；其二它也要求作者避免使用过于深奥的专业术语，用语要通俗易懂。对于获得服务的方法和专家介绍等读者可能特别关心的问题，要着重突出。可以考虑使用不同颜色的文字或者流程图的形式，以便读者能在阅读时留意相关内容，进行重点记忆。

d. 易于保存。

由于使用手册中包含了很多重要的内容，员工往往需要多次阅读。这就要求手册易于保存，能经得起反复翻看。因此制作使用手册的纸张最好质地较硬，不容易折损，印刷的墨迹要清晰牢固，不会被轻易弄模糊或抹掉。

（2）使用手册的内容。

制作使用手册是为了介绍 EAP，帮助员工获得各种服务，因此它应该包含以下几个方面的内容。

a. EAP 和项目信息。

首先使用手册应该向员工介绍有关 EAP 的概念、整体项目的周期等信息。让员工开篇就了解什么是 EAP，组织为什么要进行这个项目，这个项目能为他们提供什么服务，给他们自身带来哪些益处。开宗明义，直达主题，便于阅读者从宏观上了解 EAP，掌握项目的全貌。

b. 服务种类。

这也是使用手册中必不可少的部分。作者应该在其中详细介绍 EAP 提供服务的种类、服务的内容、不同种类服务具体针对的问题、能给员工带来哪些实际收益等等。特别要列出不同服务计划时间表，这也是为了方便员工能够提前安排自己的时间，在不影响绩效的情况下接受服务。

表 6—1 详细列出了服务中包含的活动、针对的人群和参加的方式，阅读者

可以简单地找到适合自己的服务。

表 6—1　　　　　　　　　　　　主题服务活动示例

| 主题服务 | 具体活动 | 针对人群 | 参加方式 |
|---|---|---|---|
| 团队建设 | 教育培训<br>团体辅导<br>心理拓展<br>外派人员帮助 | 以局为单位 | 与每个局约定 |
| 特殊群体 | 女性员工 | 女性员工 | 与机关工会协作 |
| | 青年员工 | 新进员工 | 与机关团委协作 |
| 心理咨询 | 电话咨询 | 全部 | 电话预约 |
| | 网络咨询 | | 邮件预约 |
| | 面询 | | 用电话预约 |

c. 获得服务的途径。

这部分是和上面的服务种类紧密相连的，也是手册中最关键的内容。为了能让读者清晰地了解接受服务的流程，最好用图表的形式展示。同时，为了让员工接受优质、方便的服务，也要在手册上写下提供服务的质量承诺，以便规范工作人员的行为。

比如咨询服务，因为需要预约，并且在预约的同时需要证实自己的身份，向预约员简单介绍自己的情况，选择适宜的咨询师，约定具体的咨询方式、时间和地点等，整个流程非常复杂，因此要求使用手册要用最简单的文字清晰地列出获得服务的方法。按照国际 EAP 的惯例，在使用手册上还应该明确写出对咨询服务的承诺，如预约电话的接听时间、回复预约的期限、保密的条款和限制，以及咨询次数的计算。如下例：

在工作日（周一—周五 8:30—17:30）拨打电话×××××进行咨询预约，并留下自己的联系方式。EAP 公司的工作人员将会根据您的个人情况确定合适的咨询师、咨询时间以及咨询方式，并在预约后的×个工作日内电话通知您。您在接到电话通知后，在指定时间拨打电话×××××将会有心理咨询师为您进行电话咨询，或者在指定时间来到我们的咨询室，将会有心理咨询师接待您，为您进行当面的咨询。

为了确保您作为××××员工的权利，我们将向您提供一个专属于您的 Id 号（见本手册最后一页）。请您在预约咨询的同时向我们出示您的 Id 号。

d. 提供服务专家的履历。

为了方便员工选择最适合自己的专家提供服务，在使用手册上还应该详细列出可供选择的专家的姓名、专长方向和教育背景、实践经验等信息。

e. 查询方式和 ID 号码。

在使用手册的最后还应该明确登出可供员工咨询信息和投诉的电话号码，并对给予反馈的期限作出承诺。为了鉴别接受服务人员的身份，还可以在手册的最后随机安排号码，以方便员工出示，证实是组织内的人员。

### 3. 其他宣传形式

除了使用手册和讲座外，还有其他宣传形式可以用在第一阶段的宣传推广中，比如宣传栏、海报，等等。这些宣传品的内容和使用手册基本相似，只是因为是张贴的形式，更容易引起员工的注意。在工作场所设置这些精心设计的宣传品可以让员工在工作之余随时驻足观看，更好地起到帮助组织人员了解 EAP、信任 EAP、使用 EAP 的第一阶段宣传的目标。

## （二）第二阶段

第二阶段宣传的目的主要是推动。推动整个项目更加顺利地实施，通过接受服务者的反馈，及时调整服务内容和形式，完善各方面工作，使组织人员能够享受到更为周到、贴心的服务。

### 1. 宣传内容

第二阶段宣传的内容主要包括四大板块，它们分别是主题知识的介绍、服务的反馈、新活动的预告和建议信息的收集。下面就对不同板块的内容进行详细的介绍。

（1）主题知识的介绍。

这个板块的目的主要是通过宣传品的讲解，帮助组织内员工初步了解压力、子女教育、人际沟通等各种心理问题的含义，并掌握一些简单有效的解决方法。可以以时间段为单位进行更新，每个时间段提出不同的主题，如子女教育、家庭生活等。在每一个主题下，系统地向员工介绍引起心理问题的根源，提供解决有关心理困扰、改善不良情绪的有效途径和方法。

对主题的选择可以有多种依据：可以是根据组织的具体需要，如组织现阶段正在进行组织整改，宣传的内容就可以多讲解一些变革中管理者和员工需要注意的问题、相关的应对方法和调试紧张情绪的技巧。也可以根据服务活动的不同进行设计，比如 EAP 近阶段要进行团队集体培训，就可以多设置一些团队建设、提高团队核心竞争力的内容。同样也可以根据全年的时间节点选择，例如在接近假期的时候，可以给员工呈现一些如何度假、如何安排假日或休闲娱乐的内容，临近期末考试或者高考、中考则宣传一些缓解考试压力、提高学习效率的方法。最后，还可以针对不同的服务对象来进行，特别是在前期调查中凸显出的问题人群，如年轻员工、女性员工、长期出差人员等等，注意从他们的视角，选择他们感兴趣的问题来拟定宣传内容，和其他服务攻势相结合，帮助这些组织内人群解决困扰自身的问题。

在选定了主题后，工作人员就要开始撰写内容，这是个非常艰巨的任务。为了起到良好的宣传效果，往往要进行多次的修改才能最终定稿。在撰写文字之前，工作者可以通过阅读相关的书籍、向专家和专业机构请教等方法来得到支持。

（2）服务活动的反馈。

除了心理健康等知识的介绍外，还应该在本阶段的宣传中加入服务活动反馈的内容。加入这些内容目的是为了让组织所有人员都能了解到 EAP 的使用情况，这会让员工感到 EAP 项目就在他的身边，他周围的很多同事和上级都已经接受了 EAP 的服务，更好地调动他们寻求帮助的积极性。

呈现这些反馈的形式可以是数字，比如已经接受咨询的人数、培训的场次和参加人员数量等；也可以运用文字描述，如培训的主题、培训的内容、培训的热烈场面等；还可以适当地配合一些照片或录像，比如在培训现场拍摄下来的学员和教师互动、学员开展活动等的照片，可以让观看者有身临其境的感受，最好在其中加入接受服务者对服务反馈的原话，这些原汁原味的内容加大了宣传的真实性，更容易使员工信服。

（3）新活动的预告。

新活动的预告也是宣传中必不可少的部分。预告的时间可以提前几个星期，让看到预告的人有足够的时间安排自己的工作和生活，积极参与到活动中来。需要具体告知组织人员活动的时间、地点、内容，并对提供服务专家的姓名、背景进行详细的介绍。

如果活动是采用自愿参加的形式，最好还要提供途径让员工能够提前报名，这点在第一阶段讲座的注意事项中就有阐述，主要是为了控制人数，并根据人数来确定场地和设施安排。如果活动是在组织外的地点进行的，要注意写出此地点的详细地址，最好还要提供几种可供选择的交通方式，以避免希望参与的人因为找不到地点而不能参加活动。最后，为了方便组织员工获得更详细的相关活动信息，还要在预告上留下咨询电话，让他们有任何问题都可以找到 EAP 工作人员询问。

（4）信息和建议的收集。

巧妙地利用各种宣传媒介，还可以做到建议和信息的收集。这些建议包括员工对现有服务的改进意见、还希望得到哪些种类的服务及对整个项目或工作人员的意见和建议。对这些信息的收集，可以采用多种形式，比如利用网络在线调查、发送小邮件、夹杂在印刷品中的小问卷等。不必太过追求这些问卷的科学性，以及信度、效度等问题，文字尽量简单，题目尽量精减，也不要在意回收率等，只要能够得到一些信息，并及时采取行动，就能很好地起到改进服务、丰富

EAP 内容、吸引员工关注、加大使用率等作用。

### 2. 宣传的形式

本阶段的宣传可以采用多种形式，但要注意不同内容和形式之间的配合度问题。下面我们就根据不同的形式进行简单描述。

（1）海报。

主要用于在每次 EAP 活动开展之前，通知活动的主题、进行的时间和地点等信息。采用这种张贴的宣传形式其优点在于：海报色彩艳丽、文字简单醒目、设置位置灵活，易于吸引员工的注意，提高他们参加相关活动的积极性。

（2）宣传栏。

可以放置在组织内部的显著位置，定期更新。依据不同的内容主题，分期向员工介绍 EAP 的相关知识、子女教育、缓解工作压力等相关知识，帮助他们更好地解决生活和工作中可能出现的难题。宣传栏的面积较大，可以容纳相对大篇幅的文字，比较适用于主题知识内容的介绍。

宣传栏的设立，既可以实行部门独立式，也可以采用组织统一式。前者是指针对不同部门的不同特点，为他们单独设计不同的宣传栏，放置在部门内部。这样做可以使宣传栏的内容更配合员工的工作内容和氛围，让员工体会到更多的亲切感。但是采取这种方式设立宣传栏成本往往较高，同时有些知识没有部门的界限或所针对的受众是跨部门的人群，这时这种方法就增加了花费但起不到应有的效果。采用后者，在组织的公共场所，如办公大厅、休息室、餐厅设立宣传栏，则是比较理想的选择。

（3）网络宣传。

网络的便捷性和信息的多样性，使它具备了传统宣传媒介所不具备的多种优势。利用网络进行适当的推广，可以收到意想不到的效果。我们可以通过设立专门的网页、在线调查系统等形式来达到推广的目的。本章后面将有专门的内容阐释网络宣传的使用问题。

（4）心理自助手册。

这种印刷精美、制作精良的手册可以用做知识手册，如以子女教育、家庭生活等为撰写主题。在每一个主题下，系统地向组织员工介绍引起心理问题的根源，提供解决有关心理困扰、改善不良情绪的有效途径和方法。除了心理学的内容外，这些手册上还可以刊登一些日常生活技巧和知识，如心肺功能的恢复、人工呼吸技能、突发事故的医疗处理和急救及戒除药物和酒精、进行适当的体育锻炼、营养饮食、控制体重等内容。

我们的实践经验表明，如果自助手册的文字优美、内容实用、设计新颖，就能够受到员工极大的欢迎。他们会反复阅读这些手册，并按照手册上介绍的小技巧去调试生活、安排工作。

下面这段文字就节选自一份自助手册：

压力是我们在生活中随时随处都要面对的。适度的压力能促使我们努力奋斗，甚至发挥出自己都难以想象的潜能。但是压力过大，特别是工作压力的增大很容易使一个人丧失对工作和生活的兴趣，失去对自己的信心，情绪压抑、脾气暴躁，导致和同事之间的争吵，严重破坏家庭的和谐，并使个人出现各种心理问题。在生理上，它会造成失眠、过度疲劳的状态。而且由于压力对免疫系统的巨大破坏作用，它会使人更易受各种疾病的侵扰，甚至患上心血管疾病以及癌症等严重病症。

如何缓解压力，已经成为现在都市人必须面对的重要问题。要想彻底根治这种心理困扰，还要先了解它的各种症状，以帮助您正确地识别您的压力状态。

工作压力对个体的影响主要表现在以下几个方面：

（1）焦虑、紧张；

（2）情绪不稳定和反应过敏；

（3）易怒、抱怨、不安、过于兴奋；

（4）消沉、郁闷、哭喊；

（5）冷漠，对日常活动失去兴趣；

（6）孤独，远离人群，拒绝或疏远感情；

（7）闪现对一些事件的记忆；

（8）周期性地出现关于某一事件的梦；

（9）自信心不足、无助感；

（10）罪恶感。

（5）广播和电视媒体。

由于工作生活压力、心理健康等话题受到越来越多的人的关注，有关健康主题的视听材料和出版物也越来越多。电影、电视和幻灯片等都成为可利用的媒介。适当的时间在公共广播或者公共场所的电视媒体中定期播放这些资料，也是推广 EAP、促使员工接受服务的好方式。

如果有充足的时间、人力和资金，工作组也可以自己制作一些介绍 EAP 和各种服务的视听材料，利用组织内部的公共传播资源进行宣传和推广。这些材料的内容都取材自真实员工，所讲述的问题也是组织内员工的现实生活，因此往往更能得到员工的支持和欢迎。

（6）其他宣传形式。

除了以上所列的之外，还有其他多种宣传形式可供 EAP 工作者选择。比如书签、日历甚至是便条纸、水杯等等。在这些员工随时使用的办公用品上加上和 EAP 有关的内容，更能让他们感受到 EAP 的服务就在他们身边，随时随地都在关注着他们的生活，随时提醒他们有问题、有困难就找 EAP 工作者和专家寻求帮助。

### 3. 网络宣传

大多数组织的管理机构已经引入了电脑技术，把它作为一种能够提高工作人员生产力和效率的方式。电脑和与之相关的 IT 技术（例如网络）为员工们提供了吸收、组织信息的前所未有的有效方式。网络在工作和生活中已经必不可少。网络为员工提供了一个与那些他们从未谋面的权威人物交换信息的机会。这些在线接触可以帮助员工吸取新的信息，提升员工的能力。

很多大型企业和组织内部都有其完善的网络系统，这正为 EAP 工作人员提供了一个强有力的宣传工具。以此为平台，可以开发出大量的宣传模式，从不同角度，用不同的形式与极少的资源耗费而收到极显著的推广效果。以下仅列举了几个有限的宣传形式供读者参考。希望读者能够从中受到启发，自主开发出更多更灵活的媒介。

（1）专门的网页。

大多数企业内部都会有专门的网站供自己的员工浏览，上面会刊登一些公司信息、通知布告等内容。EAP 工作者就可以在这些内部网站上设立专门的网页，与心理自助手册、宣传栏相配合，介绍心理学等方面的知识内容。只要员工有需要，就可以随时上网浏览相关信息，全面了解相关主题的心理帮助方式和方法。这种形式的宣传很好地补充了传统宣传的不足。它不受地点和时间的限制，只要有网络和电脑，个人就可以立即获得所需信息。而且内容形式除了图画和文字，还可以使用多媒体，如录像或 Flash 等生动、活泼的传播形式，更易吸引员工注意，为员工所喜爱。同时在每次活动之后，也可在网页上向全体员工介绍活动进行的信息，包括活动的内容和员工的反馈，以及后续活动的预告，使全组织的员工都能了解到 EAP 近期的工作。

（2）在线调查系统。

为了更方便地获得对 EAP 服务的反馈和改进建议，还可以利用网站建立在线调查系统。

这个系统一方面方便员工在线寻找自己感兴趣的小测验，并随时作答，随时获得测查结果，使员工可以在更多和更深的层次上了解自己的生活状况和潜能；另一方面，也能进行一些小型调查，对有关宣传材料的满意程度、主题的设定、培训的反馈和后续培训的主题以及咨询热线设置等征求员工的建议，从而及时对 EAP 服务工作进行规划和调整。

（3）电子邮件。

随着电子邮件的普及，使用电子邮件进行远距离的沟通和交流成为了个人生活和商务工作必不可少的组成部分。现在几乎所有组织内的所有员工都有自己的邮箱地址。这种点对点的交流方式快捷、方便，能保证邮件被安全送达到收件人的手中。特别是很多企业为员工设立了企业邮箱，通过网络部门可以非常快捷地给所有员工统一发送邮件。因此这也成为了我们宣传推广中可利用的有力工具。

电子邮件可以用来向员工预告活动安排、发送问候信件、传授小知识和进行及时的通知。它的制作非常简单，花费的人力和物力极少，所需要的专业技术知识也很少。但是发送邮件也要掌握度，由于现在几乎每个人的邮箱每天都会收到大量的垃圾邮件，很多人对此深恶痛绝。因此过多地发送 EAP 邮件，也会导致员工的厌烦心理，不愿意看邮件的内容。为了将邮件和垃圾邮件区别开，最好采用某种特定的格式，让收件人可以在不打开邮件的情况下就能识别有用邮件。

（4）留言板和聊天室。

除了网页和电子邮件，留言板和聊天室成为了网络沟通的新型手段，同传统的网络媒介相比，它们两者都极为强调沟通的互动性和及时性。

在商业中留言板更多用于企业和客户之间对有关产品试用维修等问题的解答。在我们的 EAP 项目中，留言板也可以起到类似的作用。当员工感到有问题想要询问 EAP 的工作人员时，他们就可以随时登录留言板，留下他们的疑问。然后由 EAP 工作组中相关人员每天定时检查，并对这些问题做出相应解答。将留言板和传统的电话查询方式相比较，两者有其各自的优缺点，对于 EAP 项目都应保留。设立成公众形式的留言板，可以让所有合法登录的用户都能看到其他人在版面上提出的问题和工作人员做出的解答，如果他们想问的问题别人已经提问过了，那他们就可以马上直接获得相应的答案，而不必费时间提问、等待回答，这可以节省 EAP 服务双方的时间和精力。同单对单的电话查询方式相比，留言板具有明显优势。但这既是优势，也是弊端，因为自己提问的信息也能被他人看到，因此员工可能不愿意问一些较为隐私的问题，特别是一些有意咨询而进行事先询问的人员，他们不太可能在留言板上直接提出预约的请求。因而留言板更适用于对一般事务性问题的解答，而更为隐秘的提问还是要通过电话沟通。

聊天室的好处就在于可以允许多人同时在线交流。用户们可以针对某个特定的问题进行广泛的沟通和互动，而且只要他们愿意就能随时停止与下线交谈。将聊天室的形式运用到 EAP 的宣传中来，是一个新兴的且吸引人的想法。在执行 EAP 的过程中，开通聊天室，可以就 EAP 的服务内容、心理生理健康的知识，甚至是团体中最近发生的重大事件等组织用户进行交流和沟通。这样不仅宣传推动了 EAP 项目，而且工作人员还可以从员工的相互交流中了解到改进服务形式、增加服务内容和有关组织建设等方面的有益提议。此外，还可以在聊天室中专设嘉宾，邀请法律、心理、生理或者 EAP 相关管理人员，在固定时间和进入聊天室的人员进行在线的及时沟通，回答他们提出的问题。除了宣传推广外，这也可以作为心理等方面咨询服务的补充形式。

（5）注意事项。

网络宣传的形式虽然具有方便简单、容易操作、信息形式多样化、更新速度快、成本低等优点，但是要想顺利执行有一些问题需要特别留意。

首先要注意登录者的身份审查问题。如果网络宣传全部依托组织内部的网络进行，这个问题相对容易解决，员工只要使用自己登录内部系统的用户名和密码就可以登录相关 EAP 宣传网站。可如果企业内部没有网络或者不愿意让 EAP 使用内部网络，那无论宣传利用什么平台进行，都要注意限制无关人员登录 EAP 宣传网站。因为其中的网页、留言板上都难免会透露组织或者员工个人的信息，尤其是聊天室更要避免无关的人员进入，以免他们在其中发布攻击性或者其他不利于成员沟通的言论。因此我们在进行网络宣传的时候，就要考虑到通过审查用户名和密码的方式对登录者的身份进行审核，保证网络资源只有组织内部人员有权使用和浏览。

其次，由于网络发言的自由性，有些员工可能会在留言板或者聊天室等地方发表对公众安全有害的文字、图片。无论是从国家法律对网络的监管规定还是保护 EAP 工作组形象的角度出发，都需要设立专门的人员随时监督，及时将这些言论删除。监督人员可以是 EAP 工作组派出的专人，也可以让员工自荐担任，就像网络版主的形式，只要他们能妥善完成自己的职责即可。

最后，网络宣传需要较强的专业力量支持。所以作为宣传工作者一定要注意和组织内相关部门的协作，如果能得到他们的大力支持，那将节省工作组的时间和资金。必要时，也可给他们一定的业绩或者金钱作为报酬，以提高他们协助的积极性。

## （三）第三阶段

本阶段是宣传的最后部分，同时 EAP 整体项目也进入了收尾阶段。这个时期的宣传主要目的有两个：首先是对全年的工作进行总结，发扬优点，找到不足，向组织高层领导汇报项目执行的过程和效果，并展望新一个周期的工作；其次，由于 EAP 这阶段的重点是评估工作，为了要得到员工的支持和配合，利用宣传手段呼吁员工积极参与问卷调查、访谈、反馈等工作，对推动评估的开展能起到很大的作用。

### 1. 评估推进

在评估阶段，EAP 工作人员需要开展大量的工作，包括问卷调查、访谈、数据资料的分析、撰写报告等的内容，工作量巨大。其中很多工作需要组织内员工的大力支持。为了获得他们的配合，工作人员需要提前利用多种宣传媒介向员工详细讲述为什么要进行评估、评估中需要他们的哪些帮助、他们所提供的数据将被做何种分析、将以何种形式呈现给组织内部的哪些人等，并承诺对他们的私人信息给予充分的保护。所有这些信息都需要详细、全面地告知员工，并对他们的疑问做出细致耐心的回答。为了提高他们参与评估的积极性，可以给他们某些方式的回报，比如对接受了访谈的员工提供额外的咨询机会或者参与 EAP 结束报告会的名额等等。

为了达到这个目的所进行的推广，可以采用多种模式。包括给每位员工发送电子邮件，在网页上开辟出专栏随时介绍评估工作的流程和进程，在聊天室设立 EAP 的工作专员解答疑问等等。组织领导的支持对 EAP 的评估有巨大的推进作用，因此可以安排专家专门和领导进行单独沟通，或者发送特别邮件或信件，保证他们能正确理解评估对组织和个人的意义，争取得到他们最大程度的支持。

2. 项目总结报告

项目总结报告标志着 EAP 项目的阶段性结束，在表现成绩、突出效果、获得支持从而争取继续进行的机会方面都有非常关键的作用，因此如何做好总结报告就成为了结束阶段宣传的重中之重。当然有些项目也会要求分阶段出报告，由于这些报告的内容和呈现形式基本和总结报告类似或更加简单，因此在此不单独提出进行叙述。

（1）总结报告的内容。

一般总结报告至少应该包括以下内容。

对这一周期工作内容的总结，包括开展了哪些项目、提供了哪些服务、采用了哪些形式、服务的周期、服务的范围等相关内容。为了使整个呈现更加生动，还可以利用录像、图片等多媒体形式来展示开展服务和活动的过程。

项目效果是报告中最重要的部分。展示的内容可以有各项服务的使用率和满意度，给个人和组织带来的实际改变，成本收益率等等内容。呈现的方式可以用文字或者图表，当然为了显示其科学性，大量使用统计数字是一个可取的方式，也比较符合现代项目呈现的风格。但要考虑到报告受众的知识领域，尽量使用他们能够理解的方式，避免使用过多的专业术语和过于枯燥的文字图片。展示的具体内容在 EAP 评估一章中，我们会详细阐述。为了使评估结果更加人性化，更加可信，还可以在其中加入访谈的原话摘录，这些文字较单纯的数字更贴近组织的工作实况，反映的是员工的真实想法和建议，用它们来体现项目的效果更显得真实可信。

项目报告的内容还应该包括对本期工作长处和不足的总结以及对未来工作的展望。作为 EAP，本来就是企业组织为员工提供的一项长期福利，不同于短期运作的项目，应该让组织管理者接受这一观念，将 EAP 工作坚持执行下去。为了使组织更容易看到 EAP 项目的效果，更容易接受 EAP 的服务，每一周期的项目都应该有所变化，针对的人群或者工作的重点也应该有所不同。同时注意到不同阶段 EAP 工作之间的连续性和递进性，分层次开展工作。因此在报告中加入对本期工作中薄弱环节的总结，和根据调查分析提出的新一周期工作展望或计划就显得非常重要了。

（2）报告的展示。

展示报告可以选择讲座、召开专题会议等形式。在这种相对正式的场合下总结工作、呈现效果、展望未来，可以得到组织人员特别是管理者的严肃对待。但出于对会场场地、信息保密性等因素的考虑，对参会的人员往往会有数量的限制。这种会议一般只有中层以上的管理者才被允许参加。但是 EAP 服务面向的是广大员工，在接受服务方面员工和领导并没有特殊区别，因此报告的结果也应该通过其他的宣传形式通报给整个组织，这也能使我们的工作更容易获得基层人员的支持。

3. 项目的其他收尾性宣传

除了项目总结报告外，还可以在项目的最后进行其他一些宣传。比如印制特别的手册或者日历作为送给员工的礼物，或是召开联欢会，让 EAP 工作组人员和员工一起联欢，都是不错的选择。为了促进项目的继续实施，并能在新的周期内使各项服务更加符合员工的需求，还可以通过组织研讨会或者网上讨论等形式，多方面收集员工的反馈信息，使组织上下都对项目的继续执行积极支持。

宣传推广是 EAP 项目的开始，也是结束，它在整个过程中都扮演着非常重要的角色。国内对心理学和其他咨询类学科的认识还不是很深入，要想推广 EAP 项目，最重要的就是打消人们的种种顾虑，帮助他们正确认识自己、认识咨询工作。促使他们把咨询看成是完善自身、促进成长、解决生活工作问题的有力手段和外界力量，而不再把它当作丢面子，被他人看不起的事情。应该利用宣传推广协助他们更深入地了解自己，学会识别早就存在于个体但还未被识别的问题和困扰，让他们改变传统的"自己扛"的解决问题模式，懂得适时向专业人员伸出求助的手不是可耻的行为。

总之，利用宣传从根本上改变组织内部人员对咨询服务的看法，使他们把接受服务融入日常生活，作为谋求自身福利的一种有力手段，只有这样才能提高组织对 EAP 服务的使用率，使 EAP 项目最终收到良好的效果。

# 专业团队的建立：EAP 的培训

古人云："一年之计，莫如树黍；十年之计，莫如树木；百年之计，莫如树人。"员工培训是企业文化的一个重要组成部分，对员工进行科学系统的培训是企业最有发展眼光的战略投资，它是提高和改善员工素质的重要手段，是传播企业文化、精神与理念的重要渠道，是增强企业稳定性、凝聚力和竞争力的重要保证。EAP 的经典培训覆盖职业心理健康、压力管理、时间管理、人际沟通、工作与家庭平衡等多个领域，协助企业培养并开发员工自身的巨大潜能，在提升员工价值的同时实现企业管理水平的提升和经济效益的提高。

## 一、为什么要做培训？

培训是企业文化与企业人力资源管理体系的重要组成部分，是增强员工队伍建设、促进企业发展的重要保证，是员工帮助计划不可缺少的环节。在员工帮助计划的实施过程中，通过室内或室外各种不同的具体培训方式，将管理学、心理学、社会学等学科的理论、理念、方法和技术应用到企业管理和企业训练活动之中，以更好地解决组织变革、裁员、危机事件、人际沟通与冲突等问题，提升员工在应对压力、平衡工作与生活等方面的能力，使员工的心态得到调适，认知模式得到改善，意志品质得到提升，潜能得到开发。

具体来讲，员工帮助计划中培训的目的与意义体现在以下四个方面。

### （一）培训是开展 EAP 项目的前提和推动力

很多企业的高层领导、工会或人力资源部门的主管正是因为参加和接受了心理培训，感受到了心理健康的意义和力量，考虑到员工素质特别是员工的情绪与心理健康对于企业绩效的影响，才开始关注 EAP 的。在进行调研与考察的基础上，与专业的咨询公司洽谈，并在不同的咨询公司之间进行比较，经过周密的论证，最后选定一家具有专业保障和职业规范的咨询公司，开始实施自己企业的 EAP 项目。当然也有企业聘请专业人员进入公司，成为自己公司的一员，或者请专业人员进行更为具体与全面的指导与培训，建立起自己企业的 EAP。

### （二）培训是 EAP 项目成功的基本保证

心理咨询往往是一对一进行的，因此尽管心理咨询的效果比较深入，但其影响范围却十分有限。培训的范围与广度是咨询远远无法比拟的。换言之，一次成功或失败的咨询只能影响到特定的当事人及其周围有限的少数人，而一次成功或失败的培训则可能波及全局，正因为如此，可以说，培训在 EAP 项目的开展中具有举足轻重的地位，是 EAP 项目成功的基本保证。也正因为如此，无论是作为 EAP 项目中的客户方还是举办方，都特别重视培训的效果。表面看来，培训似乎十分容易，就是请老师讲讲课而已。实际上，咨询公司往往会为一门课程，特别是新课程组织一个团队，花费一定时间为一项特定的培训课程进行客户调查，在此基础上发展出一套定制的、满足特定的企业和员工需求的培训课程，而且在细节上，比如培训时间、地点、人数甚至桌椅摆放的形式上，都需要细致的考虑。

### （三）培训是增进员工心理健康的重要手段

心理咨询和心理培训是增进个体心理健康的两种基本的外部手段。但由于受到中国人的文化、性格以及传统习惯影响，同时由于心理咨询与治疗事业在我国发展的历史不长，因此心理咨询还不为人们所广泛了解。很多人对于心理咨询存在种种担心和顾虑，虽然有时也意识到了自己的心理困扰，但瞻前顾后，终究还是没有去进行心理咨询与治疗。他们十分渴望了解心理学方面的相关知识却缺乏有效途径，而培训则正好弥补了咨询的限制并满足了人们这一心理需求。在中国的企业单位里，培训活动多数情况是由组织出面召集，要求员工必须参加，由于是很多人在一起进行活动，个人化的信息一方面不容易暴露，另一方面又能在培训中得到共鸣和启发。通过接受培训，员工加强了心理健康方面的意识，了解和掌握了一些调节情绪、缓解压力的知识与技巧，澄清了以往对于心理健康与心理咨询的一些认识偏差。很多开展 EAP 项目的咨询顾问公司都有这样有趣的发现：一场成功的培训过后，要求进行心理咨询的员工人数会出现猛增。

### （四）培训有助于提升员工工作绩效，加强企业凝聚力

有人认为培训只是一种消费，这种观点是错误的。事实上，对企业而言，培训是对人力资源这一核心资源进行开发的投入，其目的是促进员工全面的、充分的发展，从而给企业带来无尽的活力。较之其他投入，这种投入更能给企业带来

丰厚的回报，其效益是巨大的，且具有综合性、长远性的特点。

培训对于企业发展的意义具体体现在以下几个方面。

(1) 培训是一种有效的管理手段。

这并不是说培训可以取代管理，而是说培训为管理创造了和谐的氛围与有利条件。也可以说这是一种管理方式的转变，即把过去被动、强制、刚性的机器管理方式转化为自觉、能动、柔性的人性管理方式；把"见物不见人"、把人当机器或工具的管理方式，转向发挥人这一主观能动资源的自觉性、积极性和创造性的管理方式。培训通过满足员工高层次的精神文化需求来激发员工的干劲和热情，使上下级之间以及同事之间的关系更加融洽，更容易交流和沟通，如此一来，员工对于公司的认同度更高，工作的自觉性更强。

(2) 可以使新员工尽快适应工作岗位。

新员工有两种类型：一种是刚刚毕业的大学生，另一种是从另一个单位进入本组织的"空降兵"。对于前者而言，他们面临的将是一个完全新鲜和陌生的工作环境，不同的组织文化将使其在行为举止和内心体验上烙上不同的印记。而对于后者来说，可能面临的则是两种组织文化之间激烈的碰撞。

研究发现，新员工在刚到组织的一个过渡期内（通常是入职后三个月到半年）将会以自己对组织的感受和评价来选择自己如何表现，决定自己是要在公司谋发展还是将其作为跳板。因此，那些以追求双赢为己任的组织会及时进行心理培训，表达组织对他们的欢迎、接纳与信任，帮助他们尽快地消除种种担心和疑虑，让他们全面而客观地了解其工作环境、组织气氛及新工作所需要的知识与技能，从而使其尽快地适应环境。

(3) 培训对于员工保持工作激情具有催化作用。

人在遇到坎坷时会产生苦闷失落的心理，在某个环境中或某个岗位上时间久了会产生疲倦厌烦的心理。而所有负面情绪无疑会降低员工的工作满意度以及对公司的忠诚度，甚至发展到怠工、旷工、离职。对于企业而言，这些消极行为会增加材料及人力的损耗（比如招聘新员工显然是增加人力资源方面的开支），造成产品的数量与质量下降，甚至发生严重事故。

心理培训不仅具有"保健"功能而且能够给人以精神上的激励，激发员工的工作热情。接受心理培训有助于员工，特别是那些具有负面情绪的员工开始尝试纠正甚至停止负面思维，学习接纳自己，在确立自信心的同时也接纳别人，以主动的姿态与别人沟通。这一点是心理培训与一般业务培训的明显区别，业务培训可以传授员工具体的知识与操作技能，但是专业业务能力再强的员工如果没有健康的心态，他对于企业的贡献、对于企业的价值和意义就会大打折扣。心理培训解决的是更深层次的精神层面的问题，是调动"心"的巨大能量，一个具备健康心态的员工，才会更加积极努力地为公司和个人的美好明天而奋斗。

（4）培训有助于提高和增进员工对组织的认同感和归属感。

一般来讲，大多数注重个人发展的员工往往会把培训看成是企业对他的福利以及奖赏。尤其是与员工职业生涯设计结合起来的时候，更能激发员工的热情。许多著名的公司正是迎合了这一需求，尽可能地为员工提供合适的培训，从而有效地提高员工的积极性、归属感和忠诚度。

EAP 及其培训在我国还属于新鲜事物，在很多企业和单位还不具备心理健康的意识时，如果企业开展 EAP 项目及心理培训，那么企业中的员工就会在无形中产生一种对于自己所属组织的自豪感。

员工只有真正对组织产生强烈的认同感和归属感后，其潜能才能得到充分的发挥，进而表现为工作绩效的提高。通过培训，在企业中创设出一种信任与尊重的氛围，可以增强员工的协作意识与协作能力，使具有不同价值观、信念以及不同工作作风与习惯的人和谐地统一在组织内，共同为此组织的建设与发展贡献聪明才智。

（5）培训可促进组织变革与发展，使组织更具有生命力和竞争力。

组织变革是企业发展的主题。为了应对激烈的市场竞争以及实现企业的长远发展，提高效率与竞争力，企业常常会做出一些或大或小的战略与政策调整。而员工由于变革的不确定性、安全感的丧失等原因抗拒组织变革与创新，其不断地牢骚抱怨、工作漫不经心等消极行为，直接增加了企业的成本，拖延了企业的创新发展速度，并对企业的战略发展造成严重的负面影响，从而造成更大的间接成本损失。

企业的变革与发展亟待培养员工的开放意识、全球意识、竞争意识、效率意识、学习意识和法律意识。在组织变革之前或进行过程中对员工进行心理培训，有助于促进员工转变观念，科学认识与看待改革，让员工领悟到这个时代唯一不变的东西就是变，不主动地变革，也得被动地改变，否则就会被淘汰。同时也促进员工发掘自己的潜能，增强其信心，促进员工认同新的观念，学习新的行为方式和工作技能等。

## 二、要做哪些培训？

一个完整的 EAP 心理培训体系，既应该涵盖纵向的各层次员工，即从最高管理层到一线员工，也应该包括横向的即各经营管理职能部门员工的培训。培训内容要服务于培训的目的和目标，既要科学系统，又要有适用性，还要考虑超前性。应考虑到不同层次的培训对象在工作和生活各方面的实际需求，并随着组织的发展不断更新培训内容。

19 世纪的法国大文豪雨果曾说过："世界上最浩瀚的是海洋，比海洋更浩瀚的是天空，比天空还要浩瀚的是人的心灵。"的确如此，人的心理现象丰富而又多变，特别是在变革迅速、竞争激烈、价值多元的现代社会，人的内心世界更是五彩缤纷，企业中外显和内隐的心理现象错综复杂，因此，企业心理培训涉及的内容十分广泛。

## （一）心理培训的需求分析和效果评估

当一个企业需要进行心理培训时，应当先进行培训需求的分析，从而使培训达到有的放矢、事半功倍之效。培训课程的开发与设置应当符合企业的实际情况和需要，不同的企业有不同的情况和需要，不进行调查分析，培训就可能脱离实际，无法达到预期的效果。现实生活中，有一些企业在没有对自己的实际情况和需要进行认真评估的情况下，就大张旗鼓地进行某一培训。这样做不仅浪费受训人员的时间以及企业为培训投入的资源，更可能导致员工对于培训的反感。

因此，我们极力建议在进行培训之前，先进行适当的培训需求分析（Training Needs Analysis Survey，TNAS）。

图7—1显示了培训需求分析的目的，即确定培训需求、培训受众、培训任务等。分析要服从和着眼于组织、任务和个人三方面的进步。

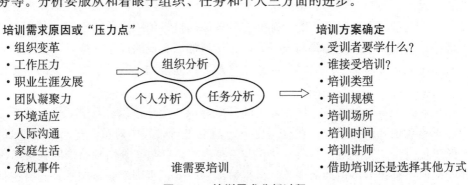

图7—1 培训需求分析过程

通过对企业组织文化、组织运营状况和企业内部人员心理状况的整体把握，在需求分析的基础上，兼顾其他培训资源（如经费和师资）的情况，即可确定培训目标。一般来讲，根据需求分析的综合结果来制定培训目标，可以从三个层次来考虑，即：

（1）组织运行的结果：生产率、销售额、产品质量、总产值、缺勤率、员工士气及工作生活质量、投资回报率，等等。

（2）行为改变的结果：通过培训希望企业内部人员在行为方面有哪些改变，以实现前面所述组织运行结果的目标。

（3）个人的学习结果：希望受训人员通过培训在知识、技能、态度、心理健康和心理成长方面的改变。

当然，一个具体的培训计划只能集中于某个方面的培训目标，尤其是要考虑到企业不同方面的具体情况。

培训效果评估是在培训结束后，对培训目标、方案设计、场地设施、教材选择、教学的管理以及培训者的整个素质、培训效果等各个方面进行总结性的评估与检查、跟踪与改进。培训效果评估工作很容易受到忽视，有些企业将培训课程结束当作整个培训活动的结束，有些企业认为效果评估只是发放一些调查表格对培训效果进行意见征询，其实培训效果评估作为培训活动的一个环节，对于整个培训体系有着重要的意义。

（1）对培训效果做出全面的整体评估，为企业开展培训活动提供了依据。培训效果评估是一种多维度的评估，包括对培训本身的（培训内容、培训方式、培训讲师）、对参训学员的（对培训知识的掌握程度、对实际工作的帮助）、对工作绩效的（培训对工作绩效提高的贡献），甚至对整个企业的（给企业带来的经济收益）评估。既然将培训当作一种投资，而不是一个纯成本投入，就应该对培训的成本收益进行分析，计算投资回报。

（2）培训效果评估为下一轮培训做好准备，使企业的培训活动形成循环。通过培训效果评估可以找出培训存在的不足，归纳出经验与教训，以便改进，同时也可以发现新的培训需要，所以又是下一轮培训的重要依据，使企业培训活动不断改进与提高。

### （二）培训的具体内容

近年来，一些心理学研究、咨询与培训的专业机构与专业人员注意将心理学学科理论知识与企业实际情况及需求相结合，陆续开发出新的培训课程。这里对目前我国市场上比较常见的、企业心理培训中经常涉及的一些主要命题和内容作一简要介绍。同时，我们相信，随着企业对于员工心理问题重视程度的加强，企业心理培训的深度和广度也将不断延伸。

（1）职业心理健康培训。

受全球化趋势、信息技术的快速革新、全球经济发展速度放缓、市场竞争加剧等因素的影响，员工面临更多的心理困扰，心理问题日益凸显，成为影响企业工作绩效的重要因素。职业心理健康成为 21 世纪管理领域的新课题。职业心理健康培训的对象包括企业中的各级管理者及所有员工，其内容主要是传授讲解心理健康的基本常识，帮助员工建立科学的心理健康概念，培养健康、良好的自我形象，形成健康的思维与行为方式，预防并科学处理职业倦怠与心理枯竭现象。

（2）压力管理培训。

压力会对社会、企业及个人产生不同的影响。压力对整个社会造成的危害正在逐年上升，源于压力的各种疾病治疗、提前退休以及事故、伤残、抚恤等公共服务费用的支出远高于过去。另外，员工与管理者的压力问题每年都使企业承受巨大的经济损失。同时，一旦人体处于长期的压力之下，就会产生诸多的生理或心理疾病以及各种行为问题。通过压力管理课程，员工将学习辨识压力的征兆与症状，识别不同的压力源，分析影响压力的因素，掌握压力的应对与干预策略，计划和制定有效的自我压力管理方案，学会有效的放松方法，建立健康的生活方式。

（3）工作与生活协调培训。

都市工作的紧张、生活节奏的加快，都使现代人的生活越加失衡。加班、将工作带回家中都成为了常事；节假日、休息时间被工作无休止地侵占掉；没有时间与家人共处，家庭气氛冷淡；整天埋头工作导致了关节炎、肠胃疾病的出现。而通过工作与生活协调的培训课程，将促进员工了解人生的意义，认清影响工作与生活平衡的因素，明晰自己的事业与生活目标，准确把握工作与生活的关系，合理协调工作与家庭生活。

（4）积极情绪培训。

情绪是心理活动的重要组成部分，渗透于人的一切活动中。人的每一活动都是在某种特定的情绪背景下进行的，并受其影响和调节。常言道："笑一笑，十年少；愁一愁，白了头。"这形象地说明了情绪与心理健康的关系。如何改变工作中消极的情绪，学会认识并控制自我情绪状态，掌握情绪表达的技巧与方法，学会轻松快乐地生活与工作，这是积极情绪培训要达到的目标。

（5）子女教育培训。

现代社会对于人才提出了更高更全面的要求。同时对于父母也提出了更高的要求。子女教育培训是对家长的培训与再教育，主要内容包括分析现代社会对人才的需要以及现代家庭的特点，澄清在家庭教育中常见的一些认识偏差以及行动误区，解决对各种教育问题的困惑和疑问，引导父母树立现代教育观，以科学健康的方式教育孩子做人成才。

（6）交互作用分析培训。

沟通有助于协作，有助于提高团队和组织竞争力，如存在沟通障碍，企业的生产效率、生产品质都会出现问题。交互作用分析（Transactional Analysis，TA）由美国心理学家埃里克·柏恩（Eric Berne）及其同事于20世纪50年代创立，其方法早已在西方企业中被广泛用于解决企业中的沟通问题。这一培训课程的目标在于帮助员工了解和掌握人格的自我心理诊断，增强自我觉察与改善自我、突破自我限制的能力，辨识沟通误区，促进良好的人际关系。

（7）人际关系能力培训。

即通过培训提高人际合作交往能力。任何人都不可能生活在真空中，员工的工作绩效往往依赖于同事之间的通力合作，这就需要员工学会理解，学会人际的沟通，减少彼此间的冲突。

（8）态度培训。

员工工作态度对员工的士气及组织的绩效影响很大，通过培训，建立起组织与员工之间的相互信任，培养员工对组织的忠诚，培养员工应具备的意识和态度。员工通过态度培训可以知道组织希望他们以什么样的态度工作，这既是一种指导，也是一种约束。

（9）新员工入职心理培训。

又称岗前培训、职前培训、职前教育、进厂教育、定向培训、适应培训等，是一个组织通过培训使新员工轻松愉快地进入并适应新的工作岗位，从而逐渐将其从局外人转变成为组织人的过程。

（10）时间管理培训。

此类课程传授的不仅是工作时间的管理方法，而且还包括生活时间的管理方法。由于时间管理是提高工作效率的关键，因此不论是公司还是个人都很欢迎此类培训。

（11）团队精神培训。

受西方现代企业文化的影响，越来越多的中国企业意识到，员工整体协作对企业的发展将起重要作用。因此，团队合作逐渐成为企业文化的重要组成部分，市场对这方面专业培训的需求越来越高。

（12）团队建设与 MBTI（职业性格测试）。

MBTI 是目前世界上最流行且行之有效的团队建设工具，它利于增进学员的自我意识和团队合作精神。参与培训的团队成员可以了解本人和团队成员的人格特点，学会以新的视角看待沟通，减少团队冲突，提高团队效率。

（13）建立企业的 EAP。

如前文所述，解决员工职业心理健康问题的最好方案是设立企业的员工帮助项目。本培训主要针对企业中的员工关系专员、工会主席、人力资源总监或经理等，内容包括：常见的职业心理健康问题、职业心理健康对员工和组织绩效的影响模型、职业心理健康的三级预防模式、EAP 的定义及基本内容、企业中 EAP 的运作模式、如何选择 EAP 的外部服务商、企业如何设立自己的 EAP、评估 EAP 效果的方法等。

（14）咨询式的管理者。

面对日益激烈的竞争环境以及快速更新的科学技术，今天的管理者应转换为咨询或辅导式的管理者，应该更多地通过指导、咨询、个别关注、支持、鼓励等方式给员工更多的机会使其增长知识、经验、技能，让他们感到团队的力量，不断提高团队的效能。这一专题的适用对象是中高层管理者，通过本培训，学员将了解和掌握"以人为本"的咨询观点以及与职场相适应的基本咨询议题与咨询技巧。

## 三、培训的有效方法

要使培训达到理想的效果，必须根据不同组织的特点和不同员工、不同主题选择适当的培训方法。培训方法可谓多种多样，下面介绍一些常见的培训方法及其优缺点和适应范围。

### （一）影响培训方法选择的因素

#### 1. 培训内容

"方法为内容服务"是选择培训方法的基本原则之一。在讲授知识性课程的时候，就不宜选择角色扮演的培训方法，而宜选择课堂讲授式，因为知识性课程涵盖的内容较多，且理论性较强，课堂讲授式更能够体现其逻辑相关性，使受众更易理解那些概念性内容和专业术语。在讲授技能性课程的时候则完全相反，选择角色扮演的培训方法就比选择课堂讲授式更加合适。因为技能性培训的目的是要求受训者掌握实际操作能力，如语言表达技能，受训者通过角色扮演使本来不会做的事经过模仿、训练，最后达到应用自如并能够创造性地发挥的目的。若仅仅通过课堂讲授而不参与具体操作，就会出现虽然知道怎样做但不一定能够做的现象，培训也就没有达到目的。如果是讲授态度转化课程，则宜采用活动游戏式的培训方法。因为通过共同参与的活动游戏，受训者能在轻松快乐的气氛中得到启发，通过培训师的引导，能很快转化为受训者的自主行动。倘若采取课堂讲授式，则易使受众感觉是在空谈大道理。

#### 2. 培训对象

在实际培训工作中，培训工作者面对的培训对象往往差别很大，有新员工、老员工之分，有基层员工与高层管理者之分，可能还会有公司的客户。每种培训对象具有不同的特点，如果采用同样的培训方法来培训不同的对象，其效果一定不理想。"因材施教"是确定培训方法时必须把握的重要原则。

### （二）培训方法的种类

企业心理培训常用的方法有讲授法、研讨法、角色扮演法、案例分析法、游戏法等。任何一种培训方法都不可能绝对完美，应根据具体情况特别是培训内容的特点来选取合适的方法。为了提高培训质量，往往不是单一地只使用某一种，而是将各种方法穿插配合运用。

## 1. 课堂讲授法

课堂讲授法是一种传统的教育培训方法，也是培训中应用最普遍的一种方法。在企业培训中，经常开设的专题讲座就是采用讲授法，它是指培训讲师通过语言表达（包括口头语言和态势语言）系统地向受训者讲解某些概念、知识、方法及原理，期望受训者能受到感染，能够记住其中的特定知识和重要观念的一种方法。

课堂讲授法要获得成功，首先要求讲授内容要有科学性，这是保证讲授质量的首要条件；讲授要有系统性，条理清晰、重点突出；讲授时语言要清晰，生动准确，必要时可运用板书；培训师与受训者要相互配合，这是取得良好的讲授效果的重要保证。

课堂讲授法的优点有以下几点：成本最低、最节省时间；对培训设施环境的要求比较宽松，教室、餐厅或会场均可用作培训场地；有利于系统地讲解和接受知识；易于掌握和控制培训的时间进度；有利于更深入地理解难度大的内容；可同时对许多人进行教育培训。另外，它可以作为其他培训方法的辅助手段，如在行为模拟与技术培训中，讲师可以在培训前向受训者传递有关培训目的、概念模型或关键行为的信息。

课堂讲授法的不足在于以下几点：内容具有强制性，不易引起受训者的注意；讲师面对所有受训者，无法顾及到个体差异；受训者不能主动参与，相互之间不能讨论，只能做被动、有限的思考与吸收，不利于促进理解，学过的知识不易被巩固；信息的沟通与效果受讲师水平影响较大。有的讲师课程内容的逻辑性较强，主题突出，语言生动流畅，善于启发和带动，受训者的参与度较高，整体培训的效果就比较好。而有些讲师把握得不够好，单向灌输，类似记流水账一般絮絮叨叨，则不免会引起受训者的厌烦。

另外，在讲授过程中运用电视机、录像机、幻灯机、投影仪、收录机、电影放映机等视听教学设备，激发受训者多种感官（视觉、听觉、嗅觉、味觉、触觉）去体会，做到看、听、想、问相结合，生动形象且给人以新鲜感，比较容易引起受训人员的关注和兴趣，加深对所学内容的印象，有效提高讲授培训的效果。（注意，一次培训中只采用一两种设备即可，以免令人眼花缭乱、目不暇接）

近些年来，随着各处名家讲坛的举办，我们发现大家对于名家讲坛有着更高的接纳程度和更大的兴趣，虽然有时所谓的名家并不一定是这个领域的权威，知识也不一定是最渊博的，但是名气和威望往往会吸引来更多的听众，而且他们往往会有特殊的授课魅力使得大家更愿意接受他们的培训，所以在运用课程讲授法时，适当地举办名家讲坛也是一种必要的方式。

## 2. 研讨法

研讨法是在培训者指导下，通过培训师与受训者之间或受训者之间的讨论解决疑难问题的培训方法和形式。它非常注重受训者独立钻研的能力，提倡受训者提问、探讨和争辩。

参加讨论的人数不宜超过 30 人，否则容易失控。研讨法的具体实施又可以采取不同形式，比如可以是某人先发表演讲，然后其余人就其演讲所涉及的主题进行讨论；可以是某几个人进行讨论，其他人只作为听众；可以在某几个人讨论的基础上，让听众自由参与、进行讨论；可以将全部受训者分为若干小组就某一问题进行讨论；也可以将受训人员分为意见对立的两组，进行辩论，一般要求对立的两组人数相等，发表意见时间相同。这种方法通过辩论的方式，让双方保持对立的意见，可让研习人员在针锋相对的辩论中练习自己的洞察力、分析力和说服能力。

研讨法的参与性较强，受训人员能够主动提出问题，表达个人的感受，有助于激发学习兴趣；鼓励受训人员积极思考，有利于开发和提高洞察力、分析力和说服能力；受训者在讨论中取长补短、互相学习，有利于知识和经验的交流，有利于帮助受训者加深对问题的全面认识和理解，增加其学识，促进其人格的成熟。在讨论中，不同观点互相争鸣碰撞，倾听别人的意见，吸取其他意见的合理因素，有助于受训者学习尊重别人，学习正确地领会他人对自己行为的反应，也有助于受训者客观地评价自己，及时发现自己的缺点和优点。

但研讨法比较难于组织和控制，研讨是否成功，在很大程度上依赖于之前的计划和准备工作做得如何，包括确定研讨目标、明确受训者人数、选择适当的场所以及培训者对即将研讨的内容的研究等等。同时对主持人的要求也较高，主持人必须具备娴熟地引导听众、启发听众思考、激励他们积极参与的技巧，善于控制时间进度、善于调节和处理讨论中可能出现的矛盾冲突、善于在适当的时机进行画龙点睛式的、既突出重点又简明扼要的总结归纳。研讨主题的挑选有一定难度，可谓众口难调。如果主题多而分散，或者讨论的题目没有什么价值，这样的研讨质量是不会高的。一般来说，主题应把握以下原则：

（1）主题应有代表性，应是受训者普遍关注和感兴趣的重要问题；

（2）主题应有启发性，应能启发受训者思考和研究，而不是现成已为大多数人所认可的结论；

（3）主题难度适中，能够适合大多数受训者的水平。

除了讨论主题选择的好坏将直接影响培训的效果之外，受训人员自身的水平也会影响培训的效果。特别是与课堂讲授相比，采用研讨法不利于受训人员系统地掌握知识和提高技能。

### 3. 角色扮演法

角色本指戏剧舞台上演员所扮演的剧中人物。1935 年，美国社会学家米德（Georgeh Mead）最先将角色一词引入社会学领域，后来逐渐发展形成角色理论。角色理论认为：社会中的人是他所扮演的各种角色的总和，一个人就是通过扮演各种角色来了解社会上各种行为习惯和行为规范的。角色扮演一般包括角色认知与角色实践两方面，角色认知是扮演者对角色规范和角色要求的认识和理解，角色实践则是在一定情景下扮演者进行角色扮演的实际过程或活动。一个人的角色扮演可能与社会对其扮演角色的要求存在一些偏差（社会学上称之为"角色差距"），他可以通过自我评价或他人评价来认识到这种差距，并通过角色学习或角色调适来消除这种差距，从而达到完整的社会化。

简言之，角色扮演就是"好似在演出"，所以也称为心理剧。在培训教学上的角色扮演中，给一组人提出一个情景，要求一些成员担任各种角色并出场演出，其余的人在下面观看。表演结束后举行情况汇报，扮演者、观察者和讲师共同对整个过程进行讨论。角色扮演给受训者提供了在一个逼真而没有实际风险的环境中去体验、练习各种技能的机会，并能够得到及时的反馈，从而促进受训者提高面对现实和解决实际问题的能力。

由于角色扮演法使受训者成为人们注意的中心，并且要受训者面对着他们的同伴表演，因此重要的是受训者要直率地、没有焦虑地进行扮演。不应该要求那些焦虑不安的受训者参加角色扮演，他们的不安会传染给其他人，从而破坏整个效果。

角色扮演的物质环境应该是大家熟悉的、轻松自在的和与外界隔绝的。灵活安排座位的方式较为理想，因为这样便于把房间用于各种各样角色扮演的情景，也可以设置成半圆形的观众座位。

培训讲师在开始规划一次角色扮演时，应该明确其目的。包括要向受训者传授哪些人际关系的新技能或产生哪些态度上的影响，受训者应该怎样、在什么样的现实生活环境中适用这些技能等，要保障扮演中的每一事项均能代表培训计划中所导向的行为。讲师还要为角色扮演准备材料，包括用于解释角色、背景和扮演者的态度说明书（或指导语）以及一些简单的道具。要限定并宣布时间，使活动紧凑地进行，以免造成秩序涣散。也可以要求受训者做些准备。如果他们因从来没有做过角色扮演而显得不安时，应有一个让他们逐渐熟悉、习惯的过程。

在角色扮演期间，讲师应记录下扮演者的行为。也可在表演中插话，但插话的目的应是使扮演者保持角色的状态，不要跑题，或者向扮演者或观众说明某一论点。

事后汇报总结（或称"演出后的讨论"）是角色扮演中十分重要的方面，只有这样才能对各种态度和行为加以考察和澄清。汇报总结应由卸去角色的扮演者开始，讲师可以允许他首先对表演本身发表感想，帮助他表达自己的感情，并把他的体验与这堂课的目标联系起来，接着再要求观众们表明他们的感觉和观察意见。

讲师应总结这次角色扮演中的关键事件、问题和解决问题的方法。扮演者的行为可以表扬，也可以批评。若有必要，讲师可要求同一角色的同一受训者、不同角色的同一受训者或同一角色的不同受训者来重复这场演出。

角色扮演法有助于训练基本技能，提高人的观察能力和解决问题的能力，特别是可以训练态度仪容和言谈举止。其缺点是比较流于表面化，角色与现实生活往往存在距离，其角色扮演的设计与实施对于培训讲师来讲是较大的难题。

4. 案例分析法

案例分析法是围绕一定的培训目的，把实际工作中的真情实景加以典型化处理，编写成供学习者思考和决断的案例，用一定的视听媒介，如文字，录音、录像等描述出来，通过独立研究和相互讨论的方式，来提高学习者分析问题和解决问题能力的一种方法。

案例分析法的优点在于提供了一个系统的思考模式，在案例学习过程中，学习者可得到一些相关的知识和原则，形成一些科学健康的思想观念，得到经验和锻炼机会，养成积极参与和向他人学习的习惯，从而有利于今后对实际问题的解决。

案例分析法的有效性基于两个要素：一是受训者愿意而且能够分析案例，并能坚持自己的立场；二是好案例的开发和编写。好的案例应当具有典型性，能贯彻培训目标，结构合理、语言流畅，具有相对独立和完整的情节，且没有确凿答案，能够引起争议。

因此，培训讲师事先对案例的准备要非常充分，经过对受训群体情况的深入了解，确定培训目标，针对目标收集具有客观性与实用性的资料加以选用，根据预定的主题编写案例或选用现成的案例，并可请熟悉案例或经验丰富的同仁对案例加以评估，看哪里存在不足，以日臻完善。

案例培训法的主体是受训者，培训讲师只是个导演。故在正式培训中，要想方设法调动受训者的积极性。可以先给受训人员充足的时间去研读案例，引导他们产生身临其境的感觉，提高他们案例分析的参与热情，使他们自己如同当事人一样去思考和解决问题。

在对案例分析讨论的过程中，培训者要注意控制好进程与气氛，有的学员发言过于繁琐、海阔天空、离题万里，此时，培训者要做适当提示。有时，辩论非常激烈，气氛较为紧张，培训者要做适当穿插和总结，以缓和气氛。而对学生没有顾及到的方面，也要做适当提示，以使分析更为深入。

相对于一般员工而言，案例分析法更适用于中层以上管理人员，目的是训练他们具有良好的沟通、应变与决策能力，帮助他们提高处理应急事件的能力。

5. 游戏法

游戏法是指由两个或更多的参与者在遵守一定规则的前提下，相互竞争并达到预期目标的方法。因其参与性强、生动活泼、培训气氛好，近些年被广泛应用于员工的压力管理、团队合作、创新精神、人际沟通、开发潜能等方面的课程中。

实施和应用游戏法，首先要制定明确的游戏规则。如果没有限制，游戏会变为一场闹剧。在有章可循的前提下，游戏及培训才能顺利进行。并且受训者都在一定的环境和人际关系中担任不同的角色，在培训游戏中明确自己能做什么，不能做什么，领略到许多新鲜的知识，从不同的角度来审视自己和他人，有助于开阔其视野，激发其对人性、人生的深层思考。其次，游戏需要有结果。尽管结果不是最终目的，但是通过游戏结果可使学员对培训内容及游戏本身产生更加深刻的认识和理解。最后，游戏提倡竞争。游戏中常常引入小组或个人对抗，分出胜负，既是为了促进参与度，活跃气氛，同时也是为了鼓励胜者，激励败者。

游戏法具有以下优势：由于趣味性较强，往往能够吸引学员积极参与；游戏生动活泼、寓教于乐，受训者可在感受游戏乐趣的同时得到启发；培训内容与游戏活动相联系，易给学员留下深刻印象。很多游戏都采用团队方式，有利于增强成员之间的凝聚力，培养和提升团队的合作精神。

但游戏法的缺点也十分明显，主要有：游戏占用时间比较多，在喧闹嬉笑中，容易冲淡培训主题；游戏可能将现实过分简单化，这会影响受训者对现实的理解，会使人降低责任心；因为游戏毕竟不同于现实，受训者在游戏中的决策可能会过于随便。受训者还可能只是享受游戏的乐趣，而不去思考轻松游戏背后蕴含着的深刻含义。游戏也存在后勤保障方面的问题，个别游戏材料很昂贵。

## 四、培训师的基本修养

培训师是指在培训过程中具体承担培训任务，向受训者传授知识与技能的人。所谓"经师易遇，人师难求"，培训师在培训中处于关键地位，培训效果的好坏在很大程度上取决于培训师，培训师的素质高低、意愿能力及培训内容与方法的选择都关系到培训效果的好坏与质量高低。优秀的、有能力的培训师，能够协助受训者获得所需的知识，掌握必备的技能，培养良好的工作能力和工作态度。

由于对这一新兴职业了解不深，说到培训师，有些人的第一反应："不就是讲课的教师吗？"其实，做培训师和做学校教师有很大不同。一个人可以是一个非常优秀的教师，但不一定做得了培训师；反过来，一个非常成功的培训师，却不一定上得了学校讲台。两者的根本区别，就在于教师必须全面系统地掌握本专业及相关专业的理论，甚至在本学科领域有自己一定的理论建树，具备深厚的学术功底，并能将这些理论准确地传递给学生，还要指导学生的理论研究。而培训师则必须对企业有相当了解，一般说培训师应该从事过相关的实践工作，具备培训领域的丰富实践经验。另外一点就是培训师必须要有很高的培训技巧和语言（包括体态语言）感染力，善于营造培训现场气氛，而这一点，往往是学校教师们难以企及的。

培训师是一个对个人综合素养和资历都要求极高的职业，在培训工作中，培训师具有多重身份：

（1）讲师（传授知识）。

（2）激励者（激发他人热情）。

（3）参谋者（提供方法和建议）。

（4）辅助者（协助解决疑难）。

（5）调停者（控制进程和局面）。

因此，不是每个人都能成为培训师。有效的、成功的培训师需要具备一些素质和特征。

简言之，培训师应具备三方面的基本素质：知识经验、能力技巧、人格态度。

## （一）知识经验

知识要广博，根基要扎实，这是培训师的必备要件。要不断积累工作经验、提高工作能力，使培训讲授更贴近实务，这样学员会对你心悦诚服。

具体来讲，培训师必须要掌握两方面的基础知识，一是与培训课程相关的知识。作为 EAP 的培训师，需要具备心理学、人力资源或管理学学科坚实的理论基础，学历应当至少是相应专业大学本科以上，因为这决定了培训师自身的知识功底。只有掌握有关培训内容的前沿理论并且对专业不断进行深入的研究，培训师在培训中才能做到旁征博引、深入浅出、机智应变。

培训师需要专业化。现在有些培训师对外宣称自己能讲几十门课程，然而人的精力、时间都是有限的，涉及那么多领域，很难保证讲好。况且每门课程的内容都要随着形势发展不断更新。一人能讲很多课程，导致的结果就是组合性课程多，研究性课程少。

与此相反，一个自身就缺乏理论修养，也没有锻炼出相应实战技能的人，站在培训讲台前，就只能卖弄自己的嘴皮，甚至还像有些所谓的培训师所做的那样，在课堂上只会前窜后跳、左奔右突，完全不能提供出一系列既有思想深度又有实用价值的培训内容来。这样的培训师，无异于叫卖狗皮膏药的江湖术士。

也不排除这样的情形，那就是有些培训师可能有一定的理论修养基础，但是对技巧的重视程度远胜于内容，甚至把培训演变为一种纯粹的"作秀"，表演成分太重，培训形式大大重于内容，经常是以花里胡哨的，甚至是声嘶力竭的形式掩盖其内容的空虚，使得受训者虽然在过程中感觉热热闹闹，但在培训后头脑中却一片空白。

另外，如果培训师对主讲的课程有丰富的工作背景，特别是著名大公司的任职资历，再加上深厚的理论功底，则无异于锦上添花。有人将目前的企业培训师分为两大类：一类是学院派，一类是实战派。学院派培训师长期供职于各类大学、研究院所，他们受过良好的专业知识教育，其中很多人有或长或短的海外求学经历，他们的理论功底深厚，对西方发达国家的一套理念和模式在课堂上可以信手拈来。但他们大多没有企业实战经验，不熟悉中国企业的特点，所讲内容很时尚动听但不具备操作性，不能解决复杂的实际问题。实战派虽然缺乏理论的深入剖析和系统推导能力，但由于积累了丰富的实战经验，思路开阔，实务指导性强，可以帮助受训者解决某些问题，令受训者感到可敬可亲，有时也颇受好评和欢迎。

培训师必须掌握的第二方面的基础知识是与培训工作有关的知识，比如企业培训的基本概念、培训工作的内容、流程等。胸有成竹，才能在实际的培训过程中发挥自如。

很多 EAP 的培训师同时也是心理咨询顾问或职业生涯顾问，因为培训者如果不掌握受训者心理，如果培训对学员的职业生涯无所裨益，就不能引发受训者的情感共鸣，更谈不上重塑其心智模式。

企业心理培训的对象不是在校的中小学生或大学生，培训师面对的是一群富有经验、思维独立的职场优秀人士，因此他还必须了解和掌握成人学员的心态特点，熟悉成人教育规律，按照成人学习的特性有效地组织受训者进行主动学习。成人学员的心态特点有以下几方面。

（1）成人关注更多的是实用知识，较少在意系统的理论。培训师应只呈现有意义且实用的信息给学员。引用生动的例子，并且设法把知识直接应用在学员的实际情况中。

（2）成人学员头脑里已充满很多信息。培训师要条理分明地组织资料、呈现新观念，以方便学员吸收信息。同时尽量让观念简单明了，把信息分成简短的部分，说明重点，以简单扼要的方式呈现新信息，以抓住学员的注意力。

（3）成人学员的好奇心不是自然而然产生的。培训师应设法将各种意想不到的故事引入课程，用幽默感激起学员的兴趣、活跃气氛，然后，运用鼓励学员参与讨论、分组活动以及提出刺激他们思考的问题等方式，继续抓住他们的注意力，激发学习动机。

（4）成人学员已具备相当的知识和经验。培训师要千方百计地将培训内容与学员的经验积累联系起来，以最大限度地激活学员的学习兴趣。绝对不可以脱离学员的工作需要，空对空地讲述哪怕是最流行的理论，所有培训师必须彻底告别"满堂灌"的培训方式。

（5）成人学员需要获得解决问题的技能。培训师要虚心向学员学习，因为许多学员比培训师还要"聪明"，还要见多识广。同时培训师还要善于把学员调动起来，启发他们的思考，让他们主动参与学习或改变学习过程，与培训师共同充实培训内容。这样做，可以大大增加学员在学习中的成就感，促使他们找出更科学可行的解决方法，使他们变得更加自主自信。

### （二）能力技巧

培训师需要掌握一定的授课技巧，教学设计要新颖，能够熟练使用现代化教学设备，善于有效运用身体语言去加强授课的效果等等，这些技巧作为培训师的看家本领，可以通过培训师接受培训获得，也可以通过在实践中不断累积经验获得。另外，思维能力、分析能力、表达能力等也是必不可少的。研究和经验表明，有七种个人素质是有效的、成功的培训师的特征。

（1）自我察觉的能力。

与其他任何从事帮助他人的工作一样，要成为一个成功的培训师，很明显需要有一定程度的自我察觉的能力。培训师须清楚自己的优势及局限，须对自己内心的体验及其冲突、矛盾有充分而深刻的了解。如此方能避免这些体验带来负面的影响。优秀的咨询师是既真诚又充满自信的人。培训师的自我感知能力越强，越真诚又充满自信，就越具感染力，越能够敏锐反应、自由发挥与有效发展。

（2）激励他人的能力。

用有效的态度和悦人心意的手法去激励别人，对培训师来讲是十分重要的。培训师的信念能使被培训者发展自己的潜能，成功的培训师能激发培训者内在的动力。

（3）沟通的能力。

培训的成功在很大程度上取决于企业培训师和培训者之间的关系。培训师看起来应当是可接近的、友好的、值得信任的。培训师应该拥有良好的人际交往和沟通的技能，愿意进行坦诚的交流，能够对他人的担忧表示出敏感和耐心，表现出对他的世界观、价值观的赞同和理解。培训师要能够聆听，提出能激发热情的问题，经常做出清晰的、直接的反馈。

（4）变通的能力。

培训中经常会发生一些突发的情况。比如培训日程的变化，培训过程中有人不停地小声讲话或者大声喧哗，或者有人当众提出与培训者不同的意见等等，都需要培训师及时进行适当的处理。

（5）前瞻的能力。

培训意味着行动。自我剖析、洞察力和自我意识总是在行动中发生。比如，如何达到某个目标或改变某种行为？被培训者会如何对待新观点？培训师不能只是停滞在培训开始时的状态，陷入对情感、目标的关注或对失败的害怕中。如果被培训者最初是不成功的，好的培训师能够让他们在保持活力的同时去寻找导致他们受阻和无效率的原因。培训师相信人们有足够的智慧、创造力和动力发展以取得成功，但是他们需要帮助来达到目的。

（6）诊断问题并找出解决方法的能力。

培训师应该收集被培训者的有关资料，以便了解他们的特定需求。虽然评估和会谈的技巧可以通过学习获得，但一个成功的培训师会拥有一些特定的素质，这些素质使他们能够更有创造性地利用这些信息，诊断被培训者的问题所在，或提出令人振奋的解决办法。这些素质包括：真正了解所询问的问题；意识到什么是"错误"以及应该做什么；将理论运用于实际环境的能力；创造性——能提供新的观点和新的视角；独特的和新颖的解决问题的能力。

（7）从事商务的能力。

培训师不仅出售无形产品，同时还在推销自己。在一个竞争不断加剧的市场环境中，人们选择培训师的时候，不仅考虑培训师能否清楚地阐明他们自己的培训项目的必要性及特殊的益处，还要考虑他们所能提供的服务的质量。为了成功地推销自己并在商业上取得成功，培训师要具有以下的特质：事业心和对成功的强烈渴望，对自身和所提供产品的强烈自信，具有成为自我开始者的能力——使事情发生的能力，对于培训的"富有感染力"的热情，面对拒绝时的韧性和决断力，承担新的风险和挑战及进入未知领域的意愿，经常挑战自我并激励他人开发更新、更成功的销售战略的创新精神，对赢得新的业务的竞争性的渴望。作为从事人力资源开发的培训师，尤其是在"以人为本"的今天，应当具有上述素质。为了提高在这一业务领域内成功的可能性，未来的培训师应该分析自身的这些素质，找出自己的优势和劣势。

## （三）人格态度

要播撒阳光到别人心里，首先自己心里要有阳光。EAP 培训师的职责不仅仅是传授知识，还应启发培训对象思考，开发培训对象的热情和潜力，如果他本人没有高尚的情操、博大的胸怀，如果他没有自信乐观、积极向上的人生态度和严谨负责、团结协作的职业精神，就很难做好这份工作，也很难对他的培训对象产生积极的影响。

做一个优秀的培训师，首先要热爱培训事业。俗话说："干一行，爱一行。"一个职业人专业与否，首先取决于他的态度，其次才是他的专业技能。而且在很多时候，前者的重要性要远大于后者。做一个培训师就要热爱培训事业，因为这直接影响着自身的生存与发展。相对于企业的其他职位，如总经理、总监、经理等，培训师几乎是无职无权的，而且不容易直接见到工作业绩，待遇也不会太高，有些培训师甚至在企业里不太受重视。所以，如果不热爱这个职业，没有那种帮助别人的热情，是很难成为一个称职的培训师的。

现在市场上有很多讲师型的培训师，他们有五花八门的课，看起来是个大师级的人物，什么课都能讲。从管理、销售直至人力资源应有尽有。就像一个开餐厅的，除了所谓的招牌菜，还有一系列的中、西餐。其实，全才型的讲师也有，但非常罕见，很多名师徒有虚名。如今，企业负责人或是一些学员，他们的眼睛也开始变得雪亮起来。他们会看中一些只讲某个领域的培训师。比如这个培训师只讲压力管理方面的培训课，不讲授其他领域的课。因为"术业有专攻"，个人的时间和精力有限，不可能"十八般武艺样样皆通"，只有专注于某个领域，踏踏实实，才能磨炼出真功夫。

还有些培训师同时兼职于多家机构，被很多公司邀请去搞培训，如此一来，就和"走穴"一样，很难做好事先的准备工作，培训过程也是敷衍了事，心里只记着赶往下一个公司去培训。如此种种不端正的工作态度直接影响了培训的效果以及整个培训业的形象。

如前所述，在培训过程中，最有效的资源是培训师自身。培训师对自己的看法和感受，会自然流露与反映到培训过程中。培训师虽然在演讲台上侃侃而谈、指点人生，但其实也是普通人，和许多普通平凡的人一样，也会在日常工作与生活中面临压力与挑战。因此，培训师需要关爱自己，有效维护自己的身心健康。包括用正确的方式应对压力，善于进行时间管理，寻求社会支持，享受家庭和独处的时光以及充足的休息、规律和有营养的饮食、锻炼身体等，以避免工作热情与能力下降，身心疲惫、心力交瘁的职业枯竭问题。

培训师对于受训者应当是无条件的尊重和接纳。培训师须明确自己的角色不是救赎者而是促进者，要把受训者看成是有思想、成熟的成人，他们拥有重要的知识和经验，培训师要能够耐心倾听他们的观点，观察理解他们的学习愿望，要真正做到按需施教，使他们能自然地敞开心扉并投入到学习中，促进他们进一步发现与创造自身价值，唤起他们自身更强大的学习潜力和人格潜能。

培训师的成长是一个不断积累的过程，既包括专业知识的积累，也包括培训经验的积累。因为给人一瓢水，自己首先要有一桶水。在知识经济时代的今天，知识与经验都有了很强的时限性与局限性，必须不断地予以更新和补充。

如果培训师在培训过程中总想保留一些精彩的培训内容，那肯定不是一个好培训师，从某种意义上讲也可以说是对自己职业的"亵渎"。因为好的培训师是靠更新内容而不是保留内容来获得机会的。"培训一次、服务永远"应成为每个培训师终身的理念。

终身学习是知识经济时代的必然要求，作为从事知识传播与创新工作的培训师更是如此，要保证个人不时充电。不仅是向书本学习，更要向别人尤其是同行学习。保守、封闭、不能共享，必然会阻碍培训师的发展。

# 具体问题的解决：EAP 的咨询

通过大范围的宣传，能够在组织内部营造一种心理健康导向的工作氛围，并使管理者和员工在意识上发生某种转变。培训则进一步将这种意识上的转变深化到行为层面。但对于面临心理困扰的员工来说，真正能够起到帮助作用则是专业的心理咨询。因此，在 EAP 的实施过程中，心理咨询扮演着极为重要的角色。

事实上，并不是只有专业的咨询人员才需要掌握心理咨询的相关技巧。为了使 EAP 达到预期的效果，在项目实施过程中，很多环节都或多或少地需要 EAP 的相关工作人员掌握一定的咨询理论和技术。

## 一、心理咨询的定义及特征

在 EAP 中，心理咨询作为重要环节之一，其目的是，为组织中出现了个人心理问题并影响到工作表现的员工提供适时的帮助。通过 EAP 的咨询服务，咨询师将帮助那些由于个人困扰影响工作的个体，例如无法专心工作的员工、经常与他人出现冲突的员工、情绪沮丧的员工或是在工作中出现意外的员工，使他们获得自我解决问题的信心和能力，改善其工作和生活状态，从而获得个体的成长，并最终保证 EAP 项目的实施能够达到预定的效果，即提高组织的生产力，为其带来经济上的收益。

### （一）心理咨询的定义

心理咨询是一个涵盖范围非常广泛的概念，不同流派的学者对此存在着不同的观点。其中最具有影响力的是卡尔·罗杰斯（Carl Rogers）的观点，他认为，咨询是一个过程，其间咨询师与来访者的关系能给后者一种安全感，使其可以从容地面对自己，甚至可以正视自己过去否定的经验，然后把那些经验融合于已经转变了的自己。

而在罗杰斯之后，也出现了许多不同的观点，比如，英吉利殊认为，咨询是一种关系，在这种关系中，其中一个人努力去协助另一个人了解和解决个人的适应问题。而所谓的适应问题，包括了教育咨询、入学咨询和有关社会与个体关系等。

泰勒认为，咨询是一种过程，通过这个过程，咨询师可以协助当事人增强生活适应的能力，而且，咨询是发展性的，通过咨询人的潜质得以充分发展。

帕特森（Patterson）则将咨询看作一个助人的过程，在这个过程中，两人所要建立的某种关系不但是必需的条件，而且那关系是足够令人改变和成长的。同时，我们要知道咨询是为那些缺乏了良好的人际关系以致产生问题的人所进行的一种特别的治疗。

这些意见虽然存在着一定程度的差异，但也有不少相似和重叠的地方。例如，对于咨询的目的，大多数学者已经达成共识，即通过种种途径，帮助来访者对于自己及环境获得清楚的认识，以达到成长、改变与适应的目的。而这也正是 EAP 项目所期望达到的目标之一。除此之外，虽然各种观点的侧重点有所不同，但都不同程度地强调了咨询中的人际关系以及来访者的转变和成长过程。

首先，咨询体现着对来访者进行帮助的人际关系。这种关系不同于一般的人际关系，而是一种以帮助为目的的咨询关系。在这种特殊的关系中，咨询师以不评价的态度为来访者建立一个安全的情境，使来访者感觉不受威胁，在咨询中完全真实地表现自己，双方可以自由交换意见和感受。很多咨询师都认为，定义心理咨询，必须涉及与来访者的关系，通过这种关系，来访者增加了对自己的了解，澄清了某些观点，并在此基础上产生某种行为的改变。

另外，咨询还是一系列的过程。在这一过程中，咨询师运用相应的心理专业理论和技术，通过示范适当的方式，帮助来访者更好地理解自己，更有效地生活。从来访者的角度看，来访者在咨询过程中接受新的信息，学习新的行为，形成新的态度。通过咨询，来访者能够认清自己的问题所在，提高应对挫折和各种不幸事件的能力，能够面对和处理自己人生中的问题，达到成长的目的。

## （二）EAP 心理咨询的特点

EAP 的心理咨询不同于社会中专业咨询机构的心理咨询，不会为员工提供长期的治疗，如果在咨询过程中，咨询师发现员工有接受长期治疗的需要，EAP 会建议将员工转介到相关机构。事实上，大部分员工会要求 EAP 为他们提供帮助，解决在做出决定、缓解压力或生活计划上存在的问题。因此，EAP 咨询师通常会帮助员工审视自己的生活，找出存在的问题，协助员工设计一个解决问题的行动计划并付诸实践。也就是说，EAP 的咨询师希望能够在短时期内有效地帮助员工增加独立处理问题的能力。

EAP 咨询的对象包括员工及其直系亲属，同时，EAP 还会为组织管理人员提供培训，帮助他们有效地利用这一服务，使他们学会面对心理出现问题的员工，并将其推荐给咨询人员，这样，EAP 的功能才能得到充分的发挥。

## 二、建立积极的咨询关系

良好咨询关系的建立在咨询过程中起到了基础性的作用，为来访者创造了一种相互尊重、信任，能够自由开放地沟通和了解的气氛。而在 EAP 项目中，这种关系将不再局限于治疗者与来访者之间。由于咨询是在某一组织与 EAP 专业机构合作的情景下发生的，治疗师作为专业机构中的一员提供服务，所以，良好关系的建立将贯穿整个 EAP 项目的始终。

例如，在项目前期或后期对员工的访谈过程中，或者在培训过程中，常会有来访者临时提出问题，向现场的工作人员寻求帮助，此时就需要 EAP 工作人员与来访者建立初步的信任和接纳关系，尤其对于刚开始接触心理咨询的来访者，需要工作人员帮助其消除潜在的恐惧，创造安全开放的氛围。而对于那些由于工作中出现问题被推荐进行咨询的来访者，更需要在最初阶段就与相关工作人员建立起开放和信任的关系。因此，不只是专业的咨询人员，EAP 项目组中的相关人员也都需要对如何建立良好的咨询关系有一定程度的了解。

随着咨询过程的逐渐深入，来访者的责任应该随之增加，但在咨询开始时，大部分的责任是在咨询师身上的。咨询师在帮助来访者放松紧张情绪，营造安全氛围的过程中，可能会利用一些技术，建立关系的技术主要有以下几项。

### （一）真诚

杜亚士（Truax）和卡科贺夫（Carkhuff）对咨询关系作了大量的研究，他们发现，真诚是咨询关系建立的基础。真诚是指咨询师应坦诚面对来访者，开诚布公、直截了当地向来访者表达自己的想法，而不是让来访者去猜测谈话的真实含义。真诚的核心是表里如一，治疗师不必十全十美，只需要表现出真实的自己，为来访者树立一个榜样，促使他们不再去假装、掩饰、否认或隐藏他们的真实想法和感受。

真诚在咨询中能够产生信任感、安全感和更开放的交流。在咨询师的真诚面前，来访者可以袒露自己的软弱、失败或过错而无需顾忌。同时，真诚提供的榜样作用也能产生治疗效果。真诚的咨询关系能让来访者获得切实的感受和体验，并可能去模仿和内化，从而起到促进其改变的积极效果。

咨询师对真诚的传递首先需要的是自我表露。自我表露指咨询师自愿、适度地将自己的真实感受、经历、观念等拿来与来访者分享。这可以促进双方的人际互动，建立和维护良好的咨询关系，从而影响来访者和咨询进程。另外，言行协调技术的运用也有助于真诚的传递。这是指调动和运用非言语技术来传递真诚，并使言语传递与非言语传递相互配合、协调一致。真诚，更强调表里如一、心口一致。咨询师需要经常留意和控制自己的一举一动、一言一行，尤其是那些下意识的动作和习惯。

### （二）共情

共情（empathy），又称为"移情"、"同感"、"同理心"等。其含义是指设身处地地、像体验自己精神世界那样体验他人精神世界的态度和能力。也就是说，共情包括态度和能力两个方面，其核心是理解。

共情的态度，是指咨询师愿意站在对方的立场，深入对方的内心，从对方的角度去体察、感受和思考一切的一种心理倾向，达到近乎"感同身受"的境界。其关键是站在对方的立场上，去除咨询师本人的偏见和主观判断。这种共情是特殊的、个别的，而不是泛泛的、一般性的。对于前来寻求帮助的每一个特殊的个体，咨询师都能够随时保持敏感，变换自己的体验。

共情的能力，是指咨询师深入当事人的内心世界，把握其体验、经历、行为以及它们之间的关系，并运用有关技巧将自己准确的理解传递给对方。同感的能力包括两个方面，一是要确有所感，也就是能够准确地感受来访者的内心世界；二是要让对方明白，能够清楚地表达出对来访者内心体验的理解。

共情与单纯的理解不同，理解是个体根据自己的参照标准，对某个对象形成主观的认识，共情则不只有认识，更有对来访者感受和思想的体察和体会，用来访者的眼睛看他自己和周围的世界。这需要咨询师放下自己个人的参照标准，设身处地地从来访者的参照标准来看事物。

共情也不同于同情，同情是对对方的遭遇的怜悯和关切，只涉及物质上的帮助或感情上的抚慰。而共情，则涉及进入对方个人的精神领域，并无怜悯成分，而是去体察对方的心情。

### （三）接纳和尊重

接纳（acceptance），也称为积极关注或无条件关注。它是咨询师对来访者的一种态度，对这个人的整体性接纳。其出发点是，如果咨询师想帮助来访者，使之有所改变，就必须尊重他的潜能和价值，相信他是能够改变的，而且来访者现在自己已具有一些积极因素，否则，任何的帮助都只能是徒劳无功的。

接纳的技巧有六个字，即微笑、点头、专注。微笑代表亲睦，常常能解除人际关系中的焦灼状态，形成活泼生动的气氛，是增进感情的营养剂；点头，表示信任和鼓励，使对方感到亲切，并乐于表露自己的思想；专注，通常通过面部表情、身体姿势和动作及言语的反应来表达。

尊重（respect）通常有"赞同"、"敬仰"的意思，有较强的道德评判色彩。尊重的表达要点包括以下几个方面。

（1）对来访者保持非评价、非批判态度。你可以不赞成他的某些消极品质和行为，但那是对他的某些行为而发，而不是对他整个人的价值的否定。

（2）接受个别性。能够容许来访者按自己的方式去探索解决自己的困难，不强求别人按自己希望的样子去生活，不把自己的价值观、行为准则强加于人。

（3）平等，非权威主义。不能以支配的、权威主义的态度对待来访者。

（4）创造一种温暖的氛围。来访者都希望他的咨询员有经验、有能力，但同时又是让人感到温暖亲切的。温暖可以通过语调、表情、姿势、动作等非言语线索来表达。

## （四）建议与指导

建议，是咨询师提供一些参考信息，以协助来访者进行认识或做出决策。建议在有关升学、就业的心理咨询中用得非常广泛。

指导，是指咨询师直接告诉来访者去做某事、如何做，并鼓励他去做。指导是一种极具影响力的会谈技巧，在咨询的各个阶段都可以使用。

提供建议、指导时，应该注意以下几点：

（1）建议要明确、具体，便于来访者理解和执行，提出建议应以良好的咨询关系为基础。

（2）措辞应该委婉。生硬的措辞显得缺乏尊重，常会使人产生抵触心理。

（3）建议不宜过多。过多、过于主动地提出建议，即使是一片好心，也可能会使当事人产生反感，难以接受。

（4）建议不应强加给来访者。建议应从来访者的利益出发来考虑，并要尽可能地说明所提建议的依据，以便对方接受。如果对方一时难以接受，咨询师应仔细寻找原因，提出另外的建议，切不可一味坚持自己的意见。

（5）需要说明的是，有些理论学派和学者不赞成在咨询过程中为来访者提供建议和指导，而强调"非指导性原则"。但我们认为，在中国特定的社会文化条件下，起码对中小学生而言，咨询过程中的建议和指导是不可缺少的。

## （五）总结

总结是当会谈的一个自然段落完成，或一次会谈结束之前，把双方所谈的主要内容、咨询师自己的观点等做一个概括。

总结的作用在于，第一，给来访者一种进步感，使其感到在探索问题、情感表露及原因寻求方面正取得进展，使双方明确我们已经做了些什么；第二，让双方对前一阶段的会谈内容有一个重新审视的机会，看看是否有遗漏和理解不清的地方，同时强调已得到的认识，加深印象，来访者通过这次审视也许能更好地认识自己，或得以补充资料；第三，为下一步会谈的主题做好准备。

### （六）沉默的处理

沉默指的是会谈过程中来访者停顿数十秒或数分钟不讲话的情况。咨询师要善于分辨沉默的原因，从而采取针对性的解决办法。由来访者引起的沉默一般可分为三种情况。

(1) 领悟性沉默。这是来访者对刚才的谈话，刚刚产生的感受的一种内省反应。目光凝视空间某一点是领悟性沉默的典型反应。这时候咨询员最好也保持沉默，什么也不要说，也不要有引人注目的动作，以免分散对方的注意力。但要在等待中注视对方。这样做意味着咨询员了解对方内心正在进行的思考活动，以自己的非言语性行为为对方提供所需的时空，这将成为富有收获的时刻。咨询员的沉默，是一种鼓励，让其掌握继续思考或交流想法的主动权。

(2) 自发性沉默。自发性沉默往往来自不知下面该说什么好的时候。咨询的初始阶段往往会出现这种现象。这时的沉默，来访者的目光是游移不定的，也可能会以征询、疑问的目光看着咨询员。这时双方都会感到有说话的压力，沉默时间越长，压力越大，也越紧张。咨询员宜立即有所反应，可以这样发问："你可以告诉我现在正在想什么吗？""你还有什么要说的吗？"以填补空白。

(3) 冲突性沉默。由于内心冲突造成的沉默。可能是对将要说出的事感到难堪，难以出口；或不知自己的话该不该说，有无必要说，要不要表达不同的看法以反驳咨询员；用什么方式比较妥当等。冲突性沉默常伴随着较强的情绪体验、如羞耻、害怕、委屈、愤慨等。因此咨询员要注意和分辨来访者的情绪表现，针对不同的情况，给予鼓励，主动说明自己的看法。如果一时难以判断，就应以鼓励、抚慰、坦率为反应原则，以真诚的态度和来访者相处，向来访者表明不管是什么，也不管是否重要，咨询员都准备倾听，并且愿意正视和解决这个问题。

沉默不是空白。沉默可能是咨询过程中的一种危机，但也可能是一种契机。沉默传达了许多信息，它有时是激战前的寂静，黎明前的黑暗，有时则是问题的爆发或无声的交流。咨询员对此不必回避，而要正视和面对沉默，很好地利用沉默。

除此之外，对于保密的严格强调也是营造安全气氛的必要条件。作为咨询师必须具备的职业道德，这部分内容将在后面的章节中做具体阐述。

### （七）咨询场所的设计

前文中提到，良好咨询关系的建立在咨询过程中起到了基础性的作用，而如何安排咨询场所，将会在很大程度上影响到咨询关系的建立。人性化的咨询室会给来访者一种安全感，并为来访者带来平静舒畅的心情，可以使来访者思维集中，不易被外界干扰打断，并有利于潜意识的介入，发挥心理咨询的暗示作用。

通常，EAP 专业机构会专门设立咨询室，方便来访者随时进行面询。EAP 专门的咨询室在布置时要从地理位置、物件摆放等多个角度给以全面的考虑。

（1）一定要保证咨询室周围环境安静，远离闹市区、街道、集市等。

（2）咨询室门口要贴有《来访者注意事项》，告知来访者详细的保密承诺和咨询细则，方便来访者在第一时间了解。

（3）来访者的位置应避开门窗方向，避免直接与突然出现的来人照面。

（4）咨询室的空间不必太大，也避免放置太多物品分散来访者的注意力。

（5）采光、通风条件要好，给人以明朗、愉快的感觉。

（6）咨询室的灯光要柔和，一些暖色光线有助于营造出温暖、亲切的气氛，最好选择使用能够调节光线强度的灯具。

（7）周围环境中的颜色会影响人的行为和感受，通常布置心理咨询室时会选用一些比较柔和的颜色，比如黄色，会令人感觉柔和舒适，或者绿色，能让人感到平静松弛。适当的色彩处理也可以增加咨询室的自然开阔感，例如，咨询室顶棚的颜色浅些，墙面的漆色深些，而地面选材的颜色再深些，可以制造出明显的层次感。

（8）可以放置一些绿植，绿色植物可以带来生机勃勃的气息。也可以挂上一幅画，很多咨询师会选择将大海或日出的油画挂在咨询室的墙上，这会对来访者起到一定的暗示作用，使来访者产生一种积极平和的心情。

（9）咨询室的座椅应该柔软、舒适，来访者和咨询师的座椅之间要有一定角度，避免学生与咨询师直接正面相对，避免来访者产生冷漠、紧张等防御心理。

（10）咨询室内可以准备一些书籍，方便来访者在等待时阅读。茶几上需要准备一些纸巾，来访者在咨询过程中有可能出现一些情绪上的宣泄，如果咨询师能在其哭泣时及时递上纸巾，可以向来访者传递一种鼓励、安抚的态度。

（11）咨询室中尽量不要放置电话等通讯设备，避免来访者的思绪被突然的来电打断。有条件的情况下可以准备录像、录音设备，以在需要时征求来访者的同意后使用。

如果是进行现场咨询，则需要在组织内部相关协调人员的协助下，在办公区划分出一块独立区域，以方便咨询师在举办"心理咨询日"等活动时接待来访者。现场咨询室一样要满足上述要求，同时还要注意，咨询室的位置不要离管理者的办公室太过接近，也不要将其设在人员走动比较频繁的区域，如果可以，选择有后门的房间，以方便来访者在人多时从后门安静离开。

## 三、心理咨询的形式和种类

在 EAP 项目中，多种咨询形式的引入能够为客户提供更加全面和便捷的服务。

（一）心理咨询的形式

在一个完整的 EAP 项目中，心理咨询的形式主要包括面谈、电话咨询、网络咨询、现场咨询等方式。

### 1. 面谈

面谈通常是最为有效的咨询方式，由 EAP 机构安排咨询室，使咨询师能够与来访者进行面对面的交流。面谈的形式具有其他咨询形式所不可替代的优点，一方面，咨询师能够通过掌握来访者的眼神、动作等非言语信息，更加全面、准确地把握来访者内心世界的变化。另一方面，咨询师也能够通过眼神、动作等向来访者传达一种接纳和尊重的态度，有助于创立良好的咨询氛围，使来访者易于打消顾虑，畅所欲言。同时，咨询师也可以及时通过身体的接触给来访者以必要的抚慰，这是其他形式的咨询所不能做到的。

但是，场地的安排是面谈的最大局限，路途的遥远有可能在无形中为来访者的咨询设置了障碍。

### 2. 电话咨询

电话咨询具有便捷、快速的优点。在 EAP 项目的实施中，它是组织成员最常用的咨询形式，这与咨询行业在中国社会的发展现状是分不开的。由于人们对心理咨询并没有深入的了解，因此电话咨询这种安全而便捷的方式便更容易为人们所接受。一方面，人们并没有意识到面谈作为心理咨询的首选形式所具备的不可替代的优势，更倾向于选择使用不出家门就可以解决问题的电话咨询形式；另一方面，电话咨询相对来说更具备隐蔽性和保密性。双方不必见面会使来访者感觉更为安全，更容易暴露出真实的自我。

另外，由于电话咨询的便捷性，无论何时何地都可以进行，因此成为了危机干预的主要方式。24 小时咨询热线的开通保证了处于危机之中的个体能够随时向专业咨询人员寻求帮助。

由于无法进行言语以外的交流，一些在面谈中可以用动作来表达的接纳、共情或理解的态度，在电话咨询中则只能用言语来传达，因此，电话咨询对咨询师的言语表达能力提出了更高的要求。咨询师所要明确的是，电话咨询并不能达到治疗的目的，只能达到一时的预防和教育的效果，必要时需要推荐来访者接受面询。

### 3. 网络咨询

所谓网络咨询，是指以网络为媒介，运用各种心理学理论和方法，帮助来访者以恰当的方式解决其心理问题的过程。就目前而言，网络咨询的服务方式主要包括电子邮件（E-mail）、电子布告（BBS）、个人或团体网上即时文字交谈三种。

网络心理咨询的最大特点是它的保密性，来访者以虚拟身份登陆，不必透露姓名、性别等个人信息，从而不必担心社会评价，可以无所顾忌地展示真实的自己，也可以随时中断咨询关系。此外，书写本身就是一个整理思想、进行反思的过程，因此，通过书写沟通的方式也便于来访者和咨询师进行思考分析。

但另一方面，充分的隐蔽性也使来访者不用为自己的言语承担任何责任，也就很有可能出现某些故意编造虚假离奇经历以满足自己内心空虚的来访者。同时，网络咨询仅以文字作为媒介，咨询师无法获得包括表情、行为或语音等其他方面的信息，来访者和咨询师的文字表达能力便在很大程度上限制了咨询的进程与效果。

另外，在 EAP 项目方案中，应该保证咨询不会影响到员工的正常工作。因此，通常 EAP 不会使用即时通信软件进行咨询，这样也避免了员工由此产生网络成瘾的可能。

### 4. 现场咨询

在 EAP 项目中，现场咨询也是一种较为常用的方式。所谓现场咨询，就是在组织内部设立专门的咨询室，咨询师定期到现场开展心理咨询。现场咨询满足了一些由于交通不便而不愿或不能去专门机构接受面询的人员的需要，为组织提供了尽可能的便捷服务。但是，由于咨询室设立在工作场所，一些个体可能会害怕被同事看到而不愿进入咨询室，这就需要咨询室位置的安排要做到尽可能隐蔽。

## （二）心理咨询的种类

按照咨询对象的数量分类，可以分为个体咨询、团体咨询和家庭治疗。

### 1. 个体咨询

个体咨询指一对一的咨询方式，其形式包括上述的面谈、电话及网络咨询等。由于没有第三人在场，来访者通常能够表达自己真实的情感，便于咨询师在咨询过程中营造安全开放的氛围。个别咨询的效果比较明显，是心理咨询的常见类型。

### 2. 团体咨询

团体咨询又称为集体咨询、小组咨询，指的是将具有同类问题的求助者组成小组或较大的团体，进行共同的分享、讨论、指导或矫治。团体咨询的人数没有固定的标准，可根据咨询的需要安排，但人数太多有可能对咨询效果造成影响，如人数超过 20 人，则可分小组进行。

在团体咨询进程中，交流是多通道、多角度的。当事人看到其他人有着与自己类似的痛苦时，容易形成心理安慰，进而大家相互支持、相互影响。另外，团体咨询在解决某些小组成员共同存在的问题上有着较好的效果。团体咨询对于帮助那些害羞的、孤独的、患有人际交往障碍的个体更有特殊的功效。

在进行团体咨询时，需要注意以下几点。

（1）团体领导者需要帮助成员了解团体咨询，并使成员明确咨询的时间、地点以及每次活动的持续时间。

（2）团体领导者与团体成员的身份应该是平等的。

（3）咨询过程中，应由团体成员，而不是领导者提供或接受信息。

（4）给成员更多坦诚的回馈，在组内制造相互关怀、信任的氛围，使成员之间愿意分享自己的感受。

（5）通过成员间的互动，帮助团队成员理清自己的行为、感觉和信念。

（6）通过成员间的互动，帮助成员做出关于具体行动的承诺。

上文中提到，咨询过程中的信息应该由团体成员提供，而不是领导者，那么，领导者是不是就不用做什么工作了呢？恰恰相反，面对几个组员的团体咨询需要咨询师能够熟练运用咨询技术并能够很好地控制咨询进程。

（1）成功形成团体，使每个成员都能够了解和接受团体的目标与方向。

（2）仔细体会并反映团体成员的感受。

（3）将成员带入到团体之中，使成员能够坦诚地在团体中分享自己的感受。

（4）仔细倾听团体成员的讨论，并善于作出总结。

（5）观察团体内每一位成员的反应，尤其是那些较少表达的成员。

（6）使成员在团体中重点表达"此时此刻"的感受。

（7）帮助团体成员更加清晰地认识到自己的长处和不足。

（8）协助团体成员将讨论集中于目前最需要关注的问题。

（9）在团体成员对所关注问题的解决方法进行讨论时给予必要的帮助。

（10）促使团体成员制定一个具体的行动方案。

（11）协助成员对于行动方案的履行做出承诺。

团体咨询常被用来解决组织中成员所共同面对的问题，其最大的优点在于，团体成员间能够形成相互支持的氛围，同时团体内某一成员行为的改变也会在团体内部形成榜样作用。此外，在 EAP 项目中，将团体咨询作用于工作团队，能够促进团队成员之间的相互沟通和交流，拉近彼此之间的距离，为团队创建和谐的氛围，增加团队的凝聚力。

当然，团体咨询也有局限，由于咨询情境中人数较多，团体成员不容易暴露个人深层次的问题，咨询师也难以全面顾及每个成员的个体差异。

### 3. 家庭治疗

家庭矛盾很容易降低个体的工作效率，同时，工作任务过重也会影响到家庭的和谐。当来访者面对这些问题时，进行家庭治疗便成为了最有效的方式。所谓家庭治疗，就是来访者与主要家庭成员一起接受咨询，咨询师通过对来访者与家人之间互动方式的观察，更为全面直观地了解他们在交往和沟通中存在的问题，并进一步促进家庭内部的交流和理解，达到解决问题的目的。

在家庭治疗过程中，咨询师需要尽可能多地把握来访者的动作、表情、语调等各种细节，还需要掌控全局，避免家庭成员陷入无尽的指责甚至争吵之中。因此对于咨询师的要求相对较高。

## 四、咨询的隐私与安全

为了保证工作的顺利进行，咨询师需要履行一定的法律或伦理上的责任。

由于 EAP 不同于专业咨询机构，需要同时面对组织及其员工，因此，EAP 需要明确对这两者分别需要承担的责任，否则将会对咨询进程甚至整个 EAP 的效果造成严重的影响。

在大多数情况下，EAP 是为员工提供治疗服务的，这时，对专业咨询机构中咨询师职业的法律和伦理上的要求也同样适用于 EAP 中的咨询师。其中，保密承诺是必需的，只有严格遵守保密承诺，才能保证来访者能够在咨询过程中坦白开放地表达自己，而如果咨询师不慎泄露来访者的资料，使来访者受到伤害，当事人会由于名誉受损而形成负面情绪，同时也会丧失对咨询师的信任，甚至否定整个 EAP 项目。因此，咨询师在工作中要注意以下几点。

（1）在咨询开始之前与来访者签订保密承诺。

（2）如果有必要对咨询过程进行录音或录像，必须事先征得来访者的同意，并向来访者详细说明录音或录像的目的和用途。

（3）来访者的资料绝对不应当作社交闲谈的话题。

（4）即使在咨询师的公开讨论中，也要注意隐藏来访者的个人身份。

（5）咨询师应避免利用自己的具体个案来向他人炫耀自己的能力和经验。

（6）EAP 专业人员应尽量避免将个案记录档案带离 EAP 服务机构，即使在服务机构中也应小心存放，避免无关人员接触。

（7）电脑中储存的来访者记录应进行安全设置，以保证资料的保密性。

（8）如果有必要将来访者资料交给他人翻阅，必须提前经过来访者的同意。

在 EAP 的实际工作中，咨询师在执行保密承诺时常常会遇到冲突或矛盾。比如，咨询师有时会遇到来访者或他人的生命受到威胁的情况，不能再继续坚持保密的原则，在这种情况下，咨询师需要让来访者知道自己所透露的信息的内容、对象以及原因。此外，EAP 专业人员除了要面对来访者，还需要担任组织顾问的角色，对员工的行为、情感以及身体状况进行评估，并且说明这些因素对员工的工作能力造成的影响。管理者希望 EAP 工作人员能够及时提供该员工是否能够胜任某一工作的信息。这时 EAP 的客户便不再是员工而变成了管理者，有关的法律和伦理问题也就不再适用，或者是在适用时很受限制。此时，EAP 需要让员工清楚，治疗师与来访者的关系是一种非治疗的性质，与传统的治疗关系有所区别，避免员工误认为所有与咨询师的接触都是为了治疗的目的。

EAP 专业机构也应考虑到对咨询师个人隐私权的保护。对于咨询师来说，为自己的工作和生活划分出清晰的界限是非常必要的，这样才可以保证他能够在工作时间具备充足的精力。因此，关于咨询师的私人电话、住址等个人信息是不能透露给任何来访者的。来访者与咨询师取得联系都要通过 EAP 机构，这样也有利于 EAP 工作人员及时掌握咨询的进展情况，并进行来访者资料的管理。

## 五、心理咨询的工作流程

### （一）咨询工作的促进

尽管咨询作为 EAP 的主要服务内容，对于帮助员工解决生活工作中存在的各种困扰有明显的效果，但是由于国内特殊的社会文化背景，咨询工作的顺利开展需要相关人员在前期进行大量的推广工作，否则该项服务将由于不能被员工所接受和认可而形同虚设。

通过手册、海报、网络和培训等方式由浅入深地逐步帮助员工了解和接受咨询，使其相信 EAP 的咨询服务是提供给那些遭受工作压力、对自我角色认识不清或与家人相处存在矛盾等问题的正常员工的，只是为了帮助员工能够以更好的状态投入到工作之中。改变员工中存在的某些类似于"只有精神病患者才需要接受咨询"的错误认识。同时还需要将咨询的具体操作流程详细地告知员工，对咨询步骤的详细了解一方面能够使他们更加便捷地寻求服务，另一方面也避免了由于"不确定"而带来的恐惧感。

为了使员工更为详细地了解自己在何时需要使用心理咨询，或者说心理咨询能够给自己提供什么样的帮助，EAP 工作人员需要将咨询所能解决的各种问题进行详细的描述，并列出各个问题的具体症状。这样，员工在遇到相关问题或发现自己存在类似症状时就会很快想到向 EAP 机构寻求帮助。

阻碍有心理困扰的员工接受咨询的另一个主要原因是害怕自己的隐私被咨询师透露给第三方，这就需要 EAP 工作人员在宣传过程中对保密的原则给以重点强调，告知组织成员，为组织中的每一位员工保守秘密。尊重来访者的隐私权，是咨询师及 EAP 所有工作人员的重要执业规则，这能够使来访者放心地接受咨询。另外，由于心理咨询对于国内员工来说还是一种新兴服务，要使员工将其作为解决自身困扰的首选途径还需要一个很长的过程，通常在最初的新鲜期过后，员工很容易忘记这项服务的存在，因此有必要定期向员工发放宣传材料，以达到提醒的目的。

## （二）向部门管理者或人事部门寻求支持

成功的 EAP 项目要能够帮助组织增加收益，这需要 EAP 在员工的个人困扰影响到工作效率之前提供帮助，而另一方面，为了保证来访者在咨询过程中能够积极主动，EAP 又倾向于等待员工自己提出改变的需求后才给以干预。但是，往往存在一些员工不愿承认自己存在问题或者拒绝接受帮助的情况。此时，一旦出现重大的工作失误或造成工作中的人身伤害，便会为组织带来无法弥补的损失。因此，EAP 可以建议管理者在发现员工存在心理困扰或出现工作效率明显降低情况时，鼓励他们向 EAP 寻求帮助。此外，管理者在工作中的权威角色，也有助于促使存在问题的员工接受心理帮助。管理者及相关人事部门对 EAP 的参与程度往往关系着项目的成败，因此，EAP 常会在项目开始前后为这些人员安排一系列的相关培训。项目开始之前的培训往往涉及 EAP 的概念、执行程序等内容；项目开始之后，EAP 则会进行一些以训练推荐技巧为目的的培训。

由于 EAP 要求保证员工在接受任何面询时是自由和不受威胁的，因此，管理者在就此问题与员工进行沟通时，应针对客观的工作表现，而不是自己的主观判断，同时，推荐员工接受咨询的工作，也应在充分尊重员工个人意愿的基础上进行。

管理者推荐员工的第一步，需要给员工以充分的关注，细心观察员工在工作中出现的异常，例如：持续的缺勤或突然旷工，未经解释的缺席等；频繁的迟到或早退行为；较高比例的意外事件；工作效率降低；出现持续的工作失误增多的趋势；在工作中的抱怨有所增加；与同事之间出现异常的争执；无法按时完成工作，或不能达到工作标准。

对于员工存在的问题，管理者需要制定一个工作表现标准，以确定自己对于这些问题所能够忍受的底线，这一标准对于每一位员工都应该是平等一致的。在发现存在类似问题的员工时，EAP 建议管理者做到以下几点。

（1）根据事先确定的行为标准记录员工的缺勤、不良工作表现等资料。

（2）不要对问题本身给出任何诊断，避免为员工"贴标签"，"标签"会影响管理者对员工的其他问题做出客观判断。

（3）在获得充足的资料证实员工出现问题后再与员工进行当面沟通，避免员工在面谈中否定问题的存在。

（4）面谈应围绕工作表现展开，不应涉及人格特征，避免出现敌意或威胁的感觉。

（5）不要对员工的动机做出任何假设。

（6）态度坚定，但要表达出帮助的意愿，尽可能获得员工的信任。

（7）坦诚地与员工沟通，不应闪烁其词，要表现出专业的权威以获得员工的尊敬。

（8）不要对员工作出价值上的判断，最好根据自己的感觉和工作标准告诉员工"我不喜欢这样"或"我认为你是错的"。

（9）避免将员工的行为道德化，不要告诉员工应该如何或不应该如何。

（10）要做好处理员工的抗拒、防卫以及敌意等反应的准备。切忌不可立刻针对员工的工作表现予以责难，那样很容易引发员工的抗拒、防卫和敌意。

（11）尝试让员工发现自己的问题或承认自己的困扰，然后与其共同解决。

（12）明确告诉员工自己的标准，并仔细听取员工的意见，使面谈向着问题解决而非指责员工错误的方向发展。

最后，管理者可以结合自己的工作标准及员工的工作能力，与员工一同建立一个双方都能够接受的改进计划，同时也可以推荐员工接受 EAP 的帮助。此后定期对员工的工作表现作出评估，当员工拒绝接受帮助而问题仍然继续时，则有必要向员工提出警告并采取相应的惩罚措施。

此外，同事也是 EAP 可以利用的一项资源。通常 EAP 工作者会建议员工不只在自己面对困扰时向 EAP 寻求帮助，当发现同事的行为或情绪异常时，也可以向他提出类似的建议。

（三）来访者问题的评定

面对困扰的来访者与 EAP 的初次接触通常是试探性的，来访者虽然已经接触了大量的相关宣传，但是对于咨询的感觉仍然很有可能是"一头雾水"。此时需要工作人员的引导，耐心地为来访者解答疑惑，并帮助其消除恐惧心理。

接下来，EAP 工作人员需要收集一些来访者的详细资料，这里的详细资料应主要围绕员工所面临的困扰展开，同时也需要了解员工的年龄、婚姻状况及教育程度等，但不应涉及姓名及工作部门等。根据初步收集的信息，工作人员会推荐几位合适的咨询师，以便于来访者根据自己的需要进行选择。同时，工作人员也会将这些信息告知咨询师，便于咨询师在此基础上对来访者的问题进行进一步的了解与评定。

大多数来访者都需要在咨询师的帮助下增加"自我效能感"，也就是增加自己对生活事件的控制能力。只有这样，来访者才能够获得解决问题的能力，对自己的行为负责。因此，对来访者的问题进行评估的过程需要双方一起努力，共同确定生活中需要做出改变的成分，来访者要充分参与其中。

咨询师在对来访者的问题进行评估时，需要探讨以下几项内容。

### 1. 来访者的目标

（1）是什么原因使来访者决定前来接受咨询？是自己的决定还是别人的建议？

（2）来访者目前的困扰是什么？

（3）来访者希望通过咨询达到怎样的效果？

（4）来访者的问题是否来自上级、家人或其他个体施加的压力？

（5）来访者现在的感觉如何？以前是否有过向专业咨询机构寻求帮助的经验？

### 2. 来访者生理状况

（1）来访者是否服用过任何药物（或酒精）？在什么时候服用过？持续了多久？目前的状态如何？

（2）来访者的家人是否出现类似的困扰？

（3）来访者是否有过任何生理受到伤害的经历？目前的情况如何？

（4）来访者对自己身体的感觉如何？是否制定过某项健康计划（节食、营养食品、身体检查等)？

（5）来访者是否满意自己目前的身体健康状况？如不满意，是否制定了任何的改进计划？

### 3. 压力来自何处

（1）来访者在过去几年是否有过任何生活上的明显改变？造成这种改变的事件是正面的还是负面的？来访者的家人对这一事件的看法是怎样的？是否因此发生过争执？这一事件是否影响了来访者的工作？来访者目前对这一事件的感觉如何？

（2）来访者现在是否感觉有压力存在？如果有，那么是什么事件引起了这种压力的感觉？以前是否出现过类似的状况？

（3）当来访者感觉生活中出现了压力时通常会有什么反应？

（4）来访者是否感觉有什么问题困扰着自己及家人？

（5）来访者自己认为其家庭或工作在未来可能会发生怎样的变化？对于这些变化来访者的感觉如何？

### 4. 生活技巧

（1）来访者毕业多久？

（2）来访者是否有专业的知识和技术？在目前的工作中是否使用这些专业知

识和技术？

（3）在休闲的时候来访者喜欢做什么？

（4）来访者最得意自己哪方面的技术和能力？

（5）来访者通常会怎样处理自己所面临的困难？

（6）来访者是否想到未来可能会面临的困扰？打算如何去解决？

（7）来访者如何与他人相处？是否喜欢社交活动？

（8）工作中来访者如何与同事相处？

（9）来访者对于未来的生活是如何期望的？是否有明确的短期及长期的生活目标？

（10）来访者是否有控制自己未来的信心？什么情况会使来访者担心无法控制自己的未来？

### 5. 自我概念

（1）来访者是否对自己目前的生活模式感到满意？

（2）如果可以，来访者期望改变目前生活中的什么事件？

（3）来访者认为自己的优点是什么？其他人的看法又是怎样的？

（4）来访者认为自己的弱点是什么？其他人的看法又是怎样的？

（5）来访者最希望自己的哪一方面能够有所改变？

（6）来访者对自己的整体感觉如何？

（7）对于自己目前的工作，来访者是否感到满意？

（8）来访者认为什么样的事件会对自己有所帮助？

（9）来访者认为别人对自己的看法如何？

### 6. 社会支持

（1）来访者目前的家庭状况是怎样的？

（2）来访者与家庭中的成员相处得怎样？这种关系是否是来访者所期望的？

（3）目前存在什么样的问题会对来访者的家庭造成困扰？

（4）当来访者面临困难时，家人是否会提供帮助？如果是，他们将提供怎样的帮助？

（5）在来访者的生活中，除家人之外，是否还存在其他的重要角色？

（6）当出现问题或者困扰时，来访者会找谁帮忙？

（7）来访者是否会时常感到孤独寂寞，需要他人的支持？

（8）当来访者感觉需要他人提供支持时，会怎样做？

以上这些问题的讨论有助于咨询师了解来访者的问题所在，在实际的咨询过程中需要咨询师根据需要循序渐进地在相互信任、坦白、真诚的基础上进行咨询。

### （四）来访者的个案管理

个案管理指服务人员在服务过程中为了帮助单个来访者进行治疗而进行的管理活动。通常，个案记录和文件撰写对于个案管理员来说包括三种职业活动：（1）做来访者的记录；（2）向有关人士报告来访者的进展情况，这些人可能来自EAP、公司、工会或为来访者提供服务的社区的专职人员；（3）准备总结报告，用来描述来访者在治疗中的进展的各个方面，这个报告是为参与该个案治疗的所有专职人员提供的。这些详尽的工作可能会令人疲倦。然而，笔者丰富的经验可以证明，在这一列任务清单上有两项任务非常有必要：记录和报告；个案文件和报告的撰写。

#### 1. 记录和报告

在各种类型的记录和报告中，以下五种对 EAP 尤其重要。

（1）完成评估和评价的总结，并把它们呈交给上级浏览和审批（在个案管理员的训练和实习准备阶段最为常见）。

（2）记录治疗推荐计划的每一个步骤，与来访者一起完善记录并把它们呈交给上级浏览和审批（在个案管理员的训练和实习准备阶段最为常见）。

（3）准备关于来访者的总结报告和推荐信给一起合作的专职人员、帮助机构、公司和中心。

（4）对治疗小组或一组挑选出来的专职人员做关于来访者治疗进程的口头或书面报告。

（5）写个案笔记、中期报告和总结报告，包括分析、推理、评论，以便于他人清楚地了解来访者的治疗进程和经历。

在做以上工作的过程中，对个案管理员很重要的一点是具有高水平的认知能力和组织思维的能力。除此之外，能清楚、流畅、彻底、详尽而准确地记录对个案管理员来说也很重要。

#### 2. 个案文件和报告的撰写

需要个案管理员对来访者的各方面详细地做记录、写文件和报告的情况很多，EPA 为每一种情况下的记录、文件和报告规定了专门的格式，以便促进程序的系统化。在与来访者合作的过程中，有四种情况是典型的需要记录、撰写文件和报告的，它们是：接纳性访谈、服务计划、常规联系、结案。下面针对每种情况列出了需要记录的内容，他们与来访者的情况有关。（每个来访者的情况都是独一无二的，因此在相当大的程度上，每份报告的具体内容都是不一样的。）

（1）接纳性访谈。

a. 来访者、EAP 咨询员和日期。

b. 来访者到 EAP 的原因（包括来访类型：自己来，上级派来等等）。

c. 描述咨询员对来访者的知觉（注意仅仅是咨询员的知觉）。

d. 对来访者的背景、社会关系、问题、关注点和困难的说明和讨论。

e. 来访者的经历及他对自己的问题的看法的说明。

f. 来访者了解 EAP 的确证（它的经营策略、运作机制、服务等等）。

g. 关于来访者当前情况的讨论（包括家庭情况）。

h. 来访者背景的说明，具体包括：受教育情况、受雇用情况、来访者到 EAP 之前发生的问题事件。

i. 来访者参加的社会工作和休闲活动的说明。

j. 接受来访者、开始为其提供服务，或拒绝这个来访者的原因。

k. 来访者的经济来源，他是否能负担服务费用的说明。

l. 一系列必需的对来访者能力、局限和所需治疗的评价。

m. 建议的治疗步骤。

（2）服务计划。

a. 来访者、咨询员、日期。

b. 对来访者存在的问题的简要复述。

c. 来访者接受治疗和服务的自愿程度。

d. 建议的治疗服务，包括可行性、需要的资源等，及其原因、讨论。

e. 在计划的程序中来访者的参与程度。

f. 来访者将被转介给的专职人员和服务中心，需要的设备及其原因。

g. 注明来访者在所有正式的信息公开协议和其他有关表格上都已签名。

h. 治疗能否成功的预测（在建议的治疗服务被接受之后）。

（3）常规联系。

a. 来访者、咨询员、日期。

b. 联络人员、设备、服务中心。

c. 联络原因。

d. 对联络取得的成果的讨论。

e. 建议采取的行动步骤。

（4）结案。

a. 来访者、咨询员、日期。

b. 来访者接受过的服务的详细描述，包括服务种类、来源、持续时间等。

c. 来访者的问题和困境的解决情况，从行为和情绪方面描述，包括一些他人提供的信息，如来访者的家庭成员、上级等。

d. 结案的原因。

e. 对将来要做的事情的建议以及和谁做。

实际报告撰写的具体格式是由三个要素决定的，它们是个案管理员的个人策略、他所在的 EPA 的规定以及他的个人风格。尽管如此，在文件、记录和报告的有些方面采用标准格式，这对于 EAP 的综合运作管理是有帮助的。

（五）转介与追踪

咨询过程中，EAP 工作人员一方面需要及时与咨询师就来访者的咨询进展情况进行沟通，另一方面，对于由管理者推荐的来访者，EAP 也需要及时向管理者了解该员工的工作状况是否有所改善，并将这些信息反馈给咨询师，以使其能够对咨询方式作出相应的调整。咨询结束后，本着对员工负责的原则，同时也为了满足方案评估的需要，EAP 仍需要对返回工作岗位的员工进行一段时间的追踪，定时向员工及相关人员了解其工作情况。

当咨询师认为需要将来访者转介到相关的咨询机构进行长期的心理治疗时，需要 EAP 为员工提供相应的资源，列出多个咨询结构，并让员工自己做出选择。转介发生之后，EAP 仍然需要给员工以持续的关注，继续追踪了解员工的改善状况，并提供相应的支持。

## 六、咨询师队伍的建立

对于一个成功的 EAP 项目，专业的咨询师团队是必不可少的。那么，如何组建一支适合于 EAP 的咨询师队伍，如何使咨询师能够在工作中得到不断的成长呢？

（一）咨询师的组成

进入 EAP 项目的咨询人员需要具备相关的学历及一定的咨询经验。例如要求其咨询师具备心理学硕士以上学历，并具有从事专业咨询工作三年以上的经验。专业能力的要求有利于获得员工对于 EAP 项目的信任，使员工相信 EAP 是有能力帮助他们处理好工作生活中出现的种种问题的。

EAP 专业机构需要将咨询师的详细资料记录在案。年龄、性别等个人信息是必不可少的，这是由于，咨询师与来访者类似的生活经验有助于咨询过程中共情的运用，来访者也往往希望能够找到和自己性别、年龄相仿的咨询人员。除此之外，咨询师的个人资料中还应包括有此人的擅长方向。例如，有的咨询师善于解决工作压力问题，有的咨询师对于女性的更年期问题有更加深入的研究，也有的咨询师主要致力于儿童教育问题的研究。获得了这些信息，我们就能够根据来访者的不同问题安排不同的咨询师，以达到更好的咨询效果。

在组织一个完整的咨询师队伍时，必须要注意保证咨询师的多样化，这种多样化是从咨询师的性别、年龄、擅长方向等各方面来衡量的。另外，也应根据项目需要对咨询师队伍进行必要的调整，比如，企业 EAP 项目中需要更多职业心理健康专家，而学校的 EAP 项目中则需要更多的教育心理学专家。

通常进入 EAP 的咨询人员都已经具备足够的心理咨询专业技能，但由于 EAP 的咨询不同于其他咨询服务中对来访者进行长期治疗的模式，而是希望能够尽快见效，因此仍然需要接受针对性的培训。此外，为了能使咨询工作能够在 EAP 项目中良好运作，并与 EAP 其他环节相互配合，EAP 有必要对咨询人员进行相关的培训，使他们对整个项目有一定程度的了解。培训内容可以包括对 EAP 的大致介绍、咨询服务工作流程等，EAP 中比较有资历的咨询师还可以通过培训与新进的咨询师分享自己的工作经验。

## （二）咨询师的督导工作

同专业咨询机构一样，EAP 中的咨询队伍也需要建立相应的督导机制。督导活动根据需要可以平均每个月进行两到四次，督导人员由那些有一定的专业背景，并在 EAP 及专业咨询领域颇具经验的咨询师担任。主要帮助咨询师达到专业上的成长，防止咨询师由于过多地接触来访者的负面情绪而造成职业枯竭，同时对个案的咨询过程进行了解及必要的讨论。较为常见的是小组督导的方式，由一到两位督导者针对团体（通常 10 人左右）进行的督导，这种形式可以获得以下效果。

（1）节省资源，提高督导效率。以小组的形式开展督导工作，一位督导者可以同时面对多位受督导者，效率大为提高。在小组活动中，受督导者不仅接受督导者的督导，同时也在接受小组其他成员的督导，大家的提问与反馈常常引发受督导者从不同的角度、不同的层面思考问题。每位成员也不仅在自己报告个案的时候接受督导，其实每次参与讨论的过程都是学习的过程，通过内省可以获得宝贵的经验。特别是在整个督导小组活动过程中，经由不同的个案的督导会涉及小组成员普遍关注的很多方面的问题。

（2）缓解焦虑，利于自我觉察。在小组督导的情境下，小组成员观察到原来每位心理咨询员都存在这样或那样的问题，由此获得安慰，减少挫败感。同时，受督导者可以减轻心理压力，在接受督导的过程中更加自我开放，以非防御性的心态面对种种提问，把更多的注意力投向自身，有利于自我审视和自我觉察。

（3）多向沟通，促进专业成长。对于每一位小组成员而言，其他成员都是影响源，小组活动过程是一个多向沟通的过程。充分利用小组成员本身的资源，在相互反应与反馈当中，小组成员可以反省个人的专业工作，包括咨询过程的设置、咨询关系的建立、对来访者资料的收集以及对个人情感反应的认识和把握等方面，进行自我调整和自我完善。

（4）相互支持，增强职业认同。小组形式的督导活动不仅有利于促进同行间的联系，彼此交流实际工作中的心得体会，而且有助于强化同行间互相支持的意识，减轻职业孤独感，缓解工作压力，更为重要的是促进个人对于心理咨询工作的职业定位与思考，增强自我保健意识，预防个人枯竭。

在不同层面进行督导时，根据督导不同的目标和方向，所使用的技术和方法也有所不同。例如，在技术层面上进行督导，督导者在预感到督导对象可能存在的问题，并提出"你这样说或这样处理的目的是什么？这样说或这样处理的理论基础是什么？"的问题时，是有明确的方向和指向的，但又没有直接在某一问题上否定督导对象，而是促使督导对象在问题的不同层面进行理论和技术上的反思。当督导者说"如果我碰到这样的情况，我可能会……"时，督导者同样并没有否定督导对象，也没有把督导者自己的观念强加给对方，而是给对方提供了督导者的思路和方法。

督导者所采用的方法和技术取决于督导的目的和任务。可以从技术层面上进行督导，但注意不要直接否定督导对象，也不要将督导者自己的观念强加给对方。也可以在自我认识和自我构建层面进行督导，督导者可能会对被督导者的一些内隐行为进行探索，使督导对象更加清晰地认识自己，明白自己的思想、观念和经历等是如何影响自己的行为的，但也要注意避免简单的批评和指责。另外，督导者还需要在职业道德和职业规范层面进行督导，阻止和预防督导对象出现某些违反职业道德和职业规范的行为。

督导者所采用的方法和技术也与督导者的个人特征、个人经验密切相关。积极的个人特征和良好的共情，更容易让督导对象接受督导的意见，并促进督导对象对可能存在的技术问题和自身问题的认识，进行进一步的思考和领悟。如果督导者不存在良好的个人特征，则可能使一些督导对象产生敌意，从而阻抗和拒绝督导，督导就有可能失去应有的作用和效果。

# 确定 EAP 的有效性：EAP 的效果评估

多年来企业的管理者们认为员工在工作场所之外遇到的问题都是他们的私人问题，企业没有义务为这些问题负责。但是现今的领导们越来越清醒地认识到，当企业将培训后的员工视为自己的价值资产时，员工的私人问题便影响到了企业。EAP 认为影响企业的因素不仅有企业的生产效率和经济效益，员工的个人价值因素，例如工作满意度、自我价值感、幸福感等也是不容忽视的方面。因此，及早地认识并解决员工的个人问题能使员工和企业都从中受益。随着这个观念在管理学界开始得到广泛的认同，EAP 行业得到了飞速的发展。回顾员工帮助计划的历史，在过去的十年，不仅其使用量有了快速的增长，使用范围进一步扩大，同时它也逐渐成为了社会福利中不可缺少的一部分。

员工帮助计划对组织最具吸引力的是它所产生的实际效益和经济效益。早期 EAP 主要是在人道主义的支持下进行的，大部分资金都来自政府福利机关。但很快地，人道主义组织就再也不用花这么多钱了。大量的证据表明，EAP 能够产生很大的商业价值。比如，美国国家邮政公司通过 EAP 在一年内节约了 200 万美元；美国国家酒精滥用控制委员会发现对 EAP 的 1 美元投资可以获得 5.67 美元的回报；Maiden 在 1988 年报告了在美国联邦政府卫生和人事服务部实施的员工咨询服务计划的成本效益分析，该计划涉及全美 16 个部门，在进行评估的 30 个月内，共有超过 2 500 名员工接受了咨询服务，成本效益分析显示，员工咨询服务计划的回报率为 29%。越来越多的国外企业不再将 EAP 看成一个额外的花销，而把它当成能够真正提高企业效益的明智之举。然而，能够节约资金并不是让商业和工业协会普遍接受 EAP 的最根本原因。由 EAP 产生的环境方面的、社会方面的以及其他方面的好处对企业组织来说更为重要，特别是当一些 EAP 很难为组织者带来直接的经济利益时。

随着 EAP 的推广，许多 EAP 的组织者和管理者都认识到了对 EAP 进行系统评价的重要性和必要性。评估不仅让使用 EAP 的企业看到投资得到了很好的回报，他们做了一项令人满意的投资，而且有助于体现 EAP 的价值，使它受到人们的关注和喜爱，同时，它为 EAP 的严格实施提供了保障，评估本身就是 EAP 整体的一部分。然而，人们对如何进行全面的、总体框架上的评价却并没有足够的知识，对各个阶段评估技术的研究也并不重视。

多方面的原因促使心理学家、统计学家和管理学家们进行了大量关于 EAP 效果评估的研究，他们运用科学的统计学、心理学方法对在企业中实际实施的 EAP 计划进行了全方位、长时间的追踪和调查，发展出了多种评估 EAP 的模式。但是因为这些研究大多数只是针对评估的某一个步骤或某方面进行的，缺乏整体性和系统性，所以，现在实际中运用的 EAP 评估方法还多是延续以主观评价（如员工满意度）为基础的旧式评估方式。因此，综合众多的研究成果，将它们以整体化、系统化的形式介绍给一线评估人员，让他们能够据此调整和完善评估技术，使整个评估过程更为客观、科学，成为了当前发展 EAP 的紧要任务。

在参考大量相关资料的基础上，本章力求对 EAP 评估的整体过程进行一个系统的描述，并对研究者在其中可能遇到的问题给予简要概括的回答。

## 一、EAP 效果评估概述

### （一）EAP 评估的概念

对不同的人来说，评估有不同的意义。当个体计划一个项目时，他通常考虑时间、人物和活动的重要性，根据活动和被考虑的活动结果设置他们的期望。项目的评估从根本上说，就是考察工作的实施是否达到了预期的目标。因此，可以说，项目计划和项目评估是相互关联的。

具体到对 EAP 的评估，指的就是通过科学的方法和技术对项目能为企业和员工带来的效果进行客观的评价，通俗点说，也就是看 EAP 的执行能否达到或在多大程度上达到了项目的目标。实际上对 EAP 实行的评估，和一般意义上的项目评估有很多相似之处，因为 EAP 本身就是以员工心理和生活困扰为对象的服务项目。但是，人类心理的特殊性，使它又与普通的项目有所区别。尤其因为它的效果很难用实际的经济指标进行直接的换算和衡量，一些特殊的方法便被引入了 EAP 的评估过程。这些特殊方法同心理学、统计学、财务和管理学都有很大的关联性，研究者只有对这些领域的相关知识都理解后，才能很顺利地完成项目评估。阅读本章内容可能只能作为学习 EAP 评估的开始，很多具体的方法和技术还要靠读者自己浏览大量的书籍和进行实际操作才能真正熟练掌握。

### （二）EAP 评估的目的

我们对一个 EAP 项目实施评估，不仅仅是出于项目完整性的要求。评估的结果可以被应用于很多方面，如对项目的改进、对 EAP 服务的推广，等等，而且一个客观全面的评估对执行 EAP 项目各相关人员也同样重要：执行者需要依靠评估的数据表明自己服务的有效性，接受服务的组织需要看到数据证实自己的投入是有价值的，个体员工需要通过数据了解自己所接受服务的品质。因此，EAP 的评估自然成为了 EAP 研究的焦点。具体说来，EAP 评估的目的主要有以下几点：

### 1. 证明

通常，搜集事实和数据来解释和证明一个项目的价值是很重要的。特别是当资源缺乏或有其他项目也要同时上马时，项目的评估结果对管理层最终决定此项目是否还有必要持续进行是十分关键的。因此，获得能够证明 EAP 是"值得进行"的数据，对项目有关各方都是一个非常重要的问题。

### 2. 推广

人们总是期望将一个项目推广到更广泛的领域，而这通常需要其他人相信项目是有价值的，能为企业和组织带来实际经济效益。随着 EAP 不断扩展它的服务内容，为了让更多企业和员工接受 EAP 项目，以一种有说服力的方式向人们展现 EAP 的效果就变得日益重要了。特别是对专门经营 EAP 服务的公司，或者急切地想促使上级引进 EAP 服务的人员，引用在同行业中其他企业实施 EAP 所取得的效果，是证明自己产品价值的最好途径。

### 3. 证实

在"高度负责"的时代，人们常说："并不是我不相信你，但是请你拿出一点证据来。"证实项目的价值和影响对于一个项目的存在至关重要。EAP 不能仅靠其服务是有益的这一信念而"存活"。应用 EAP 的组织机构都"寻求严谨的数据"，来说明他们在 EAP 项目上的花费是有价值的，执行 EAP 的人员也同样希望用这些数据来证实自己工作的意义和岗位的必要性。

### 4. 改善

为了改进一个项目，项目的领导者通常努力将项目的缺点最小化，优点最大化。分析一个项目的数据不仅可以提供项目的优点和缺点，还可以显示出对项目结果的整体影响。对 EAP 的评估结果不仅可以用在项目终结时的效果呈现，同时也是实施过程监控的重要部分。随时的数据反馈，可以帮助执行者及时地改进自己的服务，修正原有的计划，使服务更为有效并符合组织员工的需求。因此，项目评估为修正 EAP 的服务提供了基础信息。

### 5. 理解

项目的改进需要对项目如何工作和为什么工作有深入的了解。虽然项目评估并不总是可以完全回答这些问题，但它还是能够加强人们对这方面的理解。对

EAP 的评估能帮助人们更好地理解这个项目如何工作以及为什么工作。对于服务的接受者来说，更好地了解服务的操作过程，知道自己如何获得服务，服务能给自己带来的实际受益，都能更大程度地促使他们使用 EAP 提供的各项服务。对于在内部执行 EAP 的组织来说，让其管理者更好更多地了解项目的运作，让他们能够随时监督工作的进程，都可以提高他们对项目的满意度，使他们感觉自己受到了重视，从而获得他们对 EAP 的大力支持，使 EAP 的实施更加顺利。

### 6. 社会责任

除了证明一个项目对项目领导者有利外，通常还要证明一个项目对社会是有价值的。和 EAP 项目有关的各方都有责任向他人证实 EAP 项目的执行是有效的，尤其是向社会证明项目所消耗的人力和物力资源是有价值的。

### (三) EAP 评估的先决条件

在一项 EAP 评估之前，有一些问题是必须事先确定的。这些是成功评估的必要成分，在评估程序之初都要充分考虑，并对此进行大量工作。换句话说，如果其中的任何一条没能达到既定要求，评估的执行过程都可能会遇到极大的阻碍而不能顺利完成，或者所得结果有失客观性和科学性，起不到预期的作用，达不成评估目的。这些先决条件包括：组织的支持；为什么评估，何时以及如何评估；EAP 的目的和标准，需要说明的是这里要的是目标的操作性定义；信息获取。

### 1. 组织的支持

对于任何一项 EAP 计划，如果没有主管、经理或高层管理者的支持就着手进行评估，都是不可行的。无论评估的推动力是来自外部的组织环境（如社区、其他组织、赞助来源，等等），还是内在的环境（如基层生产管理者、EAP 人员、监督人员、部门经理、董事会，等等），对 EAP 评估的设计都没有多大影响，但是组织层面的支持对评估的执行是必不可少的。这里所说的组织层面是指在其内部实施 EAP 的企业或团体。我们进行评估很重要的一点是要得到上级，最好是最高层管理者对项目的重视。他们的支持往往对项目的顺利实行有至关重要的作用。得到了他们的认可，我们将更容易取得各个相关部门的配合。特别是在收集员工数据和企业内部资料的时候，EAP 执行人员可能经常会遇到相应部门人员的抵触。其实这也是可以理解的，毕竟评估工作与 EAP 服务项目不同，它很难给参与人员带来直接的经济利益和个人生涯上的帮助，对他们来说这完全是增加了额外的工作负担。对于掌管着企业关键数据的部门，如人力资源或者档案部，要他们轻易地把那些资料提供给评估者，也是有很大难度的。稍有不慎他们就要承担起泄露企业机密的责任。总而言之，无论员工的消极态度来自哪个方面，对评估者来说，最好的解决方法都是想方设法地获得高层主管和企业 EAP 协调人员的支持。

来自高层主管和 EAP 计划的协调者这两者的行政支持与帮助，是获得其他相关人员支持的关键，因而，需要首先考虑。就像多米诺骨牌理论，其他人员会紧跟着领导者的意见。如果领导者点头同意，他们也会对评估表现出极大的热情。尽管他们对评估的动机可能明显不同于组织或 EAP 计划的协调者，但不管怎样他们都会为评估开绿灯。尤其当涉及部门之间合作的时候，高层主管的许可，可以使评估者的协调工作进行地更加顺利。

那么，该如何获得这些高层管理者的支持呢？根据我们进行评估的实际经验，至少有以下几个方面是评估者工作的重点。

首先，要向管理层阐明评估的重要性和意义，让他们意识到评估工作不是走形式，也不是浪费人力和金钱。同时也要明确地讲明评估的结果将以何种形式呈现给管理层，对其中将包含的数字和内容的意义也要进行详细的介绍。对于这些具有丰富实践经验的领导者来说，对一个项目了解得越多，执行者表现得越诚恳，也就越容易获得他们的好感和认同。

其次，让主管们了解评估是如何进行的也非常重要。让他们能完全理解评估工作的执行程序，方便他们随时监控每一个步骤，使他们感觉自己不是局外人。在此过程中，他们也能更好地理解为什么评估工作需要企业各个层面那么多的技术和人力支持。

最后，评估者要向主管保证所获得的有关企业的各项信息不会被泄露给任何第三方。这对评估来说是很重要的，有必要的话可以和组织签订保密协议。毕竟评估工作要使用到的数据很多都是企业的机密资料，作为高层主管当然会担心因为泄露机密给企业造成重大损失。作为评估者郑重地做出保密的承诺，才能使这些高管们放心地提供信息。

### 2. 为什么、何时以及如何评估

这三个问题似乎是无关重要的，然而如果它们在施行 EAP 评估之前没有被充分地考虑，并做出回答，那将给以后的各项工作带来无穷无尽的麻烦。最好对这些问题顺次回答：即"why"一定要在"when"以及"how"以前回答。后面的两个有没有次序没多大关系。无论如何，问题"why"一定要首先回答。

进行评估的原因是多种多样的，可能是企业高层管理者的要求，外部资金赞助单位的督促，或者是 EAP 的实行中出现了问题急需确定原因，EAP 协调员或外包商希望说服企业继续执行计划，甚至可能只是因为来自其他组织对自己内部的 EAP 已经进行了评估的压力。无论评估的理由是以上的任何一点，当评估受到员工或者高层管理者的质疑时，评估者和 EAP 协调员都能对这些攻击给出开诚布公的且一致的回应。

评估应该什么时候施行是一个很敏感的议题。对这个问题的回答最好在

EAP 计划之初就做出。虽然评估的结果是在整体项目完成之后给出的，但是评估所需要的数据和评估工作本身都是在执行项目的进程中完成的。只有将评估放到 EAP 整体计划中去考虑，才可能使评估的结果具有意义。然而具有讽刺意味的是，很多有关 EAP 的评估都是在项目基本结束后才附加上去的。这种情况所造成的结果就是，评估者根本得不到需要的数据，而只能根据现有的资料来拼凑结果，最终所做出的结论在科学性和客观性上都没有保证。

最后，该如何做评估最好由施行它的人决定。更确切地说，由于 EAP 的评估是一项需要专业知识和经验的工作，如问卷调查、数据分析和成本核算，等等，因此，主管、经理和 EAP 协调者都应该听从专业人员的意见，并且积极配合他们的工作。只有专业的工作者才能做出最完善的计划，当然在计划制定过程中管理者和协调员的意见也是很重要的，毕竟他们对企业环境和人力的了解远远多于评估者，有他们的参与可以避免执行中很多不必要的麻烦。

### 3. 目的和标准

没有目标根本就不能够做评估计划。先明确评估的目的是一切工作的开端。确定项目目标的重要性我们已经在上文有所叙述，因此在这里我们将更多地探讨怎样获得目标和把笼统的目标操作化的问题。

取得 EAP 目标最好的途径当然是通过双方签署的协议或者 EAP 策划书。这些文件里通常包括 EAP 项目所需要达到的目标。特别是 EAP 服务的提供者为外包商时，企业与外包商所签署的协议里往往明确规定了服务的标准、项目的每一步进程和项目需要达到的效果。评估者只要很好地参考这些资料，就能清晰地列出 EAP 的目标。

但这里所得到的经常只是笼统的任务陈述，尤其是组织内部部门自己进行的 EAP。EAP 项目通常只是根据一些非正式的、宽松的或不清晰的标准在执行，因此对这些目标还需要进一步澄清和具体化。具体化最好的方法是将这些模糊的目标分发给与 EAP 相关的各方，包括 EAP 协调员、各部门的主管、一般员工，甚至是高层管理者，让他们根据自己的想法进行操作化定义，并列出评价标准。最后由评估者收集这些资料，进行系统的整理，得出对 EAP 项目目标的详细描述，并将这些描述与各方面的人员进行公开的讨论，最后以书面文件的形式确定。这个描述至少应该包括以下两个方面：（1）项目的期限；（2）如何计量。

### 4. 信息获取

获取重要的信息对 EAP 的评估者是至关重要的。在评估之前，研究者至少要做好两方面的工作。首先要确定自己到底需要什么资料。很多评估者在工作的时候，总是认为自己得不到足够的必要信息。但组织则认为已经提供了很多甚至是过多的资料给研究人员。造成双方在这点上认知差异的原因是，组织给评估者提供的很多信息利用价值不大。如大多数组织提供的信息是有关职员个人背景的，包括他们的年龄和学历，但有关他们的工作绩效和他们的能力、个性等的资料则很少。产生这种情况的原因之一是组织不愿意透露过多的机密资料给评估者，要解决这个问题只要评估者取得上层有关管理者的认可即可。但还有可能是组织本身就没有这方面的信息，比如员工的个性和对组织的忠诚度，这就要求评估者自己通过调查取得，当然在这个过程中得到上级领导的支持和员工的积极参与也是非常重要的。

除了组织提供信息外，EAP评估者也必须十分清楚所需要的资料，以及使用什么方法来收集这些资料。有些评估人员认为收集的信息越多越有利于评估的进行。从某种角度说，这是有一定道理的，毕竟可利用的数据越多所得到的结果也越全面，对于前期没有考虑到的问题也有可能弥补。但是重复而累赘的信息收集也很可能起到相反的作用，让员工感到厌烦而失去配合的兴趣。

另外，不恰当的信息收集方式也可能使评估遇到重重困难。如使用问卷调查更适合个人信息的收集，但是问卷的形式（纸张印刷或电子邮件）不同对回收率就会有很大的影响。访谈是收集组织信息的恰当形式，可如果不能取得受访人员的信任，则可能使信息失真。所有这些问题评估者在开始执行评估前都必须仔细考虑清楚，并对可能出现的困难有所预料，商量出合理的解决对策，以避免因得不到所需信息而使评估结果失去客观性。

对于所得到的数据进行妥善的录入和保存也是非常重要的，这样做不仅便于在评估的过程中随时检查可能的错误，同时在结果受到各方质疑的时候，评估者也能拿出足够的证据证实自己数据的真实性和可靠性。

## （四）EAP评估的基本结构和过程

### 1. EAP评估的结构

在对EAP进行评估的过程中，我们必须牢记几个问题。因为它们常常是我们执行整个评估计划的导向标。任何对它们的偏离都可能使评估遇到阻碍，造成时间和金钱的浪费。这些问题包括以下几点。

（1）EAP项目是否按计划执行了？

在评估的过程中很重要的一点就是看一个项目是否按照计划执行了。一个EAP项目所产生的效果可能会和它的预期相差很远，甚至会带来一些不希望的结果。前期的计划是工作人员花费了大量的人力物力，进行了大量的调查和分析才做出的。它综合地考虑了项目中可能出现的问题，在合理调配有限资源的基础上，做出了最优选择。在执行中，项目的不尽如人意往往正是由于实施人员没有能够严格按照计划执行。因此衡量项目计划和实际项目活动之间的一致性程度是非常关键的。它能够帮助我们很快找出评估结果较差部分产生的原因，更好地完善整体项目。

（2）EAP 项目的目的是否达到了？

项目评估的关键是确定项目目的是否真正达到了。没有企业愿意看到自己的投入不能达到预定的目标。为了确定项目目的是否达到，评估者必须选择科学的测量工具，建立客观的测量体系对项目的执行结果和初始目标进行全面的考察。最直接的衡量项目目标是否达到的方法可能就是比较关键变量在实施前后的不同。如果项目实施后发现这些关键变量的变化是沿着期望的方向，那么就可以认为项目目的达到了。

（3）EAP 项目是否是有效的？

测量项目是否有效的方法是将项目过程和结果的模型概念化。其实对第二个问题的回答本身也可以包括项目有效性的评估。这是因为如果项目目的达到了，那么就可以等价推出：干预引起了所期望的改变，它当然是有效的。然而，有时项目也可能带来一些我们没有预期到的优良结果，如生产率的提高、离职率的下降，这在 EAP 的服务中是很常见的，对它们的分析也能验证项目的有效性。

（4）EAP 项目是否是最经济的？

项目的经济性关心的是付出和结果的关系。要达到同样的目标，企业当然希望花费最小的代价，希望自己的每一分投入都能实现最大的经济价值。这个问题在 EAP 评估中往往被当作了核心，研究者所做的大量研究也多是有关这个方面的。评估项目经济性需要确定项目花费的时间、精力、资源和这些花费所带来的效果。在实际的评估中，项目的经济性是通过计算花费—获益或者花费—效果分析来确定的。

针对 EAP 评估的目的以及以上提出的几点问题，我们将从三个层面来进行 EAP 的评估，分别为心理与行为层面、经济层面、过程层面（如图 9—1 所示）。这三个层面基本包含了 EAP 效果评估的所有方面，是我们在研究过大量资料和文献后提出的一种全新的评估体系，希望能对广大 EAP 工作者提供帮助和借鉴。

在心理与行为层面中我们主要评估这次 EAP 项目是否有用，评估的内容主要集中在个人健康及行为、组织行为、管理优化方面。按照实验设计的方法来测量在幸福感、职业倦怠、自我效能、出勤率、工作绩效、工作满意度等指标上是否产生了变化。

在经济层面中，我们主要评估这次 EAP 项目是否具有价值，我们结合成本效益分析和成本效果分析的方法，来计算我们的投资回报率。以此来分析这个项目在经济效益上是否有所收益。

在过程层面中，我们主要评估这次 EAP 项目的内容设计和执行质量，结合使用者主观评价与客观数据采集，对满意度、使用率、知晓率等指标进行测量，再用逻辑框架法、层次分析法等管理学方法来进行分析。需要特别提出的是，这里的满意度主要针对项目设计和执行本身，和心理与行为层面中对于项目效果的满意度是有区别的。

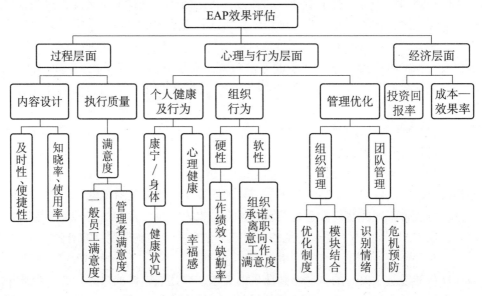

**图 9—1　EAP 效果评估框架**

### 2. EAP 评估的过程

有关 EAP 评估结构的研究文献有很多，但大多数的研究都只是涉及了整个过程的某一部分，而真正将评估整个步骤都列出并进行详细描述的文章不是很多。其中比较经典的要算法国的迈克尔（T. Michael）等人于 1995 年所发表的《评估 EAP 支出和收益的一种思路》（*A methodology for evaluating the costs and benefits of employee assistance programs*）了。

在文中作者将整个 EAP 的评估过程分成四大部分。

第一，描述过程：以便更好地了解 EAP 的结构、执行环境和目标，并且指导评估。

第二，成本分析：广泛地区分和评估整体 EAP 的成本范围。

第三，结果分析：严格地评估 EAP 在组织中的效果，以及 EAP 对员工行为、生产率方面的影响。

第四，经济角度的评估：计算成本—收益率、成本—效果率和 EAP 净得收益。

（1）描述过程。

对于 EAP 过程的描述是准备收集 EAP 数据和分析的关键步骤。它包括四小步：

第一步，对 EAP 结构的描述，主要包括 EAP 执行的时间、EAP 利用率、

EAP 是由公司内部提供的还是由外部承包者提供的。第二步，描述 EAP 执行的环境。第三步，确定 EAP 所要达到的目标。第四步，确定 EAP 的成本变量和关键的结果变量。要注意通过这些结果变量在实施 EAP 前后的变化，应该能够体现出 EAP 的效果和目的。

（2）成本分析。

对 EAP 的成本分析主要就是收集需要的数据来估计 EAP 的总体和平均成本。总体成本是通过将一个给定的时间段内所有适当的成本支出相加得到的。平均成本是通过将总体成本除以接受服务的人数得出的。这里的人数包括两种，第一种是所有参与了 EAP 计划的员工总数，第二种是参与 EAP 计划的员工和其直系家属的总数。究竟用哪种，主要看评估者的评估目的而自己选定。

（3）结果分析。

在这一步中，评估者要想正确区分出 EAP 服务在工作绩效和其他变量上的效果，必须完成包含下面一系列内容的任务：选择一个研究设计的方法来进行结果的分析；确定一个合适的员工样本研究；建立一个分析的时间框架；收集需要的数据；评估一组员工的 EAP 效果以及整体影响。

选择实验设计是非常关键的一步。一般情况下，心理学的实验设计都是采用干预组、控制组，前后测的标准设计，并在确定员工样本的时候采取随机分派的方法。但是，由于 EAP 是在真实企业环境中实施的，因此一些人伦和社会因素使得机械地遵循随机分配被试的方式不能够被采用。据此，心理学者们进行了很多相关研究，并得出了一系列可以替换的方案。

在选择了方法、确立了被试之后，评估者必须为分析选择一个时间框架。在这里必须要考虑的因素是，多长的时间足够体现出 EAP 的效果。比如，一个一年的追踪期对于确定缺勤率等的短期效果是足够的，但是对健康情况的改善、医疗支出的降低，这些长期的变量来说，则要通过很多年才可能体现出 EAP 的效果。因此评估者应该根据自己的需要，确定一个能够体现自己选定的关键变量变化的时间框架。

在确定了抽取样本的方式和时间框架之后，评估者就要开始收集变量的资料，并在最后进行 EAP 效果的评估。评估 EAP 的效果所采用的方法是，将一个关键变量上干预组前测和后测的数据相减，控制组前测和后测相减，然后将得出的两个数据再次相减，得数就是 EAP 的效果了。将所有关键变量的效果求和就得到了 EAP 的总体效果。

（4）计算成本—收益率和成本—效果率。

在得到 EAP 的效果之后，就应该评估 EAP 是否真正为企业带来了收益。用来计算收益比率的方法主要有两种，成本—受益率和成本—效果率。在计算这两个收益率之前，评估者首先要将 EAP 的效果价值化，也就是用货币来表示 EAP

所带来的关键变量的变化。比如，当我们将缺勤率当作关键变量时，把员工每天的工资作为价值化的单位就是很合适的。用每天每人的工资乘以 EAP 带来的员工缺勤率人数和天数的减少，得出的总数就可以作为缺勤率这个关键变量的价值化结果。将 EAP 在所有关键变量上的价值化数据相加，就得到了 EAP 的总体价值收益，用这个数除以 EAP 的成本得出一个比率，就是成本—受益率。如果这个数值大于 1，说明 EAP 计划为企业带来了效益；如果小于 1，则说明 EAP 的花费大于效益。成本—效果的受益进一步将 EAP 的成本—受益率同执行其他可以起到相似效果计划的成本—受益率进行比较，它的目的是评估 EAP 是否是企业最优的项目选择。

## 二、过程评估层面

### （一）评估目的和内容

早在 1980 年，DuPont 和 Basen 便主张应该评估 EAP 服务是否符合特定组织环境中员工最需要的形式，这便是过程评估所关注的。过程评估主要关注 EAP 的工作内容和 EAP 实施过程的具体情况，描述 EAP 服务的效率和质量（Highley，Cooper，1994），从而对 EAP 的有效性作初步判断。不同于以往的心理与行为评估和经济效益评估，过程评估是新提出的一个评估层面，其原因在于过程评估有助于发现和改善 EAP 项目执行中的问题，进一步发展 EAP 项目本身，而这些是以往的评估层面所没有涉及的。更重要的是，EAP 的运行状况对 EAP 的结果产生直接的影响，是成功的 EAP 服务的重要前提。

过程评估的内容主要包括：EAP 部门接待咨询的人数，对求助者需求的即时应对也即 EAP 的及时性，项目在组织中团体和个人的使用率和渗透性，处理的问题类型、推介类型、员工帮助信息发布（如传单、手册和刊物等），后续跟踪服务水平和体系，来访者的人口统计学特征。这样的信息可突出服务提供中的特定需要，评估出最适合客户公司的 EAP 服务模式和形式，并反映出 EAP 部门与组织中其他部门的协调和协作等。EAP 过程评估常用的指标包含 EAP 的使用情况，如，EAP 服务的便捷性、及时性，EAP 的使用率，使用者对服务的满意度、招募方式、覆盖范围、执行情况、环境因素和上级管理者对 EAP 的态度。

### （二）评估方法和指标

在过程评估中，我们会用到逻辑框架法和层次分析法这两种管理学中常用的分析方法。其中逻辑框架法从确定待解决的核心问题入手，逐渐向上级展开，得到其影响及后果，同时向下展开找到引发该问题的原因，由此得到所谓的问题树。将问题树进行转换，即将问题树描述的因果关系转换为相应的手段—目标关系，得到所谓的目标树。目标树得到之后，进一步的工作要通过"规划矩阵"来完成。规划矩阵是一个 $4 \times 4$ 矩阵，矩阵自下而上的四行分别代表项目的投入、产出、目的和目标的四个层次；自左而右 4 列则分别为各层次目标文字叙述、定量化指标、指标的验证方法和实现该目标的必要外部条件。目标树对应于规划矩阵的第一列，进一步分析填满其他列后，可以使分析者对项目的全貌有一个非常清晰的认识。

另一种可取的方法为层次分析法，该方法是将我们欲实现的目标分为不同的方面或层次，然后再对每一个方面或层次进行分层，直至我们所能测量的指标，然后按照管理者和决策者的主观判断，对每一个层次进行重要性比较，得出最后的权重比，再结合每个指标达成的情况进行评分，最后按照各指标权重分配，得到最后的总分，由此我们可以做出评估和判断。

层次分析法往往用来帮助决策者决策，因为它可以将一个宽泛的问题细化到各个指标上，然后再利用科学的方法对各个指标进行权重划分，最后用一个简单的评分就可以大致反映一个复杂问题的优劣。在 EAP 项目评估中，我们一方面可以用层次分析法来帮助我们决策哪一个 EAP 项目是更好的，另一方面还可以对一次 EAP 项目的实施情况进行打分，来对该 EAP 的实施过程进行一个评估。

总的来看，进行过程评估时我们首先用逻辑框架法对本次 EAP 项目进行一个深度的剖析，找到各个目标和项目之间的关系，其次我们将已经整理好的逻辑按照逐级分层的方式展开，得到由大至小的各个层面，再利用层次分析法对这次项目的每个环节进行打分，得到总的分数，由此分数我们便可大概评价出这次 EAP 项目实施过程的优劣。同时我们还会设计相对应的一些主观题问卷，以获知参与者对于项目实施本身的期望和意见，结合客观得分一并参考，由此得到一个总的过程评价。

在过程评估中我们会涉及很多指标，如及时性、便捷性、知晓度等，但使用率和满意度是最为核心的两大指标，这两个指标能够基本上较完整地反映出一次 EAP 项目实施过程的成功度以及内容设计的合理性。下面我们针对这两个指标做具体介绍。

（1）使用率。

使用率是使用情况的有效指标，因为它评估了在某种特定情境下，不同服务形式的适用性，并常常被用来比较不同 EAP 服务提供商的服务水平（Csiernik，2008）。Leong 和 Every（1997）调查了使用率与服务形式的关系，发现内部专家，且熟悉该企业需求的 EAP 服务模式的使用率要高于外部专家的 EAP 服务模式。Zarkin 等人（1995）发现基于工作场所的干预可以提高整体使用率，发现当有员工代表持续参与项目时，EAP 的使用率会提高。

虽然 EAP 的使用率被广泛使用，然而使用率的统计往往很难，传统的 EAP 使用率的计算方法是：一段时期（通常是 12 个月）EAP 新个案的数量除以可以使用 EAP 项目的员工数。然而对于使用率的计算却没有一个权威的公式。看起来是一个很简单的问题，但是事实上不是这样。其主要原因是：第一，许多外部的服务商把这些数据当作公司的私有财产；第二，内部和外部的工作人员会由于统计方法的不同导致两个数据不可对比；第三，即使是同一家供应商提供的 EAP 服务，由于每一个客户的组织结构、文化构成、外部环境和历史沿革的不同而导致每一个项目都不尽相同。所以不同 EAP 项目的使用率往往也难以对比。但是即使如此，我们还是要统计 EAP 使用率，因为这是衡量 EAP 效果最好的指标之一，同时也是对一个 EAP 项目进行评估的重要方法。

关于使用 EAP 的人数统计，可以细化到每个服务形式，如使用咨询的人数、使用培训的人数等。EAP 服务形式分为三个类别，这三个方面的内容都可以被算作 EAP 统计时的活动方式。第一，EAP 信息服务。客户公司的员工寻求信息的帮助。比如，EAP 的内容、EAP 的作用，等等，但是没有接受咨询。第二，生活管理服务。包括为客户公司的员工提供一些诸如法律、财务的转介服务以及幼儿教育、老人赡养等服务。第三，个案。发生在一位咨询师和一位有权限使用 EAP 的使用者之间的、按照 EAPA 标准的、具有记录保存的咨询才能算作个案。

"被 EAP 项目覆盖"指的是所有有权使用 EAP 的个体。但是不同的服务商对 "EAP 覆盖" 或者 "EAP 权限" 会有不同的标准，不同的 EAP 项目对此的定义也往往不尽相同。因此每一个不同的 EAP 项目都会强制定义什么是 "EAP 权限"。比如，有的项目定义 "被 EAP 覆盖" 或者说是有权使用的人仅仅为和客户公司员工 "同一屋檐下生活的家属"。当家属来电预约咨询的时候，服务代表要详细询问来访者和客户公司员工的关系以及居住的情况。有些 EAP 项目，将 "被 EAP 覆盖" 定义为 "传统家庭"，只有客户公司员工的父母和子女才有资格享受和客户公司员工同样使用 EAP 的权限。还有些 EAP 项目，仅仅将客户公司员工的子女包括进来。在第一种情况，如果来访者是客户公司员工的妹妹，但是目前还住在一起，那么这位员工的妹妹也是有权限使用 EAP 的；如果来访者是客户公司员工的子女，但是不在同一屋檐下生活，就没有权限使用 EAP。所以不同的 EAP 项目都会对 "被 EAP 项目覆盖" 有不同的定义。

（2）满意度。

顾客满意度是指一般员工或管理者对 EAP 项目的组织、实施及成效的态度，不仅可用来监测 EAP 的实施状况，也反映出顾客对服务效果的评价，可作为判断 EAP 有效性的指标之一。并且，通过顾客满意度和社会人口统计学变量、与治疗相关的变量（推介类型、问题类型、紧急程度和解决的程度）和环境变量（工会组织、组织的规模、职业类型、部门和人数）的关系，可以探讨特定情境下不同服务形式的适用性，从而提高 EAP 的服务水平。Park（1993）使用满意度调查来确认顾客是否接收了他们所需要的服务，以及对服务的效果和推介服务是否满意。

通过社会人口统计学变量、治疗相关变量和环境变量及顾客满意度的关系，可以探讨在特定情境下，哪种服务形式更适合哪些员工。社区心理健康中心的调查发现满意度与个人变量（年龄和性别）无关（Damkot，et. al.，1983）。Pearson 与 Maier（1995）发现上级推荐的推介方式与自我报告的提高水平存在负相关。这可能由于上级推介的方式往往与外部动机相关，自愿参与的方式是基于个体自我察觉和内部动机模式的。不过，Haines 等人（1999）发现自愿参与比其他推介方式的员工的满意度更低。Pearson 与 Maier（1995）的研究表明那些有迫切问题的顾客对整体访谈的满意度较低，这可能因为早期发现问题的顾客主动性更强，从而在治疗中获得最大的收益。最后，问题解决的程度会直接影响顾客满意度。

据以往研究，用来测量 EAP 顾客满意度的问题并没有统一。测量顾客满意度的项目数量不等，变化范围为 1 到 15 个（Pearson&Maier，1995）。此外，不同研究中所使用的回答方式也是不同的，常见的有二分法和 Likert 量表。Penzer（1987）的一项顾客满意度调查中包含了这些项目：对服务的整体感觉、EAP 服务员工帮助的有用性、EAP 专家帮助的有用性、咨询人员的敏感性。如何找到特定测量工具的信度与效度是这种评估需要解决的问题。

## 三、心理与行为层面

EAP 的根本目标就是帮助员工缓解压力，解决各类心理问题，并同时培养员工的积极情绪，通过身心状况的改善来提高员工的工作水平，进而促进组织绩效的提高，使组织获得更长远的利益。心理与行为层面的评估就是考查 EAP 项目对企业中员工的影响和效果，即是否达到目标。

首先，EAP 能够帮助员工发现和解决问题。由于员工的心理问题影响着个人和组织绩效，因此能否帮助员工解决问题是 EAP 成功的关键。EAP 对个人的影响主要是关于个人身心健康方面，考察以下指标：在使用了 EAP 服务之后个人在知识、技能、态度、行为、心理健康、心理成长等方面的改变。

其次，EAP 通过减少和消除容易影响员工心理健康的不良因素，提高个人和组织的绩效，促进组织的良好运行。EAP 对组织运行的影响要考察的指标分为三个方面：第一方面是工作绩效，可以通过标准化的绩效指标进行衡量。第二方面是员工在工作小组中的被接纳程度和社交情况，常用的指标包括缺勤、迟到、员工提出来的抱怨、针对员工的抱怨、工作中发生的事故数量、上级评价的合作程度。第三方面是 EAP 实施前后员工整体的变化，主要侧重于整体的绩效改变。常用的指标包括整体缺勤和迟到的情况、医疗保险花费、保险费、抱怨程度和人员流失率、总生产率和招聘及培训费用。因此，在评估 EAP 对组织运行的影响时，应在每一个方面都选用一些指标。

此外，EAP 可以优化人力资源管理机制和组织环境。例如，EAP 可以通过一些专业技术帮助企业及早发现有问题的员工，并选择合适的推介方式帮助员工解决问题。人力资源部可以借鉴这种方式将那些由于心理问题而导致工作效率低下或者不胜任工作的员工筛选出来，从而避免解雇而重新招聘新员工，为企业留住优秀人才。

正如前人在 EAP 的文献中所讨论的以往研究中在测量 EAP 心理与行为层面的改变时通常会使用真实验设计和准实验设计。这两种方法都是通过对以上列举的指标进行两种比较来探讨心理和行为层面的改变。一种比较方式是治疗前后，另一种比较方式是接受治疗组与未接受治疗组的员工。

为了测量 EAP 的干预是否成功，我们需要一个有控制组的真实验设计来证实，但是这样的实验却往往很难实施。由于我们必须要考虑到评估的保密性，保证参与 EAP 的员工不被外人所知，所以在评估的实验设计上，随机分配员工到控制组或者是接受 EAP 援助的实验组都是不道德的，因为这种随机分配往往会导致参与 EAP 的员工会在他所在的实验组里遇到他的上司、同事，或者别的熟人，这样他们就会知道对方也参与了 EAP。由于目前仍存在 EAP 专员人手不足的现象，EAP 专员往往都工作过度，而上述的这些事情就常常会被他们所忽略，而且他们也都不愿用很精确的方法来设计实验。要解决这个问题并不容易，唯一的办法就是把这个也作为评定员工和管理者以及 EAP 机构的工作表现的指标之一，这样才能有所改进。

## 四、经济效益层面

众多研究都表明在引进 EAP 之后，员工的缺勤率和工作的事故率降低了，生产率提高了，工作满意度等方面也有所提高。然而，组织更希望了解该计划为组织带来的确切收益，这也是 EAP 获得组织认可并得以持续推广的推动力。美国健康和人文服务部（Department of Health and Human Services）1995 年的资料显示：在美国，对 EAP 每投资一美元，将有六至八美元的回报。1990 年 Mc-Donnell Douglas 对经济增长的研究报告指出，实施 EAP 项目四年来共节约成本 510 万美元。而在美国拥有 70 000 员工的信托银行引进 EAP 之后，仅仅一年，它们在病假的花费上就节约了 739 870 美元的成本。美国通用汽车公司实行员工帮助计划后，每年为公司节约 3 700 万美元的开支。

对 EAP 进行经济评估中的一个重要问题，也是对项目进行经济学评价的一般原则，就是如何确认和测量项目的成本和收益。公司投入的成本可以分为固定成本和可变成本两部分。固定成本是指不受参加 EAP 项目人数所影响的花费。主要包括场地租金、工作坊的固定组织费用及培训师的费用等。可变成本是指与项目的运作相关的费用，如员工的工资和补助、培训费用等。EAP 给公司带来的收益往往是通过减少成本而实现的，问题员工常常使组织产生更多的额外支出。在 1986 年 11 月的 EAP 杂志上，在美国一家公司任职的 William M. Mercer-Meidinger 做了一篇关于员工在接受稳定的治疗后，得到的收益和心理补偿的报道。他声称美国的公司对有问题的雇员所花费的成本"一般固定在每年 1 000 亿美元以上"。Mercer-Meidinger 将花费的成本归纳为以下几点：劣质的工作表现和决策增加了工作相关事故的发生频率以及偷窃和挪用公款的贪污行为；疾病和能力欠缺导致缺勤的时间增多、加班费或复职的成本增多、健康收益的成本亦增多；雇员们的低士气和抱怨与不满，降低了生产效率；停职、解雇和其他一些惩罚措施的施行所带来的额外成本增加。因此，可以根据工作绩效的提高、缺勤率的减少、员工流失率的降低和医疗保险成本的减少来量化 EAP 所带来的收益。

很多研究发现 EAP 可以改变人们的不良表现和旷职问题。Illinois Bell 在 1980 年做的一项研究中，有一个关于 EAP 成本—收益中酗酒关系的案例。他跟踪了 752 个曾被转诊到 EAP 接受咨询的有酗酒问题的人，这些人在转诊前后都至少有五年的工作经历。研究发现，在转诊之前，90％的人被直接给予了不良的评价，而转诊后，66％的雇员在工作表现上得到了良好的评价。此外，转诊后那些不可能的诉求整体上减少了 52％，下班后的事故也减少了 42.4％，而在上班时的事故减少了 61.4％。另一个研究是关于 109 个有酗酒问题的雇员，治疗结果与前面的相似，旷职问题有所减少。

EAP 可以通过降低员工流失率来减少用人单位的管理成本，提高用人单位的经济效益。如果简单地将那些由于心理问题而导致工作效率低下或者不胜任工作的员工解雇，用人单位在支付补偿金、聘用和培养新员工上将付出比实施 EAP 更高的代价。以美国通用汽车公司为例，实施 EAP 项目后，降低了员工流失率，鼓舞了士气，调动了工作积极性，提高了生产效率，每年为公司节约 3 700 万美元的开支。对美国密歇根大学 122 名使用 EAP 的教职员工进行长达 5 年的跟踪研究后，也发现由于这种服务可以增加留职率和减少病假率，他们至少为该大学节省了 65 351 美元。尽管众多研究证明 EAP 能够为公司节省大量成本，带来较好的收益，但到目前为止，仍然缺乏较为系统的研究和统一的收益计算公式。此外，在现实中，有很多干扰 EAP 评估的因素。将 EAP 的某一具体效果从 EAP 的整体效果中分离出来也是一项巨大的挑战，Klarreich（1990）描述了一些易混淆因素和逻辑学上的困难，比如收集和评价员工的旷工、营业额、医疗申请、产量、工作中的表现，以及在这些改进被观察到之前过长的延迟，这些都可能阻碍对 EAP 的成本收益分析。很多研究人员讨论了干扰 EAP 评估工作的组织因素，比如说程序记录、机密性、对于一些管理人员研究的怀疑、在全体员工中执行 EAP 草案的约束。（Foote & Erfurt，1978）

旧金山的 EAP 顾问 Kendall Van Blarcom 指出，EAP 服务商很难提供强有力的数据证明员工的私人问题是如何通过受伤、粗心工作和工人赔偿要求的形式使组织产生更多的支出的。尽管在过去的几年中 EAP 迅速成长起来，但仍有大量的公司持有"老式的思想"，他们认为由于工人的私人问题而引发的心理补偿和旷工成本只是"经营成本中的一部分"。还有一些公司可能认为 EAP 只是一种奢侈品，而并非他们所需要的成本节省的工具。

因此，尽管我们不断地在努力寻找一种能够合理地、全面地评估 EAP 经济效益的方法，但是其中依然存在一些难以克服的问题，以下我们提出的方法只是作为一种探讨的方向，希望能为广大 EAP 工作者提供思路，希望中国的 EAP 评估能够越做越完善。

常见的经济学评价方法有两种：成本—效益分析（Cost-Benefit Analysis，CBA）和成本—效果分析（Cost-Effectiveness Analysis，CEA）。

### 1. 成本—效益分析

成本效益分析的基础是已知每个项目的成本和效益，并且通常用金钱来衡量。评估者首先要将 EAP 的效果价值化，即用金钱来表示 EAP 所带来的结果变量的变化。例如，当评估者把缺勤率作为结果变量时，就可以把员工每天的工资作为价值化的单位。用每天每人的工资乘以 EAP 带来的缺勤的员工人数和天数的减少量，得出的总数就可以作为缺勤率这个结果变量的价值化结果。

结合国内外一些相关研究，王秀希（2006）在理论上阐述了 EAP 成本—效益分析的净现值法。通过对 EAP 服务的成本、收益进行分析和比较，计算组织的投资回报率（ROI），从而量化 EAP 实施的效果。具体公式如下：

ROI＝（实施 EAP 的收益－实施 EAP 的成本）/实施 EAP 的成本

实施 EAP 的成本：$Cseap = Csl + Cscs + Csm + Cse + Csb + Csmisc$

其中，Cseap 为总的标准 EAP 费用；Csl 为劳动费用，包括工资和 EAP 全体员工的附加福利；Cscs 为合同式服务的费用，包括 EAP 使用的任何合同式的服务或劳动的费用；Csm 为建筑空间的费用，包括 EAP 使用的场地的租金、抵押金及其他形式的费用；Cse 为设备的费用；Csb 为材料的费用，包括 EAP 在设施、电话、税金、保险金、印刷、打印、复印、安全及一般的办公用品的费用；Csmisc 为其他费用，包括员工培训、差旅、修理和维护、小型设备和未包含在其他项目中的费用。

实施 EAP 的收益：$\Delta u = T \times N \times dt \times SDy - N \times C$；$dt = (Xt - Xc) / (SDy \times r)$

其中，$\Delta u$ 为 EAP 方案的价值（万元）；T 为 EAP 对工作绩效产生影响的时间（年）；N 为实施组员工数量（人）；dt 为实施组员工和对照组员工平均工作绩效的差别，又称效用尺度；SDy 为对照组员工的平均工作绩效的标准差（万元/年人）；C 为人均实施 EAP 成本（万元/人）。Xt 为实施组员工的平均工作绩效（万元/年人）；Xc 为对照组员工的平均工作绩效（万元/年人）；r 为工作绩效评价过程的可靠性（评价者一致性系数）。（SDy 通常使用施米特和亨特所推荐的员工平均工资的 40% 作为估计值，r 一般取值 0.9。）

### 2. 成本—效果分析

成本—效果分析是一种评价各种健康干预项目效果与成本的方法，通过比较不同项目之间的效果与成本，以成本效果比率的形式，为各类决策者选择最佳的健康干预项目提供重要依据。它也要求评估者对项目的成本和收益进行量化，但并不要求像成本—收益分析那样通过金钱量化。有些 EAP 的结果变量的变化，如员工满意度、员工士气的提高、组织内部关系的改善等，不能用金钱来衡量。成本—效果分析则以成本—效果比率的形式通过比较当达到相同收益或预期目标时，不同项目的成本投入，成本最小的项目即为最优项目。

成本效果分析不要求用货币形式评价效益，计算方法如表 9—1 所示。

表 9—1　　　　　　　　　　成本—效益分析与成本—效果分析的比较

| | 成本—效益分析 | 成本—效果分析 |
|---|---|---|
| 计算方法 | $CEA=\dfrac{C_{direct}+C_{indirect}+C_{intangible}{}^{*}}{E}$ | $CBA=\dfrac{C_{direct}+C_{indirect}+C_{intangible}{}^{*}}{B_{direct}+B_{indirect}+B_{intangible}}$ |
| 药物治疗方案结果评估指标 | 效果，关注的特定药物治疗方案的临床结果，常用某特定的治疗目标或直接用医疗干预后的效果指标表示。 | 效益，是用货币金额表示某一方案初稿后所产生的最大愿望或预期的经济和非经济性结果的价值。 |
| 研究角度侧重点 | 院内治疗 | 患者治疗期间及康复后的社会生活 |

注：$C_{direct}$=直接成本；$C_{indirect}$=间接成本；$C_{intangible}$=隐性成本；E=临床效果。
$B_{direct}$=直接效益；$B_{indirect}$=间接效益；$B_{intangible}$=隐性效益。

直接成本：直接应用于疾病治疗的一切费用。间接成本：指因疾病而造成的社会、患者家庭的经济损失，如患者因疾病造成缺勤、劳动力下降或丧失，甚至死亡而引起的损失，代表某种可利用资源的消耗，属于机会成本。隐性成本：指患者因疾病而遭受的痛苦、悲伤、精神创伤等。以治愈员工疾病为例，直接效益指患者治愈后，因恢复工作能力所赚取的工资或其他收入，病人提早康复所节省的治疗费用。间接效益：指患者治愈后对社会作出的经济贡献、患者家庭恢复的收入。隐性效益：指患者治愈后所带来的家庭欢乐等非经济性结果。

成本—效果分析的局限性在于以下几点：第一，效果是一维的，效果都是根据被评价项目的目标而定，成本效果分析不能用来比较有不同目标的项目；第二，成本—效果分析不是完全的决策过程，其他方面的考虑也会直接影响决策结果；第三，公平、公正的原则也不能完全体现在成本效果分析中；第四，健康干预项目所产生的非健康的社会效益或成本也需要法律、伦理或其他分析以补充成本—效果分析的结果。

成本—效益分析和成本—效果分析两种方法都是比较有效的决策辅助工具，成本—效益分析倾向于从医疗、服务机构的角度考虑，成本尽量小。而成本—效果分析倾向于从病患或服务对象的角度考虑，以较好疗效作为首选的基本原则，先确立效果，再计算费用。所以，如果采用不同的分析方法，那么所得结果就可能相同，对不同利益群体的意义也不同，应综合采用多种分析方法。

## 五、需要注意的问题

前面讨论了很多有关评估 EAP 的内容，除此之外，作为 EAP 的评估员也必须了解那些常见的 EAP 评估过程中的障碍。在这里我们所能提供的只是有关这些障碍的大略描述，具体问题的解决还要根据评估过程中的实际情况分析确定。

### （一）保密性

在对员工帮助计划进行评估时往往会遇到很多问题，其中最头疼的问题也许就要数如何尊重员工的隐私，实施保密措施了。例如酗酒、婚姻和家庭冲突、情感问题等等都与社会评价有关，因此员工在这些问题上对于是否要向 EAP 寻求援助感到很犹豫。如果员工得不到保证，不能确保有关他们的资料不会被泄露，他们对 EAP 的抵触情绪就会很强烈。因此我们不仅要对参与 EAP 的员工实施保密措施，也要让那些出于好心帮助他们的同事遵守保密协议。

在尊重员工隐私，对他们采取保密措施保护的同时，EAP 的整个评估过程还是应该公开进行的。也就是说，有些个人信息还是要用到 EAP 的整体评估中并呈现给负责人的，但同时也要注意不能泄露任何接受 EAP 员工的隐私性资料，如姓名。一个比较好的权衡方法是，在把个人资料写入评估之前，先征求当事人的意见，由他们自己决定哪些需要保密而哪些不需要。

### （二）实验设计

为了测量 EAP 的干预是否成功，我们就需要一个有控制组的标准实验设计，但是这样的实验却往往很难实施。由于我们必须要考虑到评估的保密性，保证参与 EAP 的员工不被外人所知，所以在评估的实验设计上，随机分配员工到控制组或者是接受 EAP 援助的实验组都是不可行的，这种随机分配往往会导致参与 EAP 的员工在他所在的实验组里遇到他的上司、同事，或者是些别的熟人，这样他们就会知道对方也参与了 EAP。因而 EAP 评估者们都不愿用很精确的方法来设计实验。要解决这个问题并不容易，在上面投资回报率的内容中我们已经给出了一些可供参考的建议，但具体使用哪种方式还要根据具体情况来决定。

### （三）数据收集

由谁来负责收集数据是评估 EAP 过程中另一个让人感到两难的问题。如果由执行 EAP 以外的人员或研究机构来负责，那么就会出现下面两个问题：保密性就更加难以保证；由于他们通常没有参与到前期 EAP 计划的制订中，他们所需要的很多数据并没有被收集。如果由 EAP 专员来负责数据收集的话，由于他们往往缺乏足够的研究专业知识，因此他们必须要先接受培训，而这又会花费更多的时间，使得 EAP 的评估又遇到时间上的问题。除此之外，EAP 专员总是会担心评估结果是否与他们的预想吻合，这种期望不仅会对研究产生影响，也会影响到研究者的努力程度。

曾有研究者提出，由 EAP 专员负责收集的数据在基本的信息方面有所欠缺，例如没有提供完整的成本—效益信息，这会对以后长期的追踪后续研究有所影响。Califano 在 1987 年也提出对后续追踪研究的数据进行收集可以更好地证实接受 EAP 援助的员工是否有所收益。为了使这种两难的情况不影响评估的客观性和公正性，我们必须让那些缺乏专业研究经验的 EAP 专员获得这方面的专业帮助。最好的方式就是通过合作来完成评估工作。让 EAP 专员和专业的评估人员组成团队来进行评估的工作。

### （四）数据类型

EAP 的评估需要基于质与量这两种数据。Sonnenstuhl 和 Trice 于 1986 年提出：那些有关质的数据资料主要适合描述，这种质性数据的研究方法适用于一些理论的产生；而基于量性数据的研究方法则适用于去验证那些理论。因此通过访谈所获得的有关 EAP 的信息也是评估中必不可少的部分。

## 六、国外的 EAP 评估项目

对 EAP 进行评估是 EAP 实施中不可缺少的一部分，但是要做到精确、科学的整体评估是一件既费时间又费精力的事情，所以现在很多 EAP 的评估都是以主观变量如满意度等作为基础，真正经典的评估过程并不多见。现在就将国外做的比较完整的 EAP 评估项目介绍给读者。

McDonnell Douglas 受理了一项单独操作的、进行了科学的花费—收益分析的财政效果研究。它对因为卫生保健需求和旷工带来经济损失而实施的 EAP 进行了为期四年的纵向研究。每一名委托人与十名雇员在六个统计变量上匹配。用这样的方法设立一个恰当的控制组。这项研究并没有尝试计算那些不能被客观准确测量的因素所带来的财政影响。也就是说忽略了软指标金额项目，如生产力、工作绩效水平、员工更替所需花销。因此这一研究结果很可能是最为保守的。EAP 总共节省金额（与对照组相比较）为 510 万美元，投资收益率为 4∶1。

最有野心和最为精密的花费—收益评估之一是由美国健康和公共事业部门开展的"雇员咨询服务"（Employee Consult Service，ECS）计划。这项计划由 16 个工作单位合作，向 15 万员工提供此项服务。在长达 30 个月的评估过程中 ECS 的咨询师为超过 2 500 个遇到心理困扰的员工进行了咨询。这一评估有很多非常重要的方面：如，保证了客户的隐私权，评估与现有的方法和程序相一致，带给 EAP 职员的负担最小，为管理者提供反馈以帮助他做出决定，设计非常严格，以保证结果的可信（通过收集个体水平的数据达到），主要强调结果（如成本—收益）。没有使用 EAP 的员工作为控制组，他们是在控制部门、性别、年龄和薪金的基础上挑选出来的。花费—收益分析表明：每名客户的预计花费为 991 美元，六个月的预计收益为平均每名员工节约 1 274 美元，也就是说每一美元的花费可以获得 7.01 美元的收益。

Nadolski 和 Sandonato 测查了接受过为期六个月 EAP 咨询的 Detroit Edison 公司员工的工作表现。通过计算缺勤时间（情况及天数）、对健康保险（对投保人由于疾病造成损失的保险）的需求、违纪警告以及事故的次数对 EAP 进行评估。所有这些方法通常都被认为是精确的评估手段。由其主管报告的生产力状况（产品质量和数量）也作为评估的一方面。研究是纵向比较的，收集了员工在最初接触 EAP 时（六个月从此时开始算起）的数据和 EAP 进行当中的数据。研究使用 67 名员工作为样本——31 名由主管推荐，36 名自我推荐。结果表明：缺席的情况下降了 18%，缺席的天数下降了 29%，记过警告减少了 13%，停职现象减少了 40%，工作相关事故的发生次数减少了 41%；工作质量提高了 14%，工作数量提高了 7%，同事关系提高了 7%，上下级关系提高了 13%。遗憾的是，这项研究中没有使用任何控制组。

McClellan 报告了对俄亥俄州 EAP 整体评估进行的花费—收益的研究。结果显示并没有证据表明健康保险花费降低，也没有出现病假次数的降低或人员变动的减少。此研究中仍然没有出现控制组。总之，俄亥俄州的 EAP 直接收益可能并没有抵消州政府在它上面的花销。然而，员工们非常满意这项服务，并且，作为一项员工福利，它还是有一定价值的。

通用汽车公司（General Motors）将他们实施 EAP 前的数字和 EAP 后的数字进行了比较，发现事故发生次数下降了 50%，员工的缺勤时间（一周或两周）与 EAP 的咨询时间能够相互抵消，全部 EAP 带来平均 3∶1 的收益率。

与此同时，一些案例也发现了 EAP 并非在任何情况下都十分有效。

Blaze-Temple 和 Howat 的一项研究采用了严格控制的实验设计，其中参加的被试都是来自政府的蓝领工人，总共有 400 人，但是结果发现：第一，使用咨询和没有咨询的人没有明显的指标差异；第二，使用单位内部的管理咨询项目比使用 EAP 咨询项目的员工有更高的效益。

类似的还有 Berridge 的研究，他采用了前后测的非实验设计，并且使用非匹配控制组。

使用的干预方法是内部咨询和 EAP 咨询两种。参与的被试为九家独立企业的员工，同样，结果发现内部咨询使得员工的心理健康水平和缺勤率得到改善，但是在工作满意度和组织承诺上的提高较少，而 EAP 咨询却没有产生任何作用。

在英国进行的单独评估之一是在邮局实施的。这一研究系统地评估了压力咨询对邮局工作人员产生的影响，从销售层到高级管理层。结果发现在咨询前后因病缺席天数、临床焦虑水平、生理焦虑和抑郁几项指标都有显著降低，而自尊水平有所增加。本项研究用 250 名员工作为样本，进行了至少为期一年的咨询，还使用了控制组。

## 七、中国 EAP 项目评估案例展示

### （一）评估的目标

对 HNS（某单位名称缩写）EAP 项目进行的评估，我们主要依据以下几个目标进行：

第一，验证本项目的效果，评估 EAP 服务为组织员工的能力及身心健康、组织的整体工作氛围、各部门的团队凝聚力等带来的效力。

第二，获得有关服务和项目整体计划的反馈，深入分析存在的缺陷和不足，以期根据反馈对整体的工作进行调整和设计，进一步提高执行 EAP 计划的能力、规范服务的流程、改善服务的质量。

第三，对所得数据进行国内外对照性研究，丰富 EAP 中国模式的资料，对完善现有模式、开发出更适合中国人的项目运作形式做出贡献。

第四，作为项目本身，也要利用评估所得数据帮助客户组织高层管理者了解EAP 工作的实际效果，看到投资所得到的回报。并以数据的科学分析为基础，向管理层提出组织改进的意见和建议，以及今后工作的完善措施。

### （二）评估方案

此次评估历时三年，我们对整体项目的各个方面都进行了综合评价，因此对评估框架的设计是经过了细致和深入思考的。下面我们就评估的时间框架、人群

范围、实验设计、评估内容、所使用的方法、数据分析等几个方面进行详细叙述。

## 1. 时间框架

如上所述，本次评估的时间框架为三年。就时间长度来说，它可以算是一个长时程的评估，一些硬性指标的改变应该可以显示出来。但是由于每年度企业人员的变动、参与 EAP 员工的变化，都会导致参与人群每年都在发生变化。此外，本次评估主要采用问卷调查的形式，三年都参与了调查的员工只占回收问卷总数的一部分，依然存在着较为严重的数据流失问题。不过回收上的有效且三年匹配的问卷数目有 1 210 份，足够对此次 EAP 项目进行有效评估。

## 2. 人群范围

对本次 EAP 项目所进行的评估是针对 HNS 所有接受过 EAP 服务的人员。接受了 EAP 服务的不仅包括企业员工，还有员工的家属。HNS 考虑到资金的节省问题，没有将职工所有的亲属都放到服务范围内，而只是将项目局限在了个人的小家庭，包括子女和配偶。

## 3. 实验设计

按照标准的实验设计，应该设立实验组和控制组，并对两个组都实施前测和后测，在控制好无关变量的基础上，对两组前后测的成绩进行比较，最终得出实验的结果。但是由于伦理和实际操作上的困难，我们很难单独设立出一个控制组，让他们不接受任何 EAP 的服务，而只进行两次调查。首先，这可能使那些真正需要帮助的人得不到及时的帮助，使问题因延误而加重；其次，我们也很难说服员工无偿地参与两次调查，而得不到任何服务；再次，对于 HNS 来说，它有严格的组织构架，不同部门之间的划分非常清晰，跨部门的将员工随机分配到控制组和实验组也是不现实的。特别是为了满足 HNS 领导层的要求，我们在服务中加入了团队建设的内容，而团队建设必然是以团队为单位的，只让一部分人参加服务，其他人不接受，也是行不通的；最后，因为宣传是利用宣传栏的形式面向 HNS 的全体员工，因此很难保证 EAP 的效应只影响到了那些实验组的人员，而毫不影响控制组，即使强行分出控制组，两组比较最后得出的数据也是会存在偏差的。

基于上述实际原因，本评估采取了准实验设计。即以部门为单位进行 EAP 的服务，对每个员工接受 EAP 之前和之后的数据进行采集，通过比较前后测数据的不同来确定 EAP 的效果。最后在分析数据时，除了对 HNS 总体的分析外，还包括了对不同部门团队特点的探索。

## 4. 评估的内容

评估内容主要包括以下三个层面。

（1）服务的反馈。

a. 服务满意度：利用反馈问卷的形式，在每次服务之后征求员工对于服务方式、服务效果和服务提供者的专业性等多方面的满意度，并收集他们对各项服务改进的意见，以期进一步完善我们的工作。

b. 使用率：根据不同的服务种类，如咨询、培训，分别计算员工对服务的使用率。

c. EAP 实施必要性：通过向员工发放问卷来获得员工认为需要实施 EAP 的程度。

d. EAP 参与意愿：同样利用问卷来了解员工是否愿意参加公司举办的 EAP 活动。一般指总体的 EAP 活动，而不是针对某个活动而言。

（2）员工个人的改变。

利用调查问卷和访谈等形式对员工进行与项目初期心理调查内容基本一致的测量，考察他们在心理健康、压力状态等方面的指标，并与前期的数据进行比较，检验 EAP 是否给员工个人带来了显著改变。

（3）组织层面的改变。

用专业的心理测量工具对组织内部，如组织气氛、组织满意度、员工承诺等多个方面的指标进行考察，并与初期调查所得数据进行比较，考察 EAP 的实施是否带来组织氛围、人际沟通的明显改善。

5. 评估方法

（1）问卷调查。

运用专业的心理调查问卷，对参加 EAP 项目的员工整体进行有关心理压力状况、心理健康、组织承诺等心理指标的调查，并了解其对 EAP 服务的需求及建议，根据对所得数据进行的科学统计分析，描绘出员工心理健康、企业组织气氛的总体状况，并从中找出影响这些指标的心理因素。其中身心健康和压力问卷均取自 OSI 中文版问卷，为六点量表；满意度问卷取自工作满意度量表，为四点量表；团队问卷取自团队效能量表，为四点量表；组织承诺量表为六点量表。

调查问卷以电子邮件的形式发放给员工，由员工个人填写，并将结果反馈到我们的专门信箱，再由专业的心理统计人员进行分析综合。

2010 年调查于 2010 年 9 月完成，回收问卷 3 022 份，其中有效问卷 2 092 份。

2011 年第一次效果评估于 2011 年 8 月完成，回收问卷 3 349 份，有效问卷 3 177 份。

2012 年第二次效果评估于 2012 年 12 月完成，回收问卷 3 417 份，有效问卷 3 399 份。

三年测试问卷经严格匹配后，共核对出 1 210 份数据，进行 EAP 实施三年的比较。

（2）访谈与座谈。

依据专家编写的半结构化访谈提纲，按照随机抽样原则选出一定比率的员工进行深入访谈并定期举行座谈，收集他们的压力状况、压力源等方面的信息，以及他们对于 HNS 组织工作和企业发展的建议，并对所得结果进行综合分析，从而作为问卷调查结果的补充和向 HNS 领导层提交建议的依据。

访谈和座谈在 HNS 内部进行，参加的员工全部根据随机抽样的原则随机选出，并适当选取参加 EAP 项目的部门领导参与。

2010—2012 年期间，对 HNS 员工进行了分层级的后期评估访谈与座谈，共访谈 125 人，举行座谈 8 场。

（3）资料分析。

由国家开发银行人事及相关部门提供相关的资料，考察和计算如缺勤、病假、离职和事故等的记录，健康管理的措施和费用，以及由职业心理健康因素导致的增加额外人事管理费用的统计资料和个案。

6. 数据分析

（1）描述统计。

定量分析 EAP 各项服务的使用率和满意度的指标，并对不同人群接受服务的种类和方式的不同特点进行概括性描述。

（2）差异检验。

以 HNS 总体为单位分析其在 EAP 实施前后，在个人和组织层面上参数的变化，以此来验证 EAP 的实际效果。

在 HNS 内部以性别、年龄、学历、职级、职称、工作年限、婚姻状况等为区分的不同群体在 EAP 前后测上的差异及其特点，并尝试性地总结造成差异的原因。

以不同部门为单位，分析不同部门在实施 EAP 前后组织层面参数的变化情况，考察 EAP 对团队效能的促进成效。尤其是对一些存在特殊问题的部门，对 EAP 所采取的特别服务效果进行考察。

（3）质的研究。

对访谈和资料分析等所得的数据进行了质的分析，通过对录音和文献资料的整理分析出 EAP 对员工带来了哪些方面的利益，以及他们对 EAP 服务进一步改进的建议。

（三）评估结果

1. 量的分析

首先，我们根据总体数据的前后测的比较，得出以下有关 EAP 效果的结论。

（1）问卷调查评估结果。

a. 对员工心理指标的效果（表 9—2）。

表 9—2　　　　　　　　　　　　　员工心理指标效果

| 指标 | 具体维度 | 2010 年 | 2011 年 | 2012 年 |
|---|---|---|---|---|
| 压力状况 | 压力主观感受 | 56.5% | 32.6% | 33.3% |
| | 身体压力 | 3.97 | 3.52 | 3.24 |
| | 心理压力 | 3.48 | 3.05 | 3.00 |
| 情绪状态 | 积极情绪 | 1.97 | 2.21 | 2.24 |
| | 消极情绪 | 1.78 | 1.46 | 1.45 |
| 抑郁倾向 | 抑郁倾向 | 2.6% | 1.8% | 2.8% |
| 职业枯竭 | 缺乏工作活力 | 4.00 | 3.43 | 3.40 |
| | 质疑工作价值 | 3.50 | 3.20 | 3.06 |
| 心理资本 | 自信 | 4.52 | 4.54 | 4.46 |
| | 希望 | 3.90 | 4.25 | 4.16 |
| | 坚韧 | 4.25 | 4.39 | 4.37 |
| | 乐观 | 4.13 | 4.39 | 4.36 |

根据表 9—2，我们可以看出：通过 EAP，接受服务的 HNS 员工压力感受明显降低，身心健康水平逐年提高。情绪状态有所改观，职业枯竭有所降低。说明 EAP 的实施对于改善员工心理状态有一定的帮助。但与此同时，我们可以发现抑郁倾向比例有所波动，心理资本个别指标变化不明显或者下降，这也说明了 EAP 对于员工来说并不是万能的和必然有效的，由于员工心理状态受多方面因素影响，而 EAP 项目也不可能干预到方方面面，所以难免会有一些与预期相反的结果出现。但是从总体来看，各项指标都呈优化趋势，足以说明 EAP 所起到的积极作用。

b. 对组织整体的改善效果（表 9—3）。

表 9—3　　　　　　　　　　　　　组织整体改善效果

| 指标 | 具体维度 | 2010 年 | 2011 年 | 2012 年 |
|---|---|---|---|---|
| 满意度 | 总体满意度 | 3.35 | 3.42 | 3.26 |
| | 单位满意度 | 2.77 | 3.02 | 2.99 |
| | 薪酬满意度 | 2.26 | 2.59 | 2.45 |
| | 晋升满意度 | 2.52 | 2.81 | 2.71 |
| | 工作满意度 | 2.44 | 2.86 | 2.81 |
| | 领导满意度 | 3.00 | 3.05 | 3.07 |
| | 同事满意度 | 3.34 | 3.30 | 3.27 |
| 组织承诺 | 情感承诺 | 4.59 | 5.05 | 5.08 |
| | 持续承诺 | 4.12 | 4.64 | 4.62 |
| | 规范承诺 | 3.85 | 4.46 | 4.48 |
| 归属感 | 高换岗意向 | 31.0% | 15.9% | 21.0% |
| | 高离职意向 | 16.6% | 8.0% | 11.4% |

从表 9—3 所示数据可以看出，通过 EAP，HNS 员工的工作满意度在 2011
年最高，随后略有反弹，表明员工对 HNS、薪酬、晋升、工作本身、领导和同
事等方面的认同度有所增强，但是产生反弹的原因很可能是 2012 年出现了重大
组织调整，进而产生了大面积的满意度影响。但是尽管如此，员工的满意度也比
2010 年高一些，说明了 EAP 也帮助大家更为理解组织调整和应对挑战，从而促
使员工更加幸福高效地为组织的成长而努力进取。同时 HNS 员工的组织承诺也
有所提高。组织承诺的提高，表明员工得到了更多来自组织、领导和同事的支
持，增强了对组织的忠诚度，从而愿意更加持久地为组织服务。在归属感和离职
意向方面也有所提高，说明了员工在单位中找到了自己的价值，并愿意在单位中
体现出自己的价值。

（2）服务满意度和使用率。

a. 培训服务。

2010—2012 年为 HNS 执行了总共四场培训。包括了大部分部门的员工。表
9—4 分别对每个年度进行的讲座类型和时间进行了描述。

**表 9—4**　　　　　　　　　　　　　**讲座一览表**

| 模块 | 主要内容 | 数量 |
|------|----------|------|
| 心理宣传 | 节日特刊<br>EAP 使用手册<br>"阳光心态"手机彩信报<br>启动会<br>海报、易拉宝 | 5 期<br>1 版<br>29 期<br>1 场<br>2 套 |
| 心理咨询 | 心理咨询 | 80 人次 |
| 心理培训 | 培训总人数<br>大型讲座："压力管理"主题培训<br>8 月员工沙龙："快乐情绪我做主"主题心理沙龙<br>10 月员工沙龙："与压力共舞"主题心理沙龙<br>11 月员工沙龙："工作生活平衡"主题心理沙龙 | 259 人<br>1 场<br>1 场<br>1 场<br>1 场 |
| 项目管控 | 心理调查报告<br>阶段性咨询、培训等活动开展情况汇报及效果反馈 | 1 版<br>10 期 |

在培训后，我们对所有的课程都进行了及时的问卷调查，从四场培训的培训
反馈统计：对培训师的满意度 9.60 分，对培训课程的满意度 9.48 分，对培训组
织的满意度 9.65 分，对培训的总体满意度 9.53 分。

从员工对培训的主观、客观的效果反馈中，发现 EAP 培训给员工带来了帮
助和引导。

b. 咨询服务。

2010—2012 年，共为 HNS 的员工提供心理咨询服务 89 人次，其中电话咨

询服务 32 人次，QQ 咨询 24 人次，邮件咨询 6 人次。

其中咨询问题以情感、家庭类居多，共 28 例；其次是职场压力类，共有 17 例。咨询人群以女性员工居多，且用工方式多为派遣制。

随后通过电话的形式对使用咨询的员工进行了回访，从回访情况来看，员工对咨询服务较为满意，咨询前心理困扰程度为 7.51，咨询后心理困扰程度为 4.02。咨询服务满意度达到了 9.73。愿意继续使用咨询服务的得分为 9.80，愿意推荐别人使用咨询服务的得分也达到了 9.80。

2. 质的分析

我们质的研究数据主要从访谈记录得出。根据质的分析结果显示：HNS 的员工总体上对 EAP 各项工作是认可的，同时对 EAP 也提出了更高的期望和改进意见。

（1）质性分析——局级领导访谈。

对 EAP 的实施给予肯定和认可。

认为 EAP 对部门的工作发挥了辅助支持作用。

感觉 EAP 对自己本身也产生了影响。

希望 EAP 能深入持续进行下去。

认为 EAP 还有待于进一步深化并加强针对性。

（2）质性分析——处级干部访谈。

EAP 是关心员工的身心健康的有意义的活动，是关心员工的一种表现。

项目所提供的服务对部门工作有帮助，增强了团队凝聚力。

对员工的心理健康产生了潜移默化的影响。

帮助自己保持良好的心态。

希望可以增大宣传力度，开展针对性更强的活动。

（3）质性分析——普通员工访谈。

体现了对员工的关爱，增强了员工的认同感。

对于组织来说，是认识上的一个进步。

开始重视心理健康的重要性，掌握了一定的心理学知识、技巧。

与领导的沟通变得更加畅通。

组织承诺提高了，更愿意在组织中工作。

与同事之间的关系更加融洽了，缩短了与大家的距离。

希望开展更多的活动，并且服务形式更加便捷一些。

3. 总结

通过 EAP 项目的实施，我们能够从评估中得到如下结论。

（1）推动了员工的身心和谐，为和谐企业建设注入"心"元素。

（2）从新途径、新方法的应用角度助力了企业思政工作机制的优化。

（3）EAP 从心理层面为员工和组织服务，成为助力企业文化建设的动力之一。

（4）实施 EAP 项目后，参与过 EAP 项目的员工的压力主观感受、情绪状态、抑郁倾向、个人心理资本、对组织态度相较于未参与过 EAP 项目的员工，各项指标都普遍有所改善。

（5）通过有针对性的、贴近员工心理状况的现状调查、心理咨询、培训辅导、心理宣传促进等 EAP 服务模式，在公司营造了提升积极心理品质的氛围。

EMPLOYEE ASSISTANCE PROGRAMS

# 第三篇　EAP 应用

# EAP 的应用与危机干预

EAP 被企业引进之后，在企业发展的各个阶段、员工面对的各种情境中都不乏其用武之地。新晋员工的入职培训、管理者与员工之间的绩效沟通、企业内冲突的解决，以及组织变革中常见之裁员问题的应对等，无一不需要员工帮助计划进行协助。

## 一、EAP 提供的绩效沟通心理服务

员工是企业真正的财富，但并不是所有的员工都是企业的财富，只有具有了"3H"特点的员工才称得上是企业的真正财富。这三个 H 指的是：健康——Health、幸福——Happiness、高效——High Performance。

随着市场竞争的日益激烈，现代企业更加强调发挥团队精神，建立群体共识，高绩效是任何一个企业单位都希望实现的目标。绩效沟通是绩效计划顺利执行以及绩效目标顺利实现的根本保障，是绩效管理的灵魂和核心。通过沟通，才能设定共同认可的绩效目标，才能在履行目标职责过程中不断勘误、提高效率，才能使绩效目标考核思想深入人心，考核结果令人信服。绩效管理的关键是上级同员工之间持续的双向沟通。

绩效沟通在绩效管理中发挥着如此重要的作用，然而，在我们现代企业的绩效管理过程中，沟通却成了最薄弱、最容易被人忽视的一个环节。有的企业仅仅在设定绩效目标时同员工做简单的沟通，有的企业甚至连基本的沟通都没有，有的企业重视了，使用了这一工具，却效果欠佳。在对待沟通这一重要绩效管理工具时，企业和企业管理人员往往存在不少的问题和误区。

熟悉绩效管理的人都知道，绩效沟通是个难题，经理和员工都比较回避这一过程。对经理来说，这一过程简直就是危机时刻，是一个痛苦的回忆，没有人愿意把绩效考核的结果摆到桌面上来讨论，因为这会给自己带来麻烦。当管理者被

强制要求做绩效沟通时，当绩效反馈被当作一项工作任务时，多数企业采取的做法是在员工不在办公室的时候，偷偷"溜"进员工的办公室将绩效考核表放在员工桌上，然后等员工不在办公室的时候，再偷偷"溜"进去，把员工签好字的绩效考核表拿回去，交给人力资源部存档，这就算是完成了沟通的任务，就算是做了绩效考核。这样做，避免了与员工面对面，避免了面面相觑的尴尬和极有可能发生的争吵。但是，避开绩效沟通这一重要环节的做法，却为企业整体业绩提高和长远发展埋下了祸根。

许多企业在进行绩效管理过程中，主要考虑企业的利益，很少考虑员工的利益，更谈不上对员工的成长负责。绩效管理实际上仅仅是企业经营过程中的一种监控，对于部门、员工的监控，而不是完整意义上的绩效管理。其核心理念提的是"以人为本"，实际管理过程中却没有真正地体现出来"以人为本"，也没有真正以人为资源。企业拒绝对员工负责任，那么当企业对员工没有承诺，或者承诺不兑现时，员工对企业自然没有归属感，管理人员和员工都看短期的利益。这样的绩效沟通，无论技巧如何纯熟，效果也不会好到哪里去。所以，有的企业不是绩效沟通本身出了问题，而是企业理念等方面需要改进。

在与员工进行绩效沟通的过程中，管理者的压力是很大的，而 EAP 则可以使原本可能艰难的绩效沟通变得顺利和轻松。

## （一）对管理者：咨询式的管理者

作为管理者，不可避免要和员工进行长期的绩效沟通，如何进行有效沟通是需要一些技巧的。当前管理趋势的变化要求管理者逐步由传统的指令式管理者向咨询式管理者转变。这一方面是因为员工的素质急剧提高，对管理者的管理方式和管理成效都提出了越来越高的要求。另一方面，人本主义的管理理念和模式风行全球，管理者的职责和职能越来越丰富化、高端化。尤其是高层管理者，以往的管理模式和技巧已经不能满足他们的实际工作需求。这就对管理者自身所具备的素质和实际的技能提出了新的要求。心理学，尤其是心理咨询在现实生活中，特别是在工业组织中的多年实践经验证明，心理咨询的理念和技巧可以有效改善管理者的管理风格，提高实施人本主义的管理成效。通过这种培训，管理者将能够：（1）掌握"以人为本"的咨询观点与技巧。（2）通过角色扮演练习这些技巧。（3）掌握与绩效沟通相应的沟通技巧。（4）探索咨询技巧在绩效沟通中的应用。

## （二）对管理者及各级员工：交互作用分析

绩效沟通是一个管理者与员工互动的过程，有效的沟通将有助于双方意见达成一致，能够提高团队和组织的竞争力，但沟通障碍却扼杀了沟通的效率，破坏了沟通自身想要达到的目的和效果。许多管理者及员工面对企业中的沟通障碍时，往往感到束手无策。目前，一种称为交互作用分析（Transactional Analysis，TA）的理论和方法早已在西方企业中被广泛应用于解决企业中的沟通问题。通过这种培训课程将使管理者及各级员工在以下方面有所获益：（1）学会人格的心理诊断。（2）增强自我觉察能力。（3）改善自我性格的限制。（4）把握沟通的三把"钥匙"。（5）辨识沟通误区。（6）能够学会交互作用分析与练习。（7）能够利用 stroke 技术促进良好的人际关系。

除以上的增进沟通技巧的培训之外，员工帮助计划在绩效评估中还有非常重要的功能。EAP 是针对员工所遭遇到的各种问题提供协助，而绩效评估往往是发现和确认员工问题的时机，评估过程中的面谈能使人力资源管理部门的领导者了解员工的问题所在，进而提供帮助。

## 二、EAP 帮助新员工成长

前文中也提到过，新员工有两种类型：一种是刚刚毕业的大、中专学生，另一种是来自其他组织的"空降兵"。对于前者而言，他们面临的将是一个完全新鲜和陌生的环境，不同的组织文化将在其行为举止和内心体验上烙上不同的印记。而对于那些从另一个单位进入本组织的新员工来说，可能面临的则是两种组织文化的激烈碰撞。本文中的新员工特指前者（下同），但其中的原理亦基本上适用于后者。

新员工是企业发展的新鲜血液，是企业不断发展的最重要的推动力，他们代表着企业的明天和希望。但是适应新环境需要一个过程，企业对于新员工的期望与新员工对于企业的期望之间常常存在分歧，新员工不可能一蹴而就成为得力干将，他们的心态和行为都需要调整，如何顺利度过"磨合期"，达到双赢的目的，是员工帮助计划十分关注的议题，员工帮助计划会从促进新员工自身努力以及促进企业改善氛围两方面开展工作。

刚刚进入职场的年轻人，往往既跃跃欲试又忐忑不安，既满怀豪情又不知从何做起。要顺利完成由学生到职业人的转型，他们必须不断努力提高各方面的综合素质。

一些刚踏上工作岗位的新员工常常发牢骚，抱怨自己的工作环境不好。有的人到一个工作岗位没多久就跳槽，有的甚至一年之内跳几次槽，到哪个单位都感到不顺心。出现这样的问题，大都与其事先对新环境、新岗位估计不足，期望值定得过高，不切实际，心态不够积极有关。

为帮助新员工调整入职心态，使其尽快融入工作环境，增强对企业的满意度，降低离职率，EAP 可从以下几方面对新员工进行培训。

### （一）帮助新员工调整心态

员工帮助计划中新员工培训及咨询的中心环节就是帮助新员工调节自己的心态，从心态上实现从个人导向到团队导向、从情感导向到职业导向、从成长导向到责任导向的转变。防止一进入工作岗位就"不习惯"和"看不惯"，然后由于不能很快适应环境和胜任工作而"盲目悲观"，从而失去对工作的信心和克服困难的勇气。要让新员工学会客观地分析利弊，增强对企业的责任感和主人翁意识，多一分投入，少一些计较，多一分主动，少一些等待，多一分耐心，少一些烦躁，积极地面对和适应变化，实现有效发展。正如 IBM 台湾公司前总经理许朱胜所说：好的工作对初入社会的人而言，通常是可遇不可求的，在找到自己真正喜欢的工作前，先试着去喜欢现在做的事，努力去做，并凸显自己的价值。

这一时期 EAP 培训的目的：帮助新员工及时完成角色转换，调整心态，认同企业文化并快速融入团队。

这一时期 EAP 的课程目标：重新认识和定位自我，完成角色转换；了解新员工通常的心态，掌握相应的心态调整方法；认识个人潜能，树立信心。

### （二）帮助员工确立归属感

在复杂多变的竞争环境下，企业员工的心理状态始终是处于变动之中的。在一个新的环境中工作，往往会产生漂泊无依之感。此时员工工作的一个重点便是帮助新员工确立对公司的归属感与认同感，建立心理契约。

"心理契约"是美国著名管理心理学家施恩（E. H. Schein）在 20 世纪 60 年代提出的一个名词，在施恩看来，心理契约是组织中每一个成员和不同的管理者及其他人之间，在任何时刻都存在的一种没有明文规定的期望。它包括两部分内容，一是员工个人目标与组织目标和承诺的契合关系；二是员工在经过一系列由投入—回报循环构成的组织经历之后，与所在企业形成的情感上的契合关系，体现在员工对组织的依赖感和忠诚度上。简言之，即企业能清楚员工的发展期望，并尽量提供条件满足这种期望，而每一位员工相信企业能实现他们的期望，并为企业的发展全力奉献。由此可见，心理契约是存在于员工与企业之间的隐性契约，其核心在于员工的满意度。

从图 10—1 可以看出，当员工理想的心理契约与他在实际中体验到的组织实践——组织提供了什么给员工以及如何提供——产生了差距时（一般是主观的），在一些调节因素的影响下，会导致两种截然不同的后果和员工反应。必须指出的是，在与组织的互动过程中，员工体验到的组织实践与员工理想的心理契约肯定是会有差距的。变动在破坏旧的契约的同时，也给员工带来了新的期待。所以在企业中发生心理契约违背是常有的事，关键在于如何采取正确的补救措施，使消极的违背转化为积极的互动，从而增强组织文化的内聚力，让员工尤其是战略性雇员对组织更忠诚、对工作更主动。

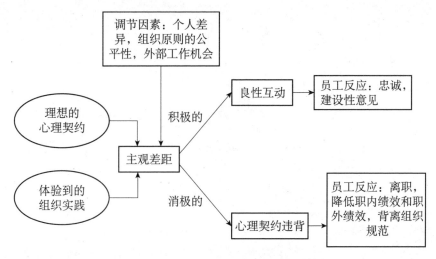

图 10—1 企业员工心理契约违背过程模型

那么如何与员工建立起牢固的心理契约呢？EAP 专家可以通过帮助企业实施科学的职业生涯管理、营造以人为本的企业文化、设计出有效的激励方式来进行。

以下我们看一下摩托罗拉公司在企业人力资源管理结构和员工个人需求结构两个维度下，对企业心理契约的管理与构建方面是如何做的。

**案例：摩托罗拉以个人尊严为基础的企业心理契约构建方法**

1. 摩托罗拉的心理契约管理体系——肯定个人尊严

摩托罗拉创始人高尔文的儿子、董事长小高尔文说："摩托罗拉是一个家族企业，什么都能变，但我们的信念不能改，就是对人保持不变的尊重。"摩托罗拉的文化建立在两个基本信念之上：一是对人保持不变的尊重；二是坚持高尚的操守。"肯定个人尊严"像一张大网，将摩托罗拉的员工管理纲举目张，网罗其中。

2. 肯定尊严的六个问题

（1）您是否拥有一份有意义，并对摩托罗拉公司的成功有贡献的工作？

（2）您是否了解能胜任本职工作的行为，并具备使工作成功的知识？

（3）您的培训是否已确定，并得到适当的安排以不断提高您的工作技能？

（4）您是否了解您的职业前途，并且它令您受到鼓舞，确实可行而且正在付诸行动？

（5）过去每30天里，您是否都获得了有助于改善您的工作绩效，达成您的职业前途的中肯的建议？

（6）您的个人情况、文化习俗是否得到正确对待？

### 3. 在雇佣中摩托罗拉坚持的原则

摩托罗拉对待员工坚持以下八大原则。

（1）人才至上：People come first。

（2）开放政策：Open door policy。

（3）直接沟通：Direct dealing。

（4）参与管理：Participative management。

（5）内部招聘系统：Internal opportunity system。

（6）我建议：I recommand。

（7）畅所欲言：Speak out。

（8）总经理座谈会：General management dialogue。

通过这些原则，让员工能够在企业中做到主动为公司的发展出谋献策。

### 4. 大声说"No"

摩托罗拉在世界各地的员工每三个月都要接受一次"肯定个人尊严"的问卷调查，可能是通过电子问卷，也可能是书面问卷。摩托罗拉对回答问题的要求是：对六个问题要真实地回答"是"或"否"，如果对问题不能肯定地回答"是"，那么就请一定回答"否"，每一个"否"标志着在就业尊严上还存在某种缺陷，问卷调查的目的就是要真实地揭示就业尊严上现存的一切缺陷，实现就业尊严的完美是员工与公司的共同责任。

### 5. 情绪管理

摩托罗拉有系统的员工情绪管理制度。

（1）辞职面试。

摩托罗拉对员工辞职也要进行面试，专门有辞职面试表格，填写他们的辞职档案，问他们为什么离开。如果时间能倒退，摩托罗拉怎么做才能留住他。但是有些员工在辞职时由于某些原因而不会如实填写。所以摩托罗拉人力资源部会等到他离开后一段时间再问他，那时候可能他已经没有顾虑了，会将自己真实的原因讲出来。

（2）员工意见调查。

摩托罗拉人力资源部每年会做一个员工意见调查，有100多个问题需要员工回答，涉及摩托罗拉的工作环境、员工关系、上下级关系、酬劳、企业大方向等方面。通过这些问题来看员工在摩托罗拉的总体感受。

### 6. 摩托罗拉的道德专线

摩托罗拉专门为员工设立了道德专线，道德专线提供信息、忠告和建议。可以利用它探讨任何疑虑或问题。它不仅仅用于处理紧急情况，还用于确保一切问题或疑虑得到公正、谨慎、彻底的处理。在美国和加拿大，可以拨打 800 - 538 - 4427 与道德专线联系。如果在其他地区，可以使用所在国家的 AT&T 直接拨号或拨打（480）441 - 5757，并且要对方付费。该线未设来电识别功能。

### （三）帮助员工做好职业生涯规划

职业规划能够激发新员工的工作热情，北京现代的赵耀平说："帮助这些毕业生做职业规划可以让人力资源更稳定"。

有效的职业生涯规划体系无论是对员工个人，还是对组织本身都有很大的益处。对于员工来说，职业生涯规划可以很好地帮助他们规划自己的时间，利用一切可以利用的资源提升自己的能力，使自己的工作有目标、有动力，有效地避免职业枯竭的产生。对于组织来说，清晰的职业生涯规划管理可以帮助企业内部培养人才、储备人才，避免出现岗位空缺、人才断层的现象，减少招聘和培养外来人员所需的费用。而且建立内部清晰的职业生涯规划管理，可以使员工将个人的发展和企业的进步联系起来，让他们感到自己能够在企业内部不断提升、自我实现，从而有更高的积极性来做完、做好工作，大幅度减少员工离职、人员流失的现象，使团队军心稳定，人员通力合作，提高企业绩效和组织士气。

为了能够更好地调动员工的积极性，帮助员工建立清晰的个人职业规划体系，增加企业内部人才储备和开发，使组织和个人双方受益，EAP 可为企业建立组织内部员工职业生涯规划体系。

图 10—2 是帮助员工做好职业规划的一般工作流程。

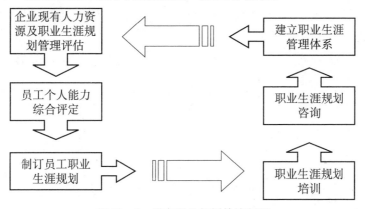

**图 10—2 员工职业规划的流程图**

### 1. 企业现有人力资源及职业生涯规划管理评估

在整体项目运作之前了解企业现有的人力资源和职业生涯规划体系，从数据、访谈等多方面入手，全面了解其有效性和不足，为后面的工作打下基础。

（1）企业基本资料的收集。

收集企业的行业背景、战略目标、组织文化等方面信息。对这些资料进行深入的考察分析，了解本企业和本类行业内部各方面的信息，将这些作为整体项目执行的指导。

（2）企业人力资源结构资料的收集。

多角度了解企业人事结构、职级结构、晋升途径、组织结构以及人员需求等情况。以此为背景体系，帮助员工建立其在企业内部的职业生涯规划。

（3）员工的满意度和建议。

考察员工对企业内现有组织结构、晋升人事的满意度和建议。找到现有结构的不足和优势，作为在后续工作中优化生涯管理体系的基础。

（4）同类行业内部的职业生涯规划管理方案。

了解同类行业内部成功有效的职业生涯规划管理方案，以其为借鉴。分析本组织与同类企业的相似与差异，有选择、有针对性地设计适合自身的职业生涯管理体系。

### 2. 员工个人能力综合评定

从性格、能力、职业兴趣等多个方面对员工进行综合测量和评估，并收集其同事和领导的建议，得到每个员工的综合评定。

（1）员工自陈式评定。

利用多种量表以及测评专家和员工的一对一访谈，对员工个人的性格、能力、职业兴趣等各个方面进行测定，并对照专业的常模，分析员工的优势和不足，形成整体的个人能力评估意见。具体测评内容在双方协商后确定。

（2）形成员工个人综合评定。

EAP测评专家将根据上述资料，进行深入的分析挖掘，最终形成员工个人综合评定，并出具综合评定报告。

### 3. 制订员工个人职业生涯规划

EAP专家将根据上阶段所收集到的数据，进行综合的统计分析，对员工的优势和不足进行评定，根据组织内部的职级体系和晋升方式，初步设计员工的职业生涯规划书。

（1）多方面征求评定建议。

EAP专家将和员工个人及其管理者就员工个人的职业生涯规划进行一对一

的面谈，分析员工的整体能力，一起探讨员工未来的职业发展方向，并就每个阶段员工要做出的自身调整和知识能力的补充交换意见。

（2）设计员工职业生涯规划书。

在从管理者、员工多方面收集足够的信息后，EAP 专家将综合数据，进行深度分析，最终设计完成适合员工个人能力和兴趣的职业生涯规划建议书。

（3）设计员工能力提升计划书。

和员工一起深入分析个人能力的优势和不足，并根据企业内部的培训机制和社会培训机会，制订个人能力提升计划书。

### 4. 职业生涯规划培训

通过培训，使员工更好地了解职业生涯规划的含义，以及本次项目的工作程序和内容，促使员工对个人职业发展进行深入的思考。

职业生涯规划培训由职业生涯规划培训师带领，为员工进行职业生涯规划的课程。课程内容从员工的自我认知出发，探讨员工如何找到适合的职业道路，将自我实现的目标与企业战略规划结合起来，利用各种资源使自我得到提升，最终完成自我潜能的实现。

### 5. 职业生涯规划咨询

EAP 项目组派出职业咨询专家，在项目期间，就员工展开专项咨询，任何对于职业发展有困扰的企业员工都可以随时找咨询师进行电话或面对面的咨询，寻求专业帮助。

咨询方式主要包括：电话咨询；面询。

### 6. 建立组织的职业生涯管理体系

帮助组织将职业生涯管理制度化，利用规章制度、定期的个人和管理者反馈等形式，使职业生涯规划融入日常人力资源管理系统。同时建立员工个人的职业发展档案，便于管理者按时监督员工对计划的执行，组织掌握人才的储备和发展情况。

（1）建立员工个人职业发展档案。

以上面工作得出的《员工个人能力综合评定书》、《员工职业生涯规划书》、《员工能力提升计划书》为根据，建立企业员工的个人职业发展档案。

（2）建立职业生涯规划管理体系规章制度。

根据对企业各方面状况的前期分析，结合对员工的评估，建立适合本企业的职业生涯规划管理体系规章制度。

### （四）帮助企业培养员工的集体精神

"良禽择木而栖"，企业选择优秀的员工，员工也在选择着好企业。企业的环境包括工作条件、人际关系、工作风格以及福利待遇等，这些直接关系到新员工对企业的评价和印象，并影响到新员工如何选择自己的表现以及决定自己要在此谋发展还是将其当跳板。如果企业使用了 EAP，那么将能够在很大程度上促进企业的和谐气氛，营造有利于新员工成长的环境。

新员工入职后，企业可通过 EAP 组织座谈会等谈话方式与新员工沟通，了解其想法，还可以通过举办一些团体性的活动使新老员工充分接触，相互交流，增强他们的团队意识与合作精神。还应注意做好新员工的满意度调查，了解他们对企业、工作等的看法。可以就面临的困难和问题，对需要上级和同事的哪些支持和帮助以及未来的职业生涯发展规划等问题与他们进行沟通。

通过远离工作场所的团队沟通，有助于在组织中营造优良的组织文化，塑造共同的价值观，增强个体对组织的责任感和凝聚力，能为达到组织目标而努力合作，使整个组织充满热情和动力。

团队沟通的目的在于让新员工：提高对组织文化的理解和认同；熟悉本职岗位的领导、同事和部属，并建立关系；提高团队意识。

在此基础上，缓解或消除新员工的焦虑与困惑；对公司产生兴趣并培养忠诚度；对工作产生兴趣并进而热爱工作；加强员工之间的沟通和理解；减少新员工的流失；为主管和同事节省时间；培养积极的态度、价值观；养成良好习惯；形成工作满意感等。

### （五）帮助企业提升员工心理资本

心理资本是企业除了财力、人力、社会三大资本以外的第四大资本，企业的竞争优势不是财力，不是技术，而是人。人的潜能是无限的，而其根源在于人的心理资本。党的十七大报告提出，加强和改进思想政治工作，注重人文关怀和心理疏导，用正确方式处理人际关系。其主要强调了采取科学的方式去引导、帮助人们面对和疏导心理问题的重要性。

现今企业主要面临的问题是：员工存在工作压力和思想压力，员工关注薪酬福利但更关注成长进步。他们能接受工作繁重和薪酬下降的现实，但迫切需要心理安慰，这就需要我们管理者来学习如何营造积极、健康、阳光的心态，而不是等员工有了心理问题再去解决。应该从心理学的角度拓宽管理视野，掌握帮助员工提升心理素质的方法和心理辅导的技术，引导员工以积极的情绪投入工作，从而激发团队活力和激情，促进工作绩效提升。

人的发展、成功和幸福不仅需要环境和社会文化等，更需要充分认识和发掘个人内在积极的心理品质，EAP 项目以心理学理论为基础，同时结合管理学的相关经验，从多角度拓宽管理者和员工的事业，用专业的方法和心理咨询、心理培训等技术提高员工的心理资本，帮助员工更加投入地工作，提升工作绩效。

## 三、EAP 帮助企业解决内部冲突

冲突乃有关双方在观念和行为上的对立或对抗，是一种在满足各自需要的过程中遇到挫折、阻力或力图超越现状时的心理紧张和压力，及其外部表现。美国管理学教授巴达维指出：倘若双方或多方对某些目标、价值或行为的看法不一致、相互排斥，便会产生冲突。人际冲突在企业组织中是不会消失的，只要人是组织的参与者，那么冲突也会"参与"到组织中来。

职场冲突是指企业内部发生的各种各样的争议。这些争议，如果处理得宜，可以产生正面效应而提升经营绩效，促进组织的进步；反之，如果处理不当，势必造成负面影响，导致士气的低落与业绩的衰退。从积极的角度而言，职场上的冲突是一种自然的现象，也是一种活力与创意的展现。

任何组织内部都会有冲突发生。无论国内还是国外，人际冲突都是一个非常重要的压力源，在中国这个压力源尤为突出。企业中发生的冲突多种多样，比如部门之间的冲突、部门内部员工的冲突、不同部门员工的冲突，等等。并且这些冲突随时都有可能发生，管理者需要不停地周旋于其间，去协调和解决冲突。自然，员工帮助计划也经常被要求去处理这些冲突。

### （一）导致冲突的五种原因

要想成功地解决冲突，首先应该找出引起冲突的原因。引发冲突的五个重要因素如下。

（1）项目组织结构与分权不清。

在实施项目管理中，一般采用矩阵式的项目组织结构，这种组织矩阵存在许多双重隶属的问题，在项目经理和职能经理之间容易产生管理冲突。另外，在职能经理和项目经理之间存在着权力划分不清的状况，这也是项目管理中发生冲突的主要原因。

（2）个人和群体的利益。

一般来讲，多数冲突归根到底是利益差异导致的分歧和矛盾。因此，利益分化是引起冲突的常见原因。大多数经理和项目成员都部分地受利益驱动，当他们的个人利益与项目利益或他人利益相悖时，就会产生冲突。

（3）个性差异。

个性差异也是导致冲突的一个主要来源，它引发的争议更多的是围绕人与人之间的关系产生的，冲突常常是"以自我为中心的"。

通常，由于个性问题而产生冲突的起因非常简单，仅仅是因为一方对另一方的行动、态度、语气、外表和言语不满。这种不满会导致减少和拒绝合作，他们之间的关系也由团队协作走向冲突。比如，急性子与慢性子的人之间常引发个性冲突。

（4）信息沟通不畅。

项目中的信息沟通是指将信息及时、准确地传递给需求者。在信息沟通中，存在许多沟通障碍，比如语义理解的障碍、沟通渠道的不畅，以及信息层层传递的失真等障碍，由此而产生的信息沟通不畅往往会引起冲突。

（5）各项目组的目标不一致。

在项目中，项目组间的目标有时会存在矛盾，比如会出现抢进度、抢资源的现象。各项目组目标的不明确或不被对方接受都有可能产生冲突。

## （二）冲突对团队的影响

表10—1系统分析了冲突对团队的消极与积极影响。

表 10—1　　　　　　　　　　　　　　　　　冲突的影响

| | 消极影响 | 积极影响 |
| --- | --- | --- |
| 对成员心理的影响 | 带来损害，引起紧张、焦虑，使人消沉痛苦，增加人际敌意 | 使坚强者从幻觉中清醒、从陶醉中震惊、从不能战胜对方中看到弱点所在，发愤图强 |
| 对人际关系的影响 | 导致人与人之间的排斥、对立、威胁、攻击，使组织涣散、削弱凝聚力 | 使人加强对对方的注意，一旦发现对方的力量、智慧等令人敬佩的品质，就会增强相互间的吸引力。团体间的冲突能促进成员一致对外，抑制内部冲突，增强凝聚力 |
| 对工作动机的影响 | 使成员情绪消极、心不在焉，不愿服从指挥、不愿配合，破坏团结，减弱工作动机 | 使成员发现与对方之间的不平衡，激起竞争、优胜、取得平衡的工作动机，振奋创新精神，发挥创造力 |
| 对工作协调的影响 | 导致人与人之间、团体与团体之间的互不配合、互相封锁、互相拆台，破坏组织的协调统一和工作效率 | 使人注意到以前没有注意到的不协调，发现对方的存在价值和需要，采取有利于各方的政策，加以协调，使有利于组织的各项工作得以开展 |

续前表

| | 消极影响 | 积极影响 |
|---|---|---|
| 对组织效率的影响 | 互相扯皮、互相攻击、转移对工作的注意力，政出多门，互不同意，降低决策和工作效率，互争人、才、物，造成产品积压、浪费 | 反映出认识的不正确、方案的不完善，要求人全面地考虑问题，使决策更为周密 |
| 对组织生存、发展的影响 | 双方互不关心对方及团队的整体利益，有可能使组织在内乱中面临解体 | 迫使人们通过互相妥协让步和互相制约监督，调节利益关系，使双方在可能的条件下均得到满足。维持内部的相对平衡，使组织在新的基础上取得发展。 |

### (三) 冲突对企业管理的负面影响

冲突对企业管理的负面影响有以下几方面。

(1) 造成企业员工心理压力过大。冲突使得人们相互攻击、对抗，对冲突的强度、持续时间的担心，以及冲突对自己在企业中利益、地位和声誉造成的影响的忧虑，会给卷入冲突的双方带来很大的心理压力。冲突还可导致 EQ 的下降，会破坏人的自主神经系统及免疫系统，导致自杀等瞬间冲动，免疫系统的破坏也容易使机体生病。

(2) 导致企业人际沟通困难。良好的人际沟通只有在宽松、和谐的人际关系环境中才有可能实现。冲突导致了人际关系的紧张和隔膜，使得企业中弥漫着猜疑和互不信任的消极情绪，人们沟通的愿望下降，沟通的心理渠道也被堵塞，使得人际沟通越来越困难。

(3) 引起工作效率和工作满意度下降。冲突使得员工士气和情绪低落，劳动积极性下降，造成他们对工作投入不足，直接影响了他们的劳动生产率和对工作的评价。

(4) 导致员工抵抗企业变革。企业冲突尤其是领导层和普通员工层的激烈冲突容易造成领导权威流失，增加了员工对领导层的怀疑，产生反叛心理，企业凝聚力滑坡，使其带领企业进行变革的能力大大下降。

(5) 造成员工对企业的忠诚度下降。冲突增加了员工的挫折感和失落感，使得他们开始怀疑、担忧自己在企业中发展的前途和机会，并尽力避免冲突带来的后遗症。因此在条件具备时他们往往更愿意离开所在企业，谋求新的发展。

(6) 冲突为企业带来了极大的损失，加重了员工的心理负担。紧张的人际关系会导致互相诋毁、背叛，进而给各自的事业带来巨大的伤害。

## （四）EAP 提供的冲突解决服务

EAP 在降低冲突给员工及管理者带来的压力、提高管理者对员工冲突的解决能力、促进员工对冲突的理解等方面发挥了非常重要的作用。

### 1. 情绪管理课程

许多人不懂得怎样应对冲突，是因为他们总是诉诸情绪。当他们恼怒于一件事时，就得立刻化解。应该依靠理智时，他们全凭直觉行事。结果他们对冲突抗争常是失败的，在火冒三丈时，他们却忘了，抗争真正的目的在于避免不愉快的情形再次发生。为此，在冲突发生前，要学会控制自己的情绪，这就需要 EAP 专家在平时为大家开展一些积极心态的培训活动；在冲突发生后，要运用有效沟通的技巧进行解决，这就需要 EAP 专家为大家传授这些技巧。

情绪管理课程主要包括认识情绪和调节情绪两部分内容。

（1）认识情绪。

每个人都有情绪，都会生气、愤怒等，每个人表达情绪的方式也不同，适当地表达自己的情绪是需要学习的。

能了解、接纳、控制自己的情绪时，就能有建设性的建议来面对冲突、解决问题。

生气的情绪常常不是最底层的（深层的）情绪，底层的情绪应是最原始的，例如：恼羞成怒。

过度控制情绪、不表达出来或是不当的表达，都会对自己与他人造成负面的伤害。

（2）调节情绪。

调节情绪，就在于缓解甚至消除这些不良情绪，使身心更健康，适应能力更强，工作效率更高。当我们能够了解和接纳自己的情绪时，情绪的困扰差不多已经解决了大半。通过本培训课程，员工将能理性地认知自身的情绪与人格特点，准确地把握情绪与自身行为的关系，学会自我情绪与工作的协调，提高自我情绪的社会适应性，掌握调节自我情绪的心理学方法与技巧。

### 2. 沟通培训课程

沟通意味着组织成员之间加强信息交流，增进彼此之间的信任、认同甚至相互吸引以建立情感联结，在精神愉悦、相互启迪激励的关系中协同合作，完成组织目标。一个组织的成功需要许多人在一起合作，而合作协调要依赖沟通。EAP 在加强团队沟通方面将发挥重大作用。有句古语："了解一切就是原谅一切。"通过沟通，组织成员了解了彼此的意图，就会达成谅解，产生统一行动，发挥整合效应。通过沟通技巧培训，组织成员都将学会在相互尊重的基础上，以朋友的身份进行平等、真诚的交流，彼此敞开心扉进行交流，从心底产生认同，使得上下一心、工作顺利，这将会为冲突的解决提供一条便利的通道。

（1）针对企业管理人员：解决冲突的培训。

忽略冲突管理的企业，由于组织活力持续内耗，必将减弱其竞争力。因此，企业主管人员必须培养冲突管理的技能，懂得如何妥善解决职场冲突，使冲突能产生正面的效应。

EAP 专家将能够对管理者进行针对冲突管理技能的培训，以使管理者除了个人常用的方法外，还能够掌握有效解决冲突或是协助部署处理冲突的方法。有些冲突的规模很大、影响深远，需要许多策略和方法才足以成功地化解。毫无章法地拖延长期累积的压力，将严重影响到个人的健康和团队士气。有效的冲突管理将提升员工的向心力，增进工作效率。

通过职场冲突管理培训，帮助管理者了解冲突与解决之道，可以达到如下效果：厘清冲突发生的根源，了解个人面对冲突时的处理模式，探讨各种冲突处理的有效方法，学习每种模式的使用时机，理解冲突处理时"过与不及"所产生的结果。

（2）针对企业全体员工：MBTI 与团队建设。

MBTI 是目前国际最流行，且被无数经验证明的行之有效的团队建设工具，开展 MBTI 测验，发现并揭示团队成员的人格类型，有利于增进学员的自我意识和对他人的充分了解，这就为有效的沟通协调和团队合作奠定了重要的基础，团队成员可以在 MBTI 测验的结果中发现并找到更有效地与其他团队成员进行合作的方式。

在轻松愉快的培训中，本课程的学员将能够了解本人和团队成员的人格特点；理解团队成员的沟通方式、决策方式等为什么彼此不同；学会以新的视角看待沟通，减少团队冲突，提高团队效率。

## 四、EAP 提供的危机干预服务

危机（Crisis）是指人类个体或群体无法利用现有资源和惯常应对机制加以处理的事件和遭遇。危机往往是突发的，出乎人们的预期。如果不能得到很快控制和及时缓解，危机就会导致人们在认知、情感和行为上出现功能失调并引起社会的混乱。危机的发生、发展和干预过程如图 10—3 所示。

在员工帮助计划中，EAP 专家对面对危机的个体提供帮助。这些个体之所

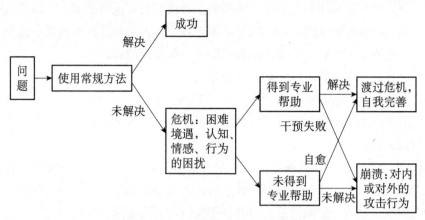

**图 10—3 危机的发生、发展和干预**

以面对危机，是因为他们以往习惯性的问题解决技术无效，体验到高度焦虑感以及生活于一种"失控"的状态之下。下面我们将引用易普斯咨询的危机干预模式（图 10—4），主要从自杀干预、悲伤辅导、创伤后应激以及家庭暴力等四项内容分别阐述 EAP 在危机干预中的应用。

### （一）积极挽救自杀人群

自杀率是一个国家人群心理卫生状况的重要参照指数。据世界卫生组织统计（1999—2008 年），全球平均每 40 秒就有一个人自杀，超过 12/10 万（人）就是高自杀率的国家，而中国目前的自杀率是 23/10 万（人）。在中国，据推算每年约有 28.7 万人自杀死亡，至少有 200 万人自杀未遂。自杀死亡占全部死亡人数的 3.6%，是第 5 位最重要的死亡原因。在 15 至 34 岁人群中，自杀是第一位死因，占相应人群死亡总数的 19%。一个人自杀死亡，平均会给身边的 6 个人带来不良心理刺激和阴影，而且这样的不良影响甚至会延续 10 年之久。从这个角度分析，成功挽救一个企图自杀的人，就会减少和避免很多人产生不良心理，这无论对人群的心理健康还是对社会，都具有十分积极的意义。

EAP 服务商的自杀危机干预执行计划是非常系统的（图 10—5）。EAP 自杀危机干预小组组成人员及其岗位职能如下。

### 1. 项目组协调员

（1）日常。

收集咨询师的各种联系方式：手机、小灵通、宅电、E-mail、紧急情况联系人及其联系方式。当值协调员提前一个星期与两名咨询师沟通，确定咨询师届时是否出差。若出差，及时联系其他咨询师替班；若无出差，则提醒咨询师值班时间，以及届时保持联络通畅（在一个小时内能够抵达市区、活动范围不出手机信号区、手机余额与电量充足等），并请咨询师在有突发事件而不能保证时间时及

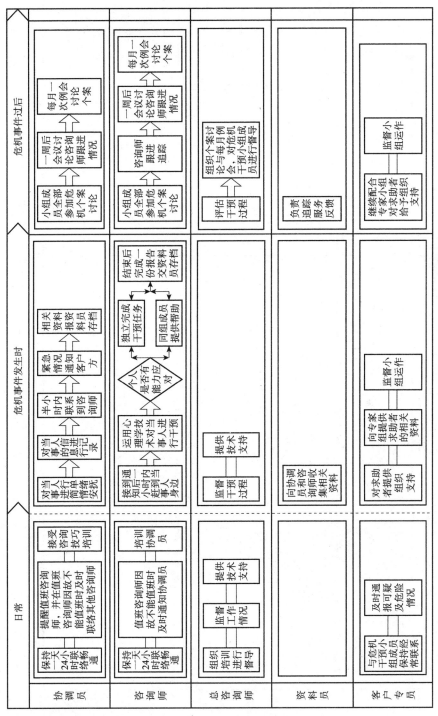

图10—4　北京易普斯咨询公司危机干预总流程图

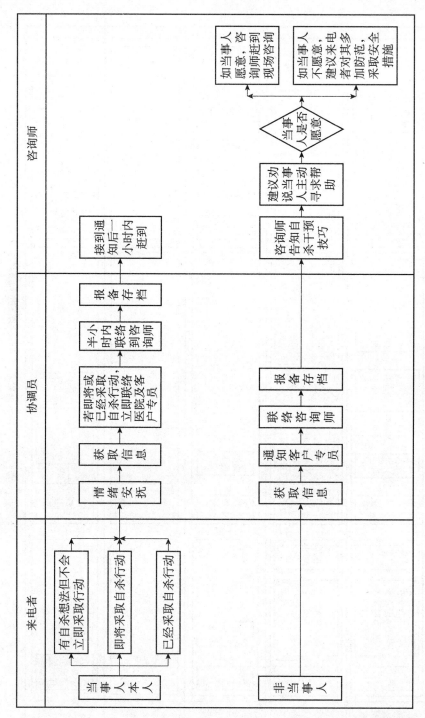

图10—5　北京易普斯咨询公司自杀危机干预子流程图

时与协调员联系。提前两天再与咨询师联系进行提醒。

（2）危急事件发生时。

24 小时随时接听危机干预电话，对个案的情况进行初步筛选。对于危机当事人给予情绪安抚，取得相关简单信息。半个小时内联系到咨询师，协助其对当事人及时实施帮助。记录个案情况，向资料管理人员报备存档。

危机干预电话登记内容有：来电日期；来电人的姓名、地址、电话号码；年龄、性别、婚姻状况、民族、职业；是否独居、社会情况及经济水平；是否存在药物依赖；自杀史：第一次自杀念头、最近的自杀意图及自杀意图产生的频率；接受治疗情况；是否存在情绪、心理及行为障碍；可能的解决办法，支持、鼓励等。

2. 项目组咨询师

（1）日常。

培训协调员掌握初步处理事件的能力和技术，并对其工作进行监督和指导。

（2）危急事件发生时。

保证当班时联络通畅，在接到协调员的报告后，一个小时内赶到现场，对危机当事人给予专业心理咨询帮助，有效地处理当事人的各种心理问题，跟踪个案的进展，提供长时间追踪式心理服务。

当同组成员遇到专业难题时，有责任提供帮助，共同讨论解决方案。

在干预开始时，应运用心理咨询的专业倾听技术，即以同情、真诚、尊重、接纳、中立和关心的态度进行倾听、观察、理解和做出反应。一般而言，自杀危机干预的步骤为以下六点。

第一步，确定问题：从求助者的角度，确定和理解求助者本人所认识的问题现状。

第二步，保证求助者的安全：这是贯穿危机干预全局的首要目标。安全即是对自我和他人的生理和心理危险性降到最小的可能性。

第三步，给予支持：强调与求助者沟通与交流，使求助者知道危机干预工作者是能够给予关心和帮助的人。

第四步，提出并验证可变通的应对方式：帮助求助者认识到有许多可变通的应对方式可供选择，可从多种不同途径思考变通的方式：其一，环境支持，这是提供帮助的最佳资源，求助者知道有哪些人现在或过去能关心自己；其二，应对机制，即求助者可以用来战胜目前危机的行动、行为或环境资源；其三，积极的、建设性的思维方式，可以用来改变自己对问题的看法并减轻应激与焦虑水平。

第五步，制订计划：要求危机干预工作者与求助者共同制订行动步骤来矫正其情绪的失衡状态：确定有另外的个人、组织团体和有关部门能够提供及时的支持；提供应对机制——求助者现在能采取的、积极的应对机制，确定求助者能够理解和把握的行动步骤。

第六步，得到承诺：危机干预工作者应该从求助者那里得到诚实的、直接的和适当的承诺。

### 3. 项目组资料管理员

每次危机干预事件发生后，向相关人员（如协调员和咨询师）索取资料建立备案。

在危机干预各个阶段及时记录进展，并在危机过去后，对当事人进行危机服务反馈。

### 4. 项目组总负责人

对危机干预小组进行总体监督管理，督促各成员按照职能工作，随时检查监督其工作状况，对于工作提供技术和经验支持，并对各次危机干预个案处理给予总体评估。

### 5. 项目组客户专员

作为客户公司方的代言人，对危机干预服务进行监督，并在个案帮助过程中提供所需的公司方面的支持。

## （二）居丧者的悲伤辅导

痛失亲人是人生最大的悲哀之一。早期的适当干预能帮助居丧者顺利渡过悲伤过程，使他们能正视痛苦，找到新的生活目标。这也是心理干预的重点人群。与死者关系越密切的人，产生的悲伤反应也就越严重。亲人如果是猝死或是意外死亡，如突然死于交通事故或自然灾害，引起的悲伤反应最重。

### 1. 悲伤反应

一般来说，悲伤反应分为以下三种。

（1）急性反应：在听到噩耗后陷于极度痛苦中。严重者情感麻木或昏厥，也可能出现呼吸困难或窒息，或痛不欲生、呼天抢地地哭叫，或者极度的激动状态。干预原则为将昏厥者立即置于平卧位，如血压持续偏低，应静脉补液。情感麻木或严重激动不安者，应给予苯二氮卓类药物（BZ）使其进入睡眠状态。当居丧者醒后，应表示同情，营造支持性气氛，让居丧者采取符合逻辑的情绪控制步骤，逐步减轻悲伤。

（2）悲伤反应：在居丧期出现焦虑、抑郁，或自己认为对待死者生前关心不够而感到自责或有罪，脑子里常浮现死者的形象或出现幻觉，难以坚持日常活动，甚至不能料理日常生活，常伴有疲乏、失眠、食欲降低和其他胃肠道症状。严重抑郁者可产生自杀企图或行为。干预原则为让居丧者充分表达自己的情感，给予支持性心理治疗。用苯二氮卓类药物（BZ）改善睡眠，减轻焦虑和抑郁情绪。对有自杀企图者应有专人监护。

（3）病理性居丧反应：悲伤或抑郁情绪持续六个月以上，明显的激动或迟钝性抑郁，自杀企图持续存在，存在幻觉、妄想、情感淡漠、惊恐发作，或活动过多而无悲伤情感，行为草率或不负责任等。干预原则为适当的心理治疗和用抗精神病药、抗抑郁药、抗焦虑药等治疗。

2. **悲伤辅导的目标**

悲伤辅导的终极目标是协助生者完成与逝者间的未竟之事，并向逝者告别。这些特定目标亦与悲伤的四项任务相符，即：增加失落的现实感；协助当事人处理已表达的或潜在的情感；协助当事人克服失落后再适应的过程中的障碍；鼓励当事人向逝者告别，以健康的方式坦然地重新将情感投注在新的关系里。

对于企业 EAP 而言，一般会应对两种悲伤辅导：亲人亡故和同事亡故。

对于前者，一般派一位 EAP 专家对员工个人或员工家庭进行辅导。如干预过程中咨询师个人能力受到限制，EAP 专家组将举行督导会对个案予以讨论并协助主要负责的咨询师使干预获得成功。

对于后者，一般会组成一个危机干预专家小组，对员工及遇难员工家属实施团体辅导。

图 10—6 为北京易普斯咨询公司的悲伤辅导子流程图。

**案例："5·7"大连空难的心理援助**

2002 年"5·7"大连空难，112 人不幸遇难，其中西安扬森公司的三名女性员工身列其中，她们都是 MBA，在公司里有着良好的人际关系。这个消息像是投下了一枚重磅炸弹，公司员工一下子陷入一种压抑、焦虑的氛围中，很多人不思饮食、失眠、沮丧。

公司管理层认识到，员工的这种心情不但不能挽回死者的生命，还会影响自己的工作和生活。于是，很快制定了一个善后处理的目标——尽快帮助遇难员工的家属和公司其他员工恢复到原来的生活和精神状态。他们明白，要实现这个目标，光靠行政管理上的努力是达不到的，必须要有专业的心理专家来参与。于是他们和北京大学精神卫生研究所的心理专家取得了联系。在与专家沟通的过程中，有很多熟悉遇难者的员工表示内心很悲痛，有些员工说今后不敢再坐飞机了，改坐火车了，有些人说我碰到海鲜就有点害怕、有点厌恶，不敢吃海里的东西，等等。专家认为这些都是很自然很正常的，他们在大连和北京分别举行了三次集体心理援助，对个别创伤严重的员工还进行个别的心理援助，让他们宣泄空难引起的抑郁、焦虑等负面情绪。通过在集体中充分表达自己的感受，他们意识到自己的某些痛苦体验别人也曾经或正在经历，自己并非孤独地面对这些不幸。集体援助当中，很多人都把自己的感受说了出来。在结束援助的时候，员工们已经都懂得面对这种打击和不幸，什么样的应对方式是积极的，哪些方式是应该回避的，比如说总是不提这件事，总是压抑自己不表达感情，或者大量饮酒。

援助者还让大家一同来回忆这三位同事一生所从事的事业，为公司所做的贡献，让大家缅怀她们。最后为了巩固这些心理援助的效果，还举办了一个追悼会。这个追悼会打破了传统的习惯，它办得既隆重但又不太悲伤，在追悼会的会场上没有传统的黑纱，只是用鲜花和蜡烛来代替，也没有遗体告别仪式，而是为三个遇难员工分别设置了三个小的悼念活动室，使这个本来可能会很悲伤的追悼仪式，变成了一个隆重的缅怀活动。

通过心理援助，员工们很快摆脱了心理阴影，很多员工的精神状态有明显改善。空难刚发生后，整个办公室都处于很压抑的气氛，似乎大家都想说，但又不知道该说些什么。在援助之后，整个气氛改观了很多，大家的脸上也有了笑容，该说的话都说了，慢慢地恢复到正常的工作状态，这说明心理援助取得了很明显的效果。

### （三）创伤后的应激干预

#### 1. 什么是创伤后应激反应？

在每次重大的灾害以后，都会出现幸存的人患有心理障碍，严重的会自杀。具体表现是，从这种紧急创伤事件中幸存下来的人，出现了孤僻、绝望以及不能摆脱往事的记忆。时间的流逝对削弱创伤的影响没有多少帮助，并且还会导致其他情感性障碍，如无法适应工作和婚姻不顺利等。研究提示，经受严重的创伤事件者在尽早接受伤口处理的同时，还需要恰当的心理治疗。出现急性创伤的人往往会出现心理障碍，例如车祸发生后的器官性损失等等。这些人会控制不住地回想受打击的经历；反复出现创伤性内容的噩梦；反复出现错觉或幻觉或幻想形式的创伤事件重演的生动体验；反复发生"触景生情"式的精神痛苦。严重的会持续有警觉性增高的症状：难入睡或易惊醒，激惹性增高，集中注意困难，过分地惊跳反应。同时也会出现持续的回避：极力不去想有关创伤性体验的事；避免参加可能引起痛苦回忆的活动，或不到可能引起痛苦回忆的地方去；与别人疏远、与亲人情感变淡；兴趣爱好范围变窄；遗忘创伤性经历的某一重要方面；对未来失去憧憬，如很少思考未来的学习、工作或婚姻等。精神障碍延迟发生，即在遭受创伤后几日至数月才出现，持续一个月以上，可长达多年。这些人如果经过及时的心理辅导，可以避免危害的发生。图10—7为北京易普斯咨询公司创伤后应激干预的流程图。

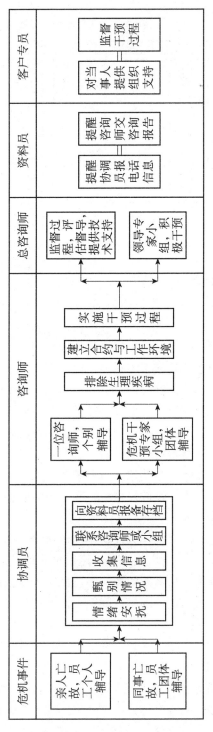

图10—6　北京易普斯咨询公司悲伤辅导子流程图

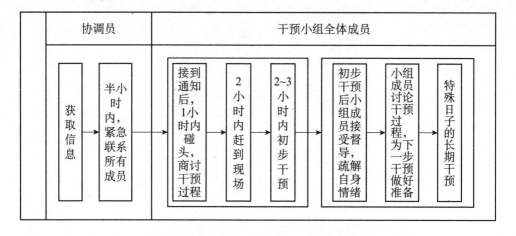

**图 10—7　北京易普斯咨询公司创伤后应激干预子流程图**

### 2.EAP 专家在危机发生后的作用

在危机事件中，EAP 专家需要系统地执行危机评估。他们需要思考整体组织及其单位如何受影响。首先要考虑的是要快速并正确地判断发生了什么事？地点在哪？谁受到了直接的影响？之后，关于谁是危机事件受害者之界定可能要放宽至其他未被认定、被延迟或是较不明显但在整个创伤事件中波及的人当中。

EAP 专家主要的职责是快速地判断创伤事件是否直接影响员工的情绪、实施立即的危机干预以及准备重要意外事件的任务报告。因为认清立即干预的重要性，应该要求直接受害者参加任务报告会议。紧接的重点是确认其他可能与危机事件相关，却被忽视，并且存有特殊问题的人。

如果有许多员工受到影响，与其他人力资源管理人员、社工人员、合约的专业人员合作是必要的，以利于在事件发生后，在最短时间内尽可能与潜在的受害者接触。

危机任务报告可以是一个大团体会议、小团体讨论，或是个别咨询会谈。大团体会议应该不超过 25 人，因为大型团体可能很难管理。干预基本的目标包括：减少创伤事件所带来的害怕、焦虑等的影响；协助员工尽快地重建他们的正常心理功能；降低未来产生相关问题的困扰，降低全面性的创伤后压力症候群发生的可能性。

关键事件应激报告（Critical Incident Stress Debriefing，CISD）是 1983 年米切尔（Mitchell）在吸取了"及时、就近和期望"军事应激干预原则经验的基础上，提出的为维护受到自然灾害、事故等重大事件应激的紧急救护工作者身心健康的干预措施，后被多次修改完善并推广使用，现已开始用来干预遭受各种创伤的人，是一种系统的、通过交谈来减轻压力的方法。CISD 分为正式援助和非正式援助两种类型，目标都是公开讨论内心感受、支持和安慰、资源动员，帮助当事人在心理上（认知上和感情上）消化创伤体验。非正式援助是由受过 CISD 训练的专业人员在现场进行的急性应激干预，大概需要一小时。

正式援助在灾难发生后 24～48 小时之间是理想的干预时间，6 周后效果甚微。CISD 通常由合格的 EAP 专家指导，事件发生后 24～48 小时之间实施，EAP 专家必须对小组治疗、应激反应综合征有广泛了解。在事件发生后 24 小时内不进行 CISD，事件中涉及的所有人员都必须参加 CISD。

（1）CISD 的过程。

CISD 一般分七步进行。

第一步，介绍。介绍对于建立援助的信任氛围至关重要。除介绍小组成员和 CISD 的过程与方法外，还要尽力让当事人降低阻抗并激发当事人讨论敏感问题，仔细解释保密问题。

第二步，发现事实阶段。要求参加的所有成员描述他们各自在这一事件中的角色和任务，并从他们自己的观察角度出发，提供所发生事情的一些具体事实。每一参加者都必须发言，然后参加者会感到整个事件由此而真相大白。

第三步，想法阶段。CISD 小组指导者询问当事人有关事件发生最初和最痛苦的想法。将事实转向思想，开始将事件人格化，让情绪表露出来。询问有关感受的问题：事件发生时您有何感受？您目前有何感受？以前您有过类似感受吗？

第四步，反应阶段。这是当事人情绪最强烈的阶段，干预者依据现有信息，挖掘出他们最痛苦的一部分经历，鼓励他们承认并表达出各自的情感。

第五步，症状阶段。要求小组谈论他们各自在事件中的情感、行为、认知和躯体经历，如失眠、食欲缺乏、头脑里不停地闪出事件的影子、注意力不集中、记忆力下降、决策和解决问题的能力减退、易发脾气、易受惊吓等。询问事件过程中参加者有何不寻常的体验、目前有何不寻常体验；事件发生后，生活有何改变。请参加者讨论其体验对家庭、工作和生活造成什么影响和改变，使小组回过头来对事件有更深刻的认识。

第六步，指导阶段。此阶段要强调他们这些反应非常符合严重压力下的症状，都是正常的，并给他们提供一些如何促进整体健康的知识。介绍正常的反应；提供准确的信息，讲解事件、应激反应模式；应激反应的常态化；强调适应能力；讨论积极的适应与应对方式；提供有关进一步服务的信息；提醒可能的并存问题，如饮酒；给出减轻应激的策略；自我识别症状。

第七步，再进入阶段。澄清；总结晤谈过程；回答问题；提供保证；讨论行动计划；重申共同反应；强调小组成员的相互支持；可利用的资源；主持人总结。

整个过程需 2～3 小时。严重事件后数周或数月内进行随访。

CISD 模式对减轻各类事故引起的心灵创伤，保持内环境稳定，促进个体躯体疾病恢复等有重要意义。

（2）CISD 注意事项。

在运用 CISD 的过程中，要注意以下三点。

首先，那些处于抑郁状态的人或以消极方式看待晤谈的人，可能会给其他参加者带来负面影响。

其次，鉴于晤谈与特定的文化性建议相一致，有时文化仪式可以替代晤谈。

最后，对于急性悲伤的人，如家中亲人去世者，并不适宜参加集体晤谈。因为时机不好，晤谈可能会干扰其认知过程，引发精神错乱；如果参与晤谈，受到高度创伤者可能为同一会谈中的其他人带来更具灾难性的创伤。

（四）家庭暴力的心理干预

近年来，我国家庭暴力呈上升趋势。据中国女性联合会权益部门统计，在目前的家庭暴力事件中，丈夫对妻子实施暴力的占绝大多数，家庭暴力的受害者90％～95％是女性。家庭暴力还包括对儿童和老人的虐待与忽视。家庭暴力如果得不到及时遏制和化解，还可能升级为杀人等严重犯罪案件，这些案件留给社会的是无尽的痛苦和难言的悔恨。

家庭暴力的受害者多为女性。心理危机干预工作者应当了解到，那些对女性有过分依赖和强烈占有欲的男性，那些缺乏自我控制能力，只会表达愤怒而不会表达其他情绪的男性，以及那些幼年曾被虐待、酗酒或吸毒的男性，都具有出现暴力行为的可能性。对这些男性，咨询师应努力增强他们的自尊感和责任感，发展人际交往能力，并使用认知疗法纠正其不合理的性别观念。保证女性受害者尽可能地安全，鼓励女性受害者请求朋友和邻居的帮助，寻找避免虐待的替代方法和行动计划。

在企业员工遭遇到家庭暴力之后，EAP 专家将对其予以全力救助（图10—8）。

首先，要看遭遇家暴的女性有无身体伤害，如有，则需要紧急送往医院救治。还要探询其是否愿意通知工会、妇联，或者是否报案。按照中国的传统观念，家庭暴力属于"家丑不可外扬"的事情，受虐女性能够主动寻求救助，是冒着相当大的风险的，是需要鼓起相当大的勇气的，她们并不愿意让更多人知道受暴的经历。

其次，要评估其是否有自杀危险。女性长期忍受暴力，精神压抑，社会却没有足够的支持，甚至指责女性。当女性个人的力量不足以支撑时，就会陷入一种无望的困境中，往往会表现出紧张、忧郁、恐慌、无助等。有关研究认为，人负荷紧张的能力其程度是有限的，当达到一定的界限时，人就需要寻求平衡——无论结果是有利的还是有害的，以结束危机。在这种情形下，人往往会自动或被动地寻求外力的协助，以获取改善。对这类求助者，EAP 工作者将马上接案处理，争取在危机期内消除危险，寻找转机，设法协助女性恢复或增进原有的适应能力，保持生活的平衡状态，甚至增强生活的能力。

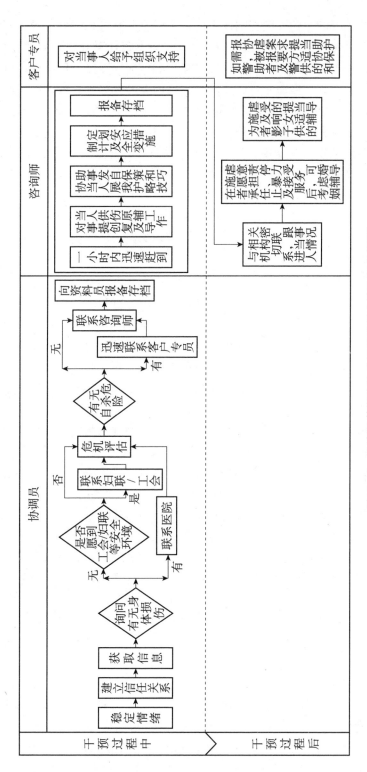

图10—8　北京易普斯咨询公司家庭暴力干预子流程图

在确认受虐者的生命安全得到保障后，要紧急对其进行心理辅导。心理辅导要在一个安全、保密的环境中进行。EAP工作者有责任对女性的一切资料保密，并确保女性在一个没有任何威胁的环境里接受心理辅导。接待环境的设置应充满温馨、舒适，甚至像"家"一样的感觉（包括墙上的装饰画、沙发、房间设施的颜色）。这有利于女性在遭受暴力和周围环境冷遇后产生的紧张情绪得到缓解与放松。面询室应设在一个相对安静、独立、较小的空间里，可促进工作者与女性全身心地、专注地投入互动中。当然，纸巾、茶具、儿童玩具等也在必备之列。因为有时候女性是抱着幼儿逃离家庭的。

在心理辅导过程中，EAP专家将对受虐者进行创伤辅导，教授其一些自我保护的技巧，并制订计划和安全应变措施。在施虐者愿意承担责任、停止暴力及接受服务后，可采取婚姻辅导。如有子女受到影响，还可依据他们的意愿对其进行心理辅导或者家庭治疗。

对受虐女性提供心理辅导，一般需要考虑以下几点。

（1）建立信任关系。良好的工作关系是社会工作有效运作的重要因素。要求工作者要具备起码的尊重、真诚、信任等品质。工作者不可以高高在上、以专家自居，也不可以有官僚的姿态、摆架子，而应以服务者、协助者的姿态温暖地关怀并接纳女性，以自然、坦诚、真实、开放的态度分享自我。建立信任的工作关系可减少女性的焦虑与防卫，进而激发其本身的力量解决自己面临的困难和问题。

（2）了解期望，搜集信息。工作者首先要了解女性的问题和需求，根据问题和需求确定搜集资料的方向和重点，切忌无边无际地漫谈，要适当地把握时间。一般情况下，需要了解女性的基本情况、婚姻基础、婚后感情与生活情况，暴力发生的经过、原因、程度、对女性的影响，以往解决冲突的方式、遇到的障碍、女性的解释等，这些资料是为工作者分析女性问题所做的准备。

（3）分析处境，确定目标。对搜集到的信息进行归纳、整理后，分析问题产生的原因有哪些。一般从社会、家庭、个人三方面着手，再看看问题的症结在哪里，然后拟定处置策略。对于遭受的家庭暴力，女性要么认为是自己做得不好挨打，要么想不通：自己很努力，为什么老挨打？老天为什么不公平？工作者有责任帮助女性认识家庭暴力的社会成因，使女性明白：被打不是她的错，她不该挨打！进而与女性一起探讨解决问题的途径、方法、步骤、要达成的目标（长期的、近期的目标）。

（4）挖掘资源。挖掘达成目标的个人资源与社会资源。每个人都有能力改变自己，只是外在压力迫使她出现适应性的障碍。工作者要善于发现和肯定女性的能力、特长及优势，让女性看到：暴力对她人格发展中自我认定与适应所形成的障碍，激发女性从投身于重构女性主义空间的行动中改变自我的动力、愿望和信心。近几年来，在推动反家暴的社会支持性环境的过程中，通过对基层民警、法官、妇联及社区干部举办的"社会性别与家庭暴力"的培训，形成了一定的支持网络，这些都是可供女性利用的社会力量。此外，还应向女性介绍国际和国内干预家暴的有关规定、服务资讯、家暴知识，挖掘女性的网络资源等。

（5）实施处置。即介入辅导，实际上从接案一开始，每一个环节都或多或少有处置的作用，只不过到了实施处置阶段，工作者是以更系统，也更结构化的方式，协助女性处理自己的问题，如给予支持和鼓励、情绪的疏导、调整认知、改变行为，社会工作者有时与女性是同行者，要争取环境的改变，如陪同她们上法庭、陪同她们去派出所报警、陪同她们去医院看病、帮她们找工作等。

（6）转介、结束。在家庭暴力事件中，女性面临的问题是多方面的，要及时转介相关部门。接待的结束意味着目前女性的主要问题得到澄清，情绪得到安抚，女性决定实施改变。

（7）跟进。为了确保女性在面询结束后很好地适应，对于有需要的个案实施跟进服务。

# EAP 涉及的伦理与法律问题

## 一、专业人士和职业道德

### (一) 专业人士能力要求和资格认证

在任何一种行业中，对专业人员的能力要求和资格认证体系总是随着它的发展而逐渐形成并发展完善起来的。同时，严格的专业人员能力要求和资格认证体系也促进了行业的顺利发展。自身发展的需求和客户的要求是专业人员的能力要求和资格认证体系发展的两大驱动力。在 EAP 专业人员的能力要求和资格认证体系产生和发展完善的过程中，同样受到这两个因素的驱动。

一方面，纵观 EAP 的发展历程，早期的 EAP 致力于帮助员工解决酗酒、吸毒和药物滥用问题，从 20 世纪 70 年代开始，EAP 应用到企业管理中，并在吸收管理学、人力资源管理等学科养分后得到长足的发展。EAP 在发展过程中逐渐形成了 EAP 专业人员的能力要求和资格认证体系，对 EAP 专业人员的知识结构和能力做出了具体的要求。20 世纪 90 年代以来管理科学蓬勃发展，管理模式的多样化发展促进了 EAP 的成熟完善，同时也促使 EAP 行业提高对从业人员的知识技能结构的要求，并开发出新的 EAP 资格认证体系，这对提高 EAP 从业人员的专业资质起到了促进作用，同时也促进了 EAP 本身的发展。

从另一方面来说，"选对人才能做对事"，我们有理由相信企业在选择 EAP 时同样怀有这样的理念。对于企业经营者来说，一直困扰自己的问题能否得到解决是他们最为关注的焦点，因此无论是在企业内部设置专门 EAP 部门还是选择企业外的 EAP 专业服务机构，他们都会对 EAP 从业人员的专业资质进行近于苛刻的审视。客户的高要求也推动了 EAP 领域对专业人员的知识技能结构和资格认证体系的要求的提高。

在前面的章节中，我们用大量的篇幅谈了 EAP 在国外尤其是美国的发展历史，而对国内的 EAP 的引入和发展我们甚至不能用"历史"一词来阐述，毕竟 EAP 引入国内的时间迄今为止仅仅只有短短十几年的时间，中间又几经波折，目前国内的 EAP 还处在起步阶段。在国外，无论是 EAP 专业主管部门还是接受 EAP 服务的企业都非常清楚 EAP 专业人员应该具备什么样的专业资质，他们对 EAP 专业人员的知识能力要求是非常明确的，并且建立了专门的 EAP 管理机构，制定出专业的 EAP 咨询师资格认证体系。在国内，EAP 是从国外引入的新事物，早期 EAP 引进的经验告诉我们，在国内实行全盘西化的 EAP 是行不通的。因此，EAP 引入国内的过程中需要非常小心谨慎，一方面要借鉴国外已经趋于成熟的先进技术和理念，另一方面又要结合国内的实际情况，发展出 EAP 的中国模式，建立 EAP 中国标准。在建立国内 EAP 专业人员知识能力结构标准和资格认证体系的过程中，EAP 专家借鉴了国外的经验，同时又根据国内与国外存在历史文化、社会道德观念差异的特点，走出一条与西方不同的发展道路。

下面我们主要谈谈 EAP 专业人员的资质，介绍国内外（以美国为例）EAP 专业人员的能力要求以及各自的资格认证体系。

### 1. EAP 专业人士的能力要求

高素质的专业人才具备非常优秀的专业知识技能，EAP 专业人士也是如此。只有具备了专业的知识技能，EAP 专业人员才能取信于接受服务的企业，才能够得心应手地实施 EAP 项目，为企业提供有效的 EAP 帮助。那么，EAP 专业人士应该具备什么样的知识技能呢？

在前面的论述中，我们提到 EAP 是心理学、管理学、社会学、人类学、经济学、医学等学科的知识和实务技术结合的产物。在 EAP 发展成熟的国家，要求 EAP 专业人员了解心理学、社会学、劳资关系、人力资源、组织行为、企业管理、相关政策法令、跨文化（外劳）管理等相关学科的知识。另外，EAP 专业人员还应该具备良好的沟通能力、系统思考的意识和能力、良好有效的交谈能力、引导和促进的能力、直面自己的能力等。同时，EAP 专业人员还应具有带领团体、策划（执行）活动、调查、评估、压力放松、转介等实务技术。

（1）美国 EAP 专业人员能力构成。

EAP 在美国的发展已经比较成熟完善了，向企业提供的服务非常齐全，涵盖了心理咨询、教育培训咨询、员工福利政策咨询、休闲咨询、员工申诉、法律援助等方面。因此，要求 EAP 专业人员熟悉与掌握心理学、管理学、社会学、经济学、法学、人力资源管理、组织行为等方面的知识和技能。

北美员工帮助协会（Employee Assistance Society of North American，EAS-NA）将 EAP 专业人员分为 EAP 咨询、EAP 管理、EAP 测量和转诊、EAP 专业人员助手四类，设置了相应的员工帮助主管、员工帮助顾问、员工帮助评估与指导专家、员工帮助转介代理人等四种 EAP 资格。对每种 EAP 资格提出不同的能力要求。

　　a. 员工帮助主管。

　　员工帮助主管指的是在企业内部 EAP 部门或是专门的 EAP 服务机构中管理所有参与 EAP 的人员。EASNA 认为员工帮助主管应具备以下能力：

　　筹划一个针对员工及其管理者的 EAP 计划。

　　筹划一个针对员工及其家人的 EAP 计划。

　　设计并开发员工帮助服务。

　　在咨询委员会的指导下开展工作。

　　实施必需的评估。

　　评估团体共有资源。

　　在工作机制方面知识渊博。

　　监督和评估职员。

　　对主管、督导、指导执行者进行恰当的训练。

　　提供培训计划。

　　为媒介机构撰写文章。

　　开发并执行具体的计划和程序。

　　开发并管理计划预算。

　　对完整的津贴计划进行调整。

　　与机构共有资源，如个人/人力资源、医生、工会/劳工关系、工人补偿、主管、督导/领班、安全设备、服务员、职业更新及合法社团相结合。

　　在员工评估及指导服务上知识渊博。

　　参与专项研究。

　　提出口头或书面报告以供讨论。

　　实施包括（但不仅限于）速度和对开销的分析在内的评估活动。

　　制作服务，提供费用一览表。

　　保证服务机构的工作人员依法行事。

　　b. 员工帮助顾问。

　　员工帮助顾问是提供专业意见或服务的人员，在合约的基础上，参与员工帮助服务的开发与管理。根据 EASNA 标准，员工帮助顾问应具备以下能力：

　　开发并恰当地执行一个将个体特性及不同工作背景考虑在内的计划。

　　实施组织上的分析，也就是必需的评估。

　　将每个计划和原理销售给企业。

　　向员工及其主管推销这一计划。

　　向员工及其家人推销这一计划。

　　在咨询委员会的指导下开展工作。

评估团体共有资源。

对主管、督导、指导执行者进行恰当的训练。

提供培训计划。

在开发和执行计划和程序的过程中提供意见。

在对完整的津贴计划的调整中提供意见。

与机构共有资源，如个人/人力资源、医生、工会/劳工关系、工人补偿、主管、督导/领班、安全设备、服务员、职业更新及合法社团相结合。

具备员工评估及指导服务方面的知识。

参与专项研究。

提出口头/书面报告以供讨论。

利用速度、开销分析以及渗透速度等知识实施评估活动。

制作服务提供费用一览表。

保证服务机构的工作人员依法行事。

c. 员工帮助评估与指导专家。

EASNA 将员工帮助评估与指导专家定义为为员工帮助服务提供测量、咨询及后续跟踪活动的人，规定员工帮助评估与指导专家应具有以下能力：

提供短期干预或危机干预。

提供类似于压力管理主题的基础教育项目。

组织 EAP 资源实行访谈以进行评估和指导。

为治疗计划提供后续措施和评估。

提供新的、合适的从事员工帮助服务的人员。

帮助具有诸如药物成瘾、不良家庭关系及家庭问题、心理/精神健康问题及法律或经济问题的员工。

与工作机构中的其他部门，如医疗或安全保障部门的协调。

当权衡工作机构的需求时，要担当起员工的支持者的角色。

做出准确的记录。

对同事、指导执行者的咨询进行督导。

对外保守秘密。

了解工作的体制和结构。

正确评估问题的实质和严重性，做出适于员工发展的指导及后续措施。

d. 员工帮助转介代理人。

EASNA 将员工帮助转介代理人定义为工作机构中经过特别训练的个体，可能是志愿者，但通常是来访者首先联系到的人，可以解释为提供员工帮助服务或某一社团资源，但并不是诊断医师或顾问。员工帮助转介代理人应该具备以下能力：

清楚了解 EAP 的策略和步骤。

有基本的倾听和访谈的能力。

向咨询委员会推荐某一项目的改善措施。

对外保守秘密。

在对诸如酒精、药物成瘾，家庭暴力等社会或个人问题有一个基本的了解。

了解个人问题将在工作中怎样暴露出来。

充分了解工作结构。

交予评估与指导专家。

（2）中国目前对 EAP 专业人员的能力要求及前景预期。

EAP 在中国仍处于起步阶段，在短短的十几年内，国内的 EAP 工作者一方面借鉴国外的优秀成果，一方面结合国内的实际情况，摸着石头过河，探寻 EAP 的中国道路。由于 EAP 在国内的发展时间较短，因此在专业基础上、管理技术上都还存在真空。从管理机构来说，尽管 EAPA 在世界 30 多个国家和地区都建立了分支机构，但目前尚未在中国大陆设立分支机构，国内的 EAP 专业人员多数不属于 EAPA。而我们尚未建立起诸如协会、学会的 EAP 专业组织，国内的 EAP 专业人员缺乏专门的管理。因此，目前国内还没有建立对 EAP 专业人员能力构成的统一要求。

尽管如此，中国 EAP 先行者们仍努力地探寻着 EAP 的中国之路，摸索着中国 EAP 专业人员能力结构要求。我们认为，EAP 是一项综合性的服务，内容涵盖压力管理、职业心理健康、裁员心理危机、灾难性事件、职业生涯发展、健康生活方式、法律纠纷、理财问题、饮食习惯、减肥等各个方面，全面帮助员工解决个人问题。EAP 专业人员应该具有稳定的情绪、追求成功的成就动机、开放认真的态度、助人为乐的价值取向、强烈的责任感。同时，应该具有良好的沟通能力、系统思考的能力、直面自己的能力、善于灵活地解决问题的能力等。在知识背景上应该具备心理学、管理学、人力资源、组织行为等方面的知识背景，还要掌握有关人的基本知识、有关 EAP 的技术性知识，了解与职业咨询相关的法律条文，深刻理解有关职业咨询师的职业道德知识。

目前，国外的公司、企业主要实施企业自有的内部 EAP 和向企业外 EAP 专门机构寻求帮助的外部 EAP 两种形式。就国内来说，在公司、企业内部设置专门部门实施内部 EAP 的时机还不成熟，大部分公司、企业主要通过委托 EAP 专门服务机构进行 EAP 项目。因此，国内现在谈的 EAP 项目主要指的是外部 EAP。

国内 EAP 可以定位为一项由应用心理学专家队伍深入企业，根据企业具体情况，为其管理者和员工提供管理以及个人心理帮助的专家解决方案。从中可以看出，目前国内的 EAP 专业人员的主要来源是具备管理学、组织行为学、人力资源管理等相关学科知识背景，能充分有效地利用各种资源的心理学专家。国内 EAP 在实施过程中，心理咨询是一种令员工最直接受惠的手段，在整个 EAP 实务中占据相当大的比重。因此，国内 EAP 对专业人员中的心理咨询师的能力结构的要求非常严格。

由中华人民共和国人力资源和社会保障部颁布的《心理咨询师国家职业标准》，要求心理咨询师必须具备社会心理学、发展心理学、心理测验学、心理健康与心理障碍、咨询心理学以及与心理咨询相关法律法规等方面的基础知识，具备观察能力、逻辑思维能力、表达能力、人际沟通能力、自我控制能力等职业能力。

总之，无论是 EAP 专业人员的构成还是对 EAP 专业人员的能力结构要求，中国的 EAP 都还比较稚嫩，现在及今后的一段时间内还将处于摸索阶段。但我们应该坚信，随着更多的有识之士加入到 EAP 研究或是实施领域中来，EAP 在中国总有开花结果的一天。在这个过程中，国内对 EAP 专业人员的能力要求将会不断向国外标准靠拢，最终成熟完善起来。

### 2. EAP 专业人士的资格认证

衡量 EAP 从业人员是否专业，通常根据该从业人员是否通过 EAP 资格认证来判断。资格认证意味着权威的 EAP 专业组织对 EAP 从业人员的职业能力的承认。一般来说，当从业者获得资格认证后，就标志着从业者的专业知识、技能和服务质量达到了职业要求，接受服务的公司、企业可以信赖该 EAP 从业人员的专业水平，并相信自己接受的服务的设计、组织和实行过程都是行之有效的。

鉴于以上所述，无论是提供服务的 EAP 专业领域还是接受服务的公司、企业都有建立 EAP 资格认证体系的要求。同时，EAP 资格认证体系应该由成熟的 EAP 管理机构来建立实施，而拥有诸如 ALMACA（The Association of Labor Management Administrators and Consultants on Alcoholism，劳动力管理及酗酒顾问组织）和 EASNA（Employee Assistance Society of North American，北美员工帮助协会）这样成熟完善的 EAP 组织的美国刚好具备了 EAP 资格认证体系产生和实施的条件，EAP 专业资格认证体系在美国最初建立起来。

（1）美国 EAP 资格认证系统。

在建立起资格认证考试之前，尽管纽约州的酗酒部门已经和康奈尔大学签订协议，计划在全州的范围内提供有关 EAP 工作的各类课程，但是集中讲授 EAP 工作的学术课程几乎是没有的。因此，建立 EAP 资格认证体系可以促进一些为 EAP 人员设置的正式的训练课程的展开。另外，EAP 资格认证体系的建立，为 EAP 从业人员提供了一套必需的知识标准，并且在确认 EAP 从业人员质量标准的过程中起到辅助的作用。

EAP 专业人员资格认证证书由国家专门机构颁发，证明他们在信誉、知识、技术和专业性方面都有足够的能力。ALMACA、EAPA、EASNA 分别建立了各自的 EAP 资格认证体系，在 EAP 专业领域开展资格认证工作，从业人员一旦通过考试即可获得他们颁发的资格证书。

a. ALMACA 认证体系。

1987 年，ALMACA 开发出第一套用于 EAP 专业人员的笔试测验，通过该测验的人员将获得员工帮助专业人员的资格认证证书，获得五年的认证资格。开发此测验的目的是：为 EAP 的必备知识提供标准；给予达到 ALMACA 的员工帮助资格授予要求的人员以正式的认可；激励 EAP 行业的持续发展；帮助雇主、工会、保健护理者、教育工作者及其他专业人员识别合格的 EAP。

这一测验将由覆盖工作编制、人力资源开发、EAP 的策略与管理、EAP 的直接服务、药物依赖和上瘾行为以及身体的和心理的问题等 6 个主要方面的 150 个简短问题组成，每一部分内容占有不同的比重，测验包含了以下六个方面。

第一，工作编制（10%）：机构（工商业，劳工组织，管理、教育、卫生保健、社会科学机构）；机构的动力，如劳资双方的关系、决策。影响力（正式与非正式的）、交流、资源分配。

第二，人力资源开发（10%）：人口统计，成绩评价体系，员工权利，员工与劳工的关系，津贴，培训，发展与职业分派，安全与保障，员工的生理和心理健康。

第三，EAP 的策略与管理（30%）：这一领域的历史，基本原理，程序模型的选择，策略的改善，案例的处理，奖励的策略，法定的培训，机构的评估和干预，估价，信息系统（档案和报告），机构内的协调，保健问题（健康津贴管理，减少开销）。

第四，EAP 的直接服务（30%）：组织上的（奖励，津贴管理，员工关系，人力资源管理，组织发展），主管与工会代表（磋商，积极对抗，职业分派与反馈，培训），员工服务（定位，交流，培训），个别服务（收纳与评估，职业分配，后续措施）资源链（鉴别，评估，需要—解释/协商，员工的选择权与责任）。

第五，药物依赖和上瘾行为（10%）：疾病概念，上瘾疾病的处理，匿名酗酒者及其他自助小组，复发的原动力，征兆，症状与各种状态（进步，复原），家庭动力，特殊个体的问题，合法的与处方药物的上瘾，使能够回到工作场所，干预策略（积极对抗等），工作绩效指标。

第六，身体的和心理的问题（10%）：面试（技术，品质性格，道德），评估（药品或心理上导致的伤害，帮助的水平，风险的评估，重要因素的影响，特殊个体的问题和需要，对婚姻和家庭问题及其动力的了解，危机处理，治疗安排（对治疗状态的熟悉，对咨询各阶段的熟悉，住院治疗，开销，临床协调，后续措施，返回工作岗位，结束）。

b. EAPA 认证体系。

从 1995 年秋季开始，EAPA 成立 EACC（员工帮助认证委员会），开始进行 EAP 认证、颁发 EAP 资格证书的工作。从 1997 年开始，EACC 在原来认证系统的基础上，发展出新的 EAP 认证考试考核方案，根据参加考试人员不同的学历水平，EAP 认证提供两种考试形式。

第一种，经过相关领域（Employee Assistance Certification Commission, EACC）认可的本科学历。2～7 年内在督导的指导下在 EAP 领域中完成 2 000 个小时的工作，这些督导必须经过 EACC 认证。在参加考试前完成 15PDHs。PDH（Professional Developing Hour）项目从 1997 年开始，每年增加 5PDHs。如果某些国家有特殊说明，需要在心理学、社会工作、再就业或是其他相关领域有职业资格。

第二种，2～7 年内在督导的指导下在 EAP 领域中完成 3 000 个小时的工作，这些督导必须经过 EACC 认证。在参加考试前完成 60PDHs。从 1997 年开始，每年增加 20PDHs。

c. EASNA 认证体系。

与 ALMACA 的认证体系相比，EASNA 的认证体系在建构上更难一些，他们向 EAP 咨询、EAP 管理、EAP 测量和转诊以及 EAP 专业人员助手方面的 EAP 专业人员提供认证。对员工帮助主管、员工帮助顾问、员工帮助评估与指导专家、员工帮助转介代理人四种 EAP 资格提出不同的能力要求。

（2）中国 EAP 资格认证现状及前景预期。

如面所述，中国目前还没有建立起专门的 EAP 管理组织，因此也还没有建立起 EAP 专业人员资格认证系统。国内目前存在学院派和实务派两类 EAP 专业人员，所谓学院派指的是诸如北京大学、北京师范大学、浙江大学这样的著名高校的心理学院以及中国科学院心理所一类的心理学研究所中从事 EAP 研究的心理学专家，他们所做的研究工作对于学习借鉴国外成熟的 EAP 理论知识起到了重要的作用。实务派 EAP 专业人员指的是学院之外诸如易普斯咨询、天力亚太、中国 EAP 服务中心这样的 EAP 专业机构中的 EAP 专业人员。从来源看，国内的 EAP 专业人员多来自高校心理学专业毕业的人才，通过 EAP 专业知识与前技能培训，具备了 EAP 项目实施能力。囿于国内尚未建立起专门的 EAP 资格认证体系，国内目前对 EAP 专业人员的资质主要通过其所受教育背景和接受的 EAP 专业培训以及是否通过诸如心理咨询师、职业指导师等相关资格认证来进行判断。

心理咨询师资格认证是目前 EAP 专业人员的重要资格认证之一，由中华人民共和国人力资源和社会保障部颁发。符合条件的申报者一经通过认证，可获得由人力资源与社会保障部颁发的资格证书。下面从申报条件、考核内容、鉴定方式等方面对心理咨询师资格认证体系进行简要介绍。

a. 心理咨询师申报条件。

国内将将心理咨询专业人员分为心理咨询员（国家职业资格三级）、心理咨询师（国家职业资格二级）、高级心理咨询师（国家职业资格一级）三个等级，对不同等级的申报有不同的要求。

首先，心理咨询师三级的申报需具备以下条件之一：

第一，具有心理学、教育学、医学专业本科学历。

第二，心理学、教育学、医学专业大专毕业或本科在校四年级及以上的学生，经心理咨询师三级正规培训达规定标准学时数，并取得结业证书者。

第三，具有其他人文社科类专业本科以上学历，经心理咨询师三级正规培训达规定标准学时数，并取得结业证书者。

其次，心理咨询师二级的申报需具备以下条件之一：

第一，具有心理学、教育学、医学专业博士学位者。

第二，具有心理学、教育学、医学专业硕士学位，经心理咨询师二级正规培训达规定标准学时数，并取得结业证书者。

第三，取得心理咨询师三级职业资格证书，连续从事心理咨询满三年，经心理咨询师二级正规培训达规定标准学时数，并取得结业证书者。

第四，凡具有心理学、教育学、医学中级或以上专业技术职业任职资格，经心理咨询师二级正规培训达规定标准学时数，并取得结业证书，连续从事心理咨询满三年者。

最后，心理咨询师一级的申报需具备以下条件之一：

第一，具有心理学、教育学、医学专业博士学位，经心理咨询师一级正规培训达规定标准学时数，取得结业证书，并从事心理咨询满三年者。

第二，具有硕士学位，取得心理咨询师二级职业资格证书，连续从事心理咨询满三年，经心理咨询师一级正规培训达规定标准学时数，并取得结业证书者。

第三，具有心理学、教育学、医学副高或以上专业技术职业任职资格，经心理咨询师一级正规培训达规定标准学时数，并取得结业证书，且连续从事心理咨询满三年者。

b. 心理咨询师考核内容及鉴定方式。

心理咨询师考试分为理论知识考试和技能操作考核，理论知识考试和技能操作考核均采用闭卷笔试方式，心理咨询师二级、一级还须通过综合评审。理论知识考试时间不少于120分钟；技能操作考核时间不少于120分钟；综合评审时间不少于30分钟。

理论知识考试和技能操作考核均实行百分制，成绩分别达60分以上者为合格。心理咨询师三级、二级单科考试合格成绩有效期为两年，可补考一次。心理咨询师一级不得补考。

目前，中国EAP资格认证领域可以用一片空白来形容，没有专门的EAP管理机构，没有专业的EAP课程，没有专业的资格认证系统……这样的境况无论对EAP专业人员还是有意向选择EAP的公司、企业都是一种困扰。对于EAP专业人员来说，一次次面对客户质疑的目光却又无从辩解，或许只能在心中默默念叨"给我一个机会吧，我将用事实、用效果来证明我的专业资质"。对于选择EAP服务的公司、企业，在没有专门的EAP管理组织、没有专门的EAP资格认证体系的情况下，只能凭着直觉、经验以及信任来选择EAP。这样的境况是多么无奈啊，我们需要改变！

随着EAP在中国不断深入，人们意识到了建立EAP专门组织以及EAP资格认证体系迫在眉睫。相信在不久的将来，中国将拥有EAPA分支机构，同时建立起中国本土的EAP专门管理组织，严密的资格认证体系将在中国成长起来。

## （二）EAP专业人士应该遵守的职业道德标准

"我要遵守誓约，矢志不渝。对传授我医术的老师，我要像父母一样敬重。对我的儿子、老师的儿子以及我的门徒，我要悉心传授医学知识。我要竭尽全力，采取我认为有利于病人的医疗措施，不能给病人带来痛苦与危害。我不把毒药给任何人，也决不授意别人使用它。我要清清白白地行医和生活。无论进入谁家，只是为了治病，不为所欲为，不接受贿赂，不勾引异性。对看到或听到不应外传的私生活，我决不泄露。"这是古希腊著名医师希波克拉底提出的行医誓言。医生的职业道德标准，同时也为服务行业建立职业道德提供了哲学思想准备。在希波克拉底誓言的基础上，可以抽取出适用于所有服务行业的几个原则：自主，尊重客户自由选择的权力；无害，绝不能做对客户有害的事；行善，有帮助他人的责任；公正，有公平分配资源的责任；忠实，忠于自己的责任。

在希波克拉底哲学思想的基础上逐渐发展出的服务行业的职业道德标准，是判断该领域专业人员是否专业的重要标准之一。这一标准同样适用于EAP行业。严格的EAP职业道德标准一方面对EAP专业人员提出要求，敦促他们随时注意保持和提高自身的EAP专业素质；另一方面，也可以消除有意选择EAP服务的公司、企业对EAP专业人员的专业资质的疑虑。在EAP专业人员违反职业道德标准、对客户造成伤害时，职业道德标准可以为客户提供向EAP管理组织或是向法院申诉的依据。

任何一种服务行业的职业道德标准都是在该行业有了一定发展的基础上建立起来的。EAP职业道德标准的建立同样和EAP自身的发展分不开，因此，职业道德标准最先在美国建立起来，并成为其他国家EAP的参考。

### 1. 美国 EAP 专业人士职业道德标准

在美国，最大的 EAP 专门组织是 EAPA 和 EASNA，它们都建立了约束本组织成员的职业道德标准。相比之下，EAPA 比 EASNA 规模更大、成员更多，甚至可以说大多数 EAP 从业人员都从属于 EAPA。因此，EAPA 的职业道德标准更为流行、更具借鉴意义。

EAPA 针对会员制定的职业道德标准于 1987 年 12 月 4 日起草，1988 年 4 月 10 日经 EAPA 董事会讨论通过。在 EAP 项目实施中，EAPA 会员的根本目的是为那些被情绪问题、行为问题、酒精及毒品问题困扰的员工及其家属提供有效的帮助服务。因此，EAPA 制定职业道德标准的目的是为了保护员工、管理层和社区，使他们免受参与到 EAP 中的其他个人和组织的不道德行为的伤害，同时也为全美及各国 EAPA 分部培训 EAP 人员提供职业道德标准。

EAPA 职业道德标准主要从以下几个方面对会员提出要求并进行约束。

（1）保密。

EAPA 会员有义务为客户的信息保密。会员需要使客户充分了解在整个 EAP 过程中隐私权的适用范围和适用限制。未经客户同意，会员不得泄露客户的信息，除非这种保密行为会严重影响客户或他人的身心健康。

（2）专业资质。

提供 EAP 服务的 EAPA 会员应该拥有工作编制、人力资源开发、EAP 策略和管理及 EAP 的直接服务方面的知识。所有会员都应该有应对药物依赖、药物成瘾、情绪障碍方面的知识，还应该懂得不断接受培训以提高工作质量的重要性。成为 EAPA 会员本身并不能证明其拥有专业资质，只有得到 EAP 认证（CEAP）才能证明其具备了相应的专业能力。

（3）保护客户。

EAPA 会员不应该因客户的种族、信仰、国籍、躯体残疾、性别的因素而对其产生歧视，而应该充分尊重和维护客户的权益。EAPA 会员应该向客户详细解释 EAP 及其附属治疗和训练的功能和目的，不能向客户收取额外费用，不能和客户发生性关系，不能做有损于客户关系的事情。

（4）评价及咨询。

会员只能在自己专门负责的业务领域中为客户进行评价和咨询。如果有客观需要，会员应该接受咨询或督导。为避免利益上的冲突，做最初评价的人员最好让客户同时接受 EAP 以外的组织或个人的评价。EAP 服务执行与否取决于最初评价者对客户情况的评定，只有向客户证明咨询可以给他们带来更大的经济效益，并被客户认可后，EAP 才能正式实施。

（5）公共责任和专家间的关系。

无论是没有取得专业资格的从业者，还是 EAP 专员，都应该团结协作，一起推广 EAP 服务。例如，他们有责任教育和培养受训者，提升其专业水平；他们应该向大众介绍 EAPA，并提供真实的信息；他们还应该在专业领域内互相合作；不能诽谤他人以谋取私利，也不能做带有欺骗性或误导性的宣传，应该准确真实地向大众说明 EAP 的专业能力。如果某位 EAP 会员因酒精滥用、药物滥用或心理不健康等问题影响其专业水平，其他会员应该帮助他寻求相应的治疗。

### 2. 美国心理咨询师的职业道德标准

除了来自 EAPA 和 EASNA 的 EAP 专业人员，一个完整的 EAP 项目中还不可缺少心理咨询师。美国对心理咨询师的考核和管理都非常严格，就职业道德标准来说，为大多数心理咨询师认同和接受的主要有分别由美国心理学会（APA，1967）和美国咨询与发展协会（AACD，1981）提出的两套标准。

（1）美国心理学会（APA）心理咨询师职业道德标准。

美国心理学会于 1967 年提出心理咨询师职业道德标准，规定心理咨询师必须遵循 10 项道德准则。

a. 责任。

责任指对当事人进行咨询时，保持"客观性"和"诚实"的思想。它鼓励人们对工作负责，包括精确地报道结果。它还鼓励咨询人员避免可能影响客观性的暧昧关系，例如，在给当事人做咨询时又想与他（她）们约会这样的事。最后，它还建议作为监督者的咨询人员要定期地对他们所管理的咨询人员进行适当而又及时的评估。

b. 能力。

能力指咨询师为他人提供咨询服务所具有的技能。它不仅包括你了解自己专业的局限性的能力，而且包括你保证你在本专业领域中占有一席之地的能力，它还包括提供详尽准备的、准确的、赶上时代的学术研究性材料。最后，它要求咨询人员在使用心理测验结果做最后决策之前，能够理解测量变量、测验的效度问题及有关问题。

c. 道德与法律标准。

道德与法律标准包括个人和职业行为。它们是咨询人员试图避免违背另一个人的法律和民事权利的活动所遵循的行动纲领。这些标准也是促使咨询人员适应联邦政府法律和地方的州的法律，同时促使他们在用人或动物进行研究或其他科学活动时熟知那些控制其行为范围的各种法规的动力。

d. 对公众的声明。

对公众的声明指禁止为了说明个人资格、与某协会的关系或保证人身份，咨询人员作出的让人误解的陈述。这可能包括弄虚作假、欺骗性的陈述；对某种技巧或程序赞扬；投合一个人恐惧的心理等。

e. 保密性。

保密性指咨询人员在受信任的情况下掌握到的信息应予以保密。

f. 顾客的利益。

顾客的利益指为了顾客的最高利益而提供的道德标准，它包括与你的当事人避免产生性接近，在开始服务之前，为你的咨询对象做好经济筹算，在实施服务之前，向对方说明咨询的保密性，以及如果这种咨询存在利益冲突的话，那么还要帮助对方了解这种情况。

g. 职业关系。

职业关系是咨询人员和其他专业同事之间存在的那些关系。本准则规定，当与他人一起工作时，应根据每个专业人员所完成的工作给自己记上相应的功绩。每个咨询人员都要遵守自己的职业道德，对自己要高标准、严要求。若要做转诊或转科介绍的话，咨询人员必须要完全了解接受病人转诊的情况。

h. 评估技术。

本准则指的是咨询过程中心理测验的制作与运用。它特别强调这样的思想：心理测验的编制必须遵守教育与心理测验标准（APA，1974年）；报告标准化测验的结果时，所给予的解释要清楚，咨询对象及其父母或监护人要明白将要讨论的是什么资料；所有的测验都保存得非常安全；这些测验只有在根据明确设计的目标和假设的情况下才能使用，测验结果的记录不能给那些没有必要看到记录的人，测验结果只有在当事人填写公开表格以后才能公开。另一个重要的问题就是要告知当事人，心理测验的结果通常会随着时间的推移越来越失去意义，一年之后，他或许又要重新做这些测验。

i. 用人进行研究。

当以人为被试进行研究时，咨询人员必须告诉参加者此研究的一切特点，这些特点可能影响到他们（参加者）是否愿意参加研究，例如，给参加者以自决权，使他们能够在必要时销毁在他们身上得到的实验数据；为被试提供参与制定研究计划的自由，或随时中断研究的自由；与每位参加者签订一项协议，明确参加者和咨询人员的目的与责任；采取一切可能的措施减少痛苦；给每位参加者一份签过字的合同副本。

j. 对动物的保护。

（2）美国咨询与发展协会（AACD）心理咨询师伦理原则。

美国咨询与发展协会于1981年制定出心理咨询师的伦理原则，要求不论协会成员还是非协会成员，所有心理咨询师的行为在任何时候都必须符合伦理原则。

AACD心理咨询师伦理原则包含了个体咨询和团体咨询中心理咨询师应该遵循的职业道德。

a. 协会成员的首要职责是尊重顾客的身心完整，提高顾客的福利，不论顾客是个体或处于团体中。在团体环境中，协会成员也有责任采取合理的预防措施来保护个体免受身体上和心理上的创伤。

b. 对咨询关系和咨询交往中的情报要保守秘密，而这和协会成员作为一个专业人员的职责相一致。在团体咨询中，咨询者必须针对所有团体成员可能发生的泄密，制定一个保密标准。

c. 在一顾客与另一专业人员已经建立咨询关系的前提下，如果没有首先获得那位专业咨询人员的许可，其他协会成员不能与此顾客建立咨询关系。如果协会成员在咨询开始后发现顾客又建立了一种咨询关系，那么协会会员必须获得另外专业咨询人员的许可才可终止关系，而顾客提出终止其他咨询关系则另当别论。

d. 顾客的情况表明，顾客或其他人将遭遇危险时，协会成员必须采取合理的个人行动或通知有关主管部门进行处理。

e. 咨询交往记录，包括会谈笔记、测验资料、信件、录音磁带和其他文献，应视为用于咨询中的专业信息，除非国家法规或规章制度有其他详细说明，不能把它们视为咨询者受雇的机构或公私部门记录的一部分。其他咨询材料必须仅仅根据顾客的所讲述内容透露。

f. 为了咨询者训练或研究的目的，咨询交往资料的采用只限于经过处理可以不暴露顾客身份的内容。

g. 协会成员必须在咨询关系建立之前或当时，告诉顾客对咨询关系产生影响的程序和限制，以及其程序和限制设立的原因和目标、技术和规划。

h. 协会成员必须审查未来的团体成员，特别是强调通过自我暴露达到自我理解和成长时，协会成员必须认识到贯穿团体生活始终的团体成员的和谐共处。

i. 协会成员可能宁愿同其他专业合格人员对顾客的情况进行磋商。在选择顾问时，协会成员必须避免把顾问置于利益冲突的位置，妨碍其在帮助顾客的努力中发挥适当的作用。

j. 如果协会会员认为专业帮助对顾客无济于事，他必须立即终止咨询。任何情况下，协会成员必须做出恰当的选择（协会成员对咨询来源必须很熟悉，以便进行令人满意的咨询）。而当顾客拒绝所建议的咨询时，协会成员没有义务继续咨询。

k. 协会成员具有其他关系，特别当他与寻求咨询服务的个人具有行政的、监督的关系时，协会成员不得以咨询者的身份提供服务，而应该把顾客介绍给另一专业人员。协会成员与顾客的双重关系可能损害成员的客观态度和专业判断（例如，与亲密朋友或亲戚的交往，与顾客的性亲密关系），必须避免发生，或通过将顾客转介到另一合格专业人员手下而终止咨询交往。

l. 协会成员必须明确告诉将接受服务的顾客治疗过程中的所有实验方法，必须采取安全措施。

m. 协会成员参加短期群体治疗和训练时，必须保证治疗期间和治疗以后的专业帮助。

n. 如果协会成员希望对上述声明进行改动，协会成员有责任和其他专业人员协商，从而做出正确的选择。

3. 中国 EAP 专业人员职业道德标准

目前，国内 EAP 还处于起步阶段，至今还没有建立起专门的管理干预组织，统一的 EAP 专业人员的职业道德标准还没有形成。现阶段国内的 EAP 专业人员主要来源于心理学工作者，同时，国内目前的 EAP 项目多偏重心理咨询与培训。因此，心理咨询师职业道德标准成为目前国内 EAP 专业人员遵循的职业道德标准。

《心理咨询师国家职业标准》于 2001 年 8 月 3 日获得批准，并于 11 月向全国发布，这是由中华人民共和国人力资源与社会保障部主持，中国心理卫生协会组织有关专家制定的，目的在于规范心理咨询行业的具有法律效应的重要文件。

按照《心理咨询师国家职业标准》规定，心理咨询应遵守如下职业道德标准：

（1）心理咨询师不得因求助者的性别、年龄、职业、民族、国籍、宗教信仰、价值观等任何方面的因素歧视求助者。

（2）心理咨询师在咨询关系建立起来之前，必须让求助者了解心理咨询的工作性质、特点、局限性以及求助者自身的权利和义务。

（3）心理咨询师在对求助者进行工作时，应与求助者对工作的重点进行讨论并达成一致意见，必要时（如采用某些疗法）应与求助者达成书面协议。

（4）心理咨询师与求助者之间不得产生和建立咨询以外的任何关系。尽量避免双重关系（尽量不与熟人、亲人、同事建立咨询关系），更不得利用求助者对咨询师的信任谋取私利，尤其不得对异性有非礼的言行。

（5）当心理咨询师认为自己不适于对某个求助者进行工作时，就应对求助者做出明确的说明，并且应本着对求助者负责的态度将其介绍给另一位合适的心理咨询师或医师。

（6）心理咨询师应始终严格遵守保密原则，具体措施如下：

a. 心理咨询师有责任向求助者说明心理咨询工作者的保密原则，以及应用这一原则的限度。

b. 在心理咨询工作中，一旦发现求助者有危害自身和他人的情况，必须采取必要的措施，防止意外事件发生（必要时应通知有关部门或家属），或与其他心理咨询师进行磋商，但应将有关保密信息的暴露程度限制在最低范围之内。

c. 心理咨询工作中的有关信息，包括个案记录、测验资料、信件、录音、录像和其他资料，均属专业信息，应在严格保密的情况下进行保存，不得列入其他资料中。

d. 心理咨询师只有在求助者同意的情况下才能对咨询过程进行录音、录像。在因专业需要进行案例讨论，或采用案例进行教学、科研、写作等工作时，应隐去那些可能据以辨认出求助者的有关信息。

### （三）EAP 专业人士的自我心理保健

在 EAP 实施过程中，与员工面对面接触最多的应该是作为咨询师和培训师的专业人员。根据班杜拉的社会学习理论，在 EAP 专业人员对受助员工提供咨询和培训时，受助员工会把咨询师或是培训师当作榜样，将他们的行为作为示范，对他们进行观察学习。因此，保持良好的状态，始终把最健康、最积极的心态和行为带给受助的员工是每一个 EAP 专业人员都应该具备的素质。

### 1. 什么是健康

（1）健康的概念及标准。

健康一直是人们最为关心的话题，历经时间的润泽，这个话题变得久远而意义丰富。过去人们对健康的关注点主要放在生理方面，认为健康就是"身体无病无残，体格健壮不弱"。随着 20 世纪科学文化和社会的不断发展，传统的生物医学模式向生物—心理—社会医学模式转变，人们对健康的观念也有了根本性的改变。人们除了关注生理上"无病无残，健壮不弱"，同时也开始关注自身的心理健康。

作为国际上最权威的卫生机构，世界卫生组织（World Health Organization，WHO）不断强调心理健康对个体的重要意义。其 1948 年的宪章指出："健康不仅是没有疾病，而且是一种躯体、心理和社会适应方面的完满状态。"1978 年，世界卫生组织在世界初级卫生保健（Primary Health Care，PHC）大会上发表《阿拉木图宣言》，重申"健康不仅是疾病或体虚的匿迹，而且是身心健康、社会幸福的总体状态，是基本人权，达到尽可能高的健康水平是世界范围内的一项最重要的社会性目标。而其实现，则要求卫生部门及社会与经济各部门协调行动"。1995 年世界卫生组织西太区在《健康新地平线》中提出了健康的三个主题：生命的准备、生命的保护、晚年的生活质量。世界卫生组织对健康的界定虽然几经改变，但对心理健康的重视却日益凸显。

世界卫生组织不仅对健康进行了定义，而且提出了 10 条健康标准。

a. 有足够充沛的精力，能从容不迫地应付日常生活和工作压力，不感到过分紧张。

b. 处事乐观、态度积极，勇于承担责任，不论事情大小都不挑剔。

c. 善于休息、睡眠良好。

d. 能适应外界环境的各种变化，应变能力强。

e. 能够抵抗一般性的感冒和传染病。

f. 体重适当、身体匀称，站立时，头、肩、臂的位置协调。

g. 反应敏锐、眼睛明亮，眼睑不发炎。

h. 牙齿清洁，无空洞、无痛感、无出血现象，齿龈颜色正常。

i. 头发有光泽、无头屑。

j. 肌肉丰满、皮肤有弹性。

上面10条健康标准既对生理健康作了规定，同时又规定了心理健康的标准。可见，世界卫生组织越来越深刻地认识到人的健康是生理健康和心理健康的统一体。

（2）心理健康的概念及标准。

尽管世界卫生组织在健康的定义中加入了心理健康的概念，并将之纳入健康标准，但是对于多数人来说，对心理健康的观念还没有深刻认识，当身体生了病人们会找医生寻求诊治，但是当心理生了病，人们痛苦却不知道怎么办。生理、心理全面健康的意愿难以实现。

值得欣慰的是，随着现代信息传播方式的快速发展，心理学越来越为人们所接受，心理健康成为人们关注的热门话题，人们开始对自身的心理健康越来越重视。时下存在一种流行说法："一个人的身体不健康，可以在这个世界上生活得很愉快，如果一个人的心理不健康，即使他的身体非常的健康，他也可能生活得非常痛苦。"

对于"什么是心理健康"这个问题，心理学家们在长期艰苦的探索的基础上，从不同的角度给出了不同的回答。其中，英格里希（H. B. English）、孟尼格尔（Karl Menniger）、波姆（W. W. Bochm）等人以及第三届国际心理卫生大会（1946）提出的心理健康的概念最具代表性。

由于着眼点不同，心理学家对心理健康的理解存在一定的差异，但他们对心理健康的界定具有一致的倾向性，他们都认为，心理健康是指生活在一定的社会环境中的个体，在高级神经功能正常的情况下，智力正常、行为适度，具有协调关系和适应环境的能力及特性。

如同健康标准一样，心理学家根据各自对心理健康的理解制定了不同的心理健康标准。其中比较有影响的有以下几种。

国际心理卫生大会（1946）着眼于人的身体、智能、情感等方面，提出4条心理健康标准：

第一条，身体、智力、情绪十分调和。

第二条，适应环境，人际关系中能彼此谦让。

第三条，有幸福感。

第四条，在工作和生活中，能充分发挥自己的能力，过有效率的生活。

20 世纪 50 年代初，马斯洛和麦特曼提出了心理健康的十条标准：

第一条，有充分的自我安全感。

第二条，能充分了解自己，并能恰当估量自己的能力。

第三条，生活理想切合实际。

第四条，不脱离周围现实环境。

第五条，能保持人格的完整和谐。

第六条，善于从经验中学习。

第七条，保持良好的人际关系。

第八条，能适度地宣泄情绪和控制情绪。

第九条，在符合团体要求的情况下，能有限度地发挥个性。

第十条，在不违背社会规范的前提下，能适当地满足个人的基本需求。

奥尔波特提出心理健康的六大标准：

第一条，力争自我的成长。

第二条，能客观地看待自己。

第三条，人生观的统一。

第四条，有与他人建立和睦关系的能力。

第五条，人生所需的能力、知识、技能的获得。

第六条，具有同情心，对生命充满爱。

国内心理学者在借鉴国外心理健康标准的基础上，从智力、情绪、意志、人格、自我评价等八个方面来界定心理健康，提出了心理健康的八条标准：

第一条，智力正常。一般智商在 80 分以上，这是人们学习、生活与工作的基本心理条件，也是适应周围环境变化所必需的心理保证。

第二条，情绪健康。其标志是情绪稳定和心情愉快。包括乐观开朗，富有朝气，对生活充满希望；情绪较稳定，善于调节与控制自己的情绪；情绪反应与环境相适应。

第三条，意志健全。在各种活动中都有自觉的目的性，能适时地做出决定并运用切实有效的方法解决所遇到的问题；在困难和挫折面前，能采取合理的反应方式；能在行动中控制情绪和行为，而不是行动盲目、畏惧困难、顽固执拗。

第四条，人格完整。人格指的是个体比较稳定的心理特征的总和。人格完整就是指有健全统一的人格，即个人的所想、所说、所做协调一致。具有正确的自我意识，能以积极进取的人生观作为人格核心，并以此为中心把自己的需要、目标和行动统一起来。

第五条，自我评价正确。这是心理健康的重要条件。个人要学会自我观察、自我认定、自我判断。能做到自尊、自强、自制、自爱。正视现实，积极进取。

第六条，人际关系和谐。表现为：乐于与人交往，能用尊重、信任、友爱、宽容、理解的态度与人相处，能分享、接受和给予爱和友谊，与集体保持协调的关系。

第七条，社会适应正常。个体和客观现实环境保持良好的秩序。个体能客观地认识现实环境，以有效的办法应对环境中的各种困难，能根据环境的特点和自我意识的情况努力进行协调，或改善环境适应个体需要，或改造自我适应环境。

第八条，心理及行为符合年龄特征。不同年龄有不同的心理及行为，心理健康者应具有与多数同龄人相符合的心理与行为特征，如果严重偏离，就是不健康的表现。

值得注意的是，心理健康的标准是相对的。我们在理解和运用心理健康的标准时，应注意以下几点：

第一，一个人是否心理健康与一个人是否有不健康的心理和行为并非完全是一回事。判断一个人的心理健康状况，不能简单地根据一时一事下结论。心理健康是较长一段时间内持续的心理状态，一个人偶尔出现一些不健康的心理和行为，并不意味着这个人心理不健康（或心理变态），只能视具体情况而定。

第二，人的心理健康水平可以分为不同的等级，是一个从健康到不健康的连续状态，从健康状态到不健康的状态之间有一个较长的过渡阶段。一般来说，心理正常与异常并无确定的界线，只是程度的差异而已。

第三，心理健康状态并非固定不变，而是一个动态的变化过程。既可能从不健康转变为健康，也可能从健康转变为不健康。随着人的成长、经验的积累、环境的改变，心理健康状况也会有所变化。因此，心理健康与否只能反映一个人某一段时间内的固定状态，并不是他一生的状态。

第四，心理健康的标准无论是怎样表述，都是一种理想的尺度。它不仅为我们提供了衡量是否健康的标准，而且为我们指明了提高心理健康水平的努力方向。

第五，个体心理健康的基本标准是能够有效地进行工作、学习和生活。如果正常的工作、学习和生活难以维持和保证，就应该引起注意，及时调整自己。

### 2. EAP 专业人士的心理健康危机

有人认为心理咨询师和培训师是学心理学出身的，他们永远不会存在心理健康方面的问题。这样的想法同外行人认为学心理学的人一定可以一眼看出对方的心理一样无稽，一样可笑。心理咨询师和心理培训师并不是神，揭开神秘的心理学面纱，他们一样是具有七情六欲的凡人。既然他们是凡人，就一样会遇到心理问题的困扰，何况他们日常的工作就是面对受助的员工，接受来自员工的倾诉。就像为寺院里塑泥塑的匠人，为弥勒佛塑像的会越来越慈眉善目，塑怒目天王的会日益怒容满面，塑阿鼻地狱的会快速苍老，他们在不知不觉中会将长时间面对的情景复制到自己的脸上，甚至心里。心理咨询师在接待来访者时，如同"垃圾桶"一样，吸纳了来访者卸下的心理垃圾，如果不及时处理，时间长了就会受到心理垃圾的影响，健康的心理就会变得不健康或是亚健康了。

（1）什么是心理咨询师的枯竭。

作为心理咨询师和心理培训师的EAP专业人员面临的最大的心理健康危机主要有职业枯竭，并由职业枯竭引发职业危机、家庭危机之类的危机。

职业枯竭也叫做职业倦怠，是指在工作重压下的一种身心俱疲的状态。主要表现为身体疲劳、情绪低落、创造力衰竭、价值感降低、人性淡漠、攻击性行为增多等。出现精力不济、极度疲乏以及失眠、头痛、背痛、肠胃不适等症状，极有可能是产生了职业枯竭。

心理咨询师的职业枯竭通常表现为厌恶工作、厌恶工作环境、不愿意接待患者、对自己的能力评价过低，感觉极度疲乏、困倦、没精神，兴趣下降；有轻度抑郁的感觉，心烦意乱、发脾气；害怕困难、逃避现实；对业务不感兴趣甚至厌恶，全面地否定自己，担心过多，顾虑重重，回避见人，甚至不愿意接受督导，认为督导没有任何意义。

（2）心理咨询师枯竭的危害。

心理咨询师职业枯竭能带来亚健康状态、职业危机、家庭、人际危机等方面的危害。

a. 亚健康状态。

世界卫生组织将健康状态划分为第一状态、第二状态、第三状态三种，据此将人群划分为健康人群、有病人群和亚健康人群三类。我们对第一、第二两种健康状态不难理解，那么什么是亚健康状态呢？亚健康状态又称为"机体第三种状态"、"灰色状态"，指的是介于健康和有病之间的一种状态。通常表现出易疲劳、全身乏力、情绪不稳定、食欲缺乏、反应迟钝、适应力减退、创造力减弱、睡眠质量差、头痛头昏等症状。

职业枯竭带给心理咨询师的第一个危害就是亚健康状态，影响咨询师的生命质量，甚至会导致咨询师生命的早衰。

b. 职业危机。

心理咨询师职业枯竭带来的第二个危害是职业危机。职业枯竭会降低心理咨询师的工作效率和工作质量，同时也影响咨询师的自我接纳和认同程度。有的心理咨询师早上醒来，一想到又要面对一整体天的工作，又要面对来访者，心里就感到了一种恐惧感，不愿意去工作。勉强到了工作场所投入工作，面对来访者却又心不在焉。精力不集中的工作状态终将导致失误频频出现，由此引发来访者对咨询师的质疑和失望，同时也造成心理咨询师对自身的自我否定，最后有可能放弃心理咨询工作。

c. 家庭、人际危机。

职业枯竭带来的第三个危害是人际危机。职业枯竭通常伴随着情绪衰竭、去人性化、攻击性行为出现，心理咨询师常会在不知不觉中把这些负性情绪和行为带到工作和日常的生活中。这些负面的东西在工作环境和社交场合严重影响人际交往。而处于职业枯竭状态的心理咨询师回到家中，有可能会把这些负面的情绪和行为迁移到家人身上，做出不适当的宣泄，影响与家庭成员间的关系，造成家庭危机。

（3）心理咨询师枯竭的原因。

心理咨询师的枯竭来自环境和个人两方面的原因。

从环境因素来看，心理咨询师受到的外界压力是引起枯竭的原因之一，具体表现在：a. 承受着持续而强大的压力，必须不停地工作以符合期限要求，而其中有许多期限要求是不切实际的；b. 竞争的环境不好，工作团队中的冲突与紧张气氛，同事间没有支持而批评却很多；c. 督导与咨询师之间缺乏互信，导致互扯后腿而不是为有价值的目标共同努力；d. 工作外个人未得到解决的冲突，例如，婚姻问题、慢性疾病问题、经济问题，等等；e. 毫无变化地做同类型的工作，而这种工作似乎没有意义，不能令咨询师获得成就感；f. 处理难以应对的来访者。例如抗拒性强、非自愿、毫无进步的当事人；g. 因咨询中的失误对来访者造成伤害，引发医患纠纷等。

从个人因素来看，心理咨询师主观的问题也导致了枯竭的发生，主要表现在：a. 心理咨询师具有权威心理，对自己要求过高，追求的目标是不客观和不现实的，追求完美，甚至要求自己无所不能；b. 只知道一味工作，没有定期接受督导、再教育或参加培训，知识陈旧，墨守成规，经不起考验；c. 对不理想的治疗效果错误归因为大部分由自己主观原因造成；d. 对于时间及精力做出不合理的要求等。

## 3. EAP 专业人士的心理保健

在心理咨询和心理培训过程中，EAP 专业人员作为心理咨询师和培训师给受助员工（员工家属）起着榜样作用。存在一种"咨询师自己能走多远，才能引领来访者走多远"的说法，因此，心理咨询师个人的心理健康水平是非常重要的，咨询师本人同样需要心理保健甚至心理治疗。

心理咨询师主要通过向督导求助、自我保健等方式达到心理保健的效果。

（1）求助于督导。

督导是指有咨询专长的督导者通过观察、分析、评价，对心理咨询学习者在业务学习上与实践操作上给予及时的、集中的、具体的指导与监督，以不断提高学习者对心理咨询概念的理解和操作技能，是咨询员业务提高与个人成长的重要环节。督导者通过个别督导、团体督导、现场督导等方式和手段，为心理咨询师提供专业学习、工作实践、咨询师个人心理健康等方面的督导，充当着心理咨询师的教育者、支持者和评估者等角色。

心理咨询师不是完人，他们在理论认识、实践操作以及个人修养上存在着一定程度的主观性和局限性。另外，心理咨询的过程复杂，心理咨询师的专业成长是终生的历程。咨询师工作关注的是人的问题，而人的问题非常复杂，咨询师个人知识经验存在局限。专业工作要求不断充实，保持身心健康。因此，心理咨询师在心理咨询工作过程中，必须不断提高自身专业水平，促进个人成长。

心理咨询师接受督导可以从四个方面获得帮助：第一，促进咨询师的个人成长；第二，在咨询师本人出现心理问题时，帮助其恢复心理健康；第三，有效地帮助咨询师提高咨询技能；第四，帮助咨询师，尤其是新入行的咨询师，及时调整咨询策略。

在作为心理咨询师的 EAP 专业人员的心理保健中，督导的心理保健功能主要体现在四个方面：第一，评估咨询者的个人心理素质；第二，关注心理咨询者个人心理健康状况；第三，协助排除因职业原因造成的心理问题；第四，指导个案中个人成长的问题，提高心理平衡度。

接受适当的有效的督导，有利于 EAP 专业人员的心理保健。因此，选择合格的督导对于心理咨询师来说是非常重要的。一个合格的督导者必须具备以下条件：第一，专业教育及专业培训背景，扎实的理论基础、丰富的专业知识、熟练的教学技巧；第二，丰富的实践工作经验；第三，有教学的意愿、热情与能力；第四，有成熟的人格和进取的人生态度。

根据督导与咨询师的关系，有上级督导和同侪督导两种方式：上级督导指的是水平高的督导与水平低的咨询师之间进行的不同级别的咨询师之间的督导；同侪督导指的是同水平、同级别的咨询师之间进行的督导。根据督导时间安排，有全职督导和临时性督导两种：全职督导指的是持续的、持久的、定期的系统督导；临时性督导指的是短期的、有一定针对性的、间断的督导。咨询师考虑接受督导时，可以根据个人的需要和具体情况来选择合适的督导形式。

督导者在对心理咨询师督导的过程中，还应该注意以下几个方面：首先，督导者应对每种理论有初步了解，在此基础上指导咨询师系统掌握 1~2 种理论方法，并通过实践熟练运用，逐步形成自己的风格；其次，督导时，必须保护求助者的利益，遵守专业伦理，录音、录像要签订同意书；再次，恪守保密原则，一切材料在督导之外不使用。如使用必须征得求助者的同意。

（2）EAP 专业人员的自我心理保健。

自助是除了督导之外，EAP 专业人员进行心理保健的主要方式。心理咨询师应该随时进行自我心理保健，不断提高自身的素质，以便能够应对高强度的工作。

通常，EAP专业人员通过以下几种方式进行自我心理健康的维护。

a. 加深对自我的确认。

从自身的人生经验、自我形象、性格、需要、价值观、生活信念、人性观和对人态度与关系等方面，全方位地加深对自我的认识，在此基础上更加接纳自我。自我提醒可以利用自己的专业知识和技能，为需要帮助的员工提供帮助，同时应该时刻对自己进行职业暗示，提醒自己只是心理工作者，而不是决定来访者命运的人。学习接受自我的不完美，在犯错误或未达到理想状况时能宽恕自己。

b. 日常生活中自我觉察力的培养。

咨询师应该具有觉察来访者心理问题的能力，同时也要能够对自己的心理状态及时觉察。对每位心理咨询师来说，自我觉察力不是与生俱来的，而是在不断学习思索、积累经验的基础上发展起来的。"冰冻三尺，非一日之寒"，自我觉察力的培养是一个长期的过程。因此，要求心理咨询师在日常生活中注意培养自我觉察力，经常检视自己的心理状态，及时发现问题并寻求解决，以保证随时都拥有健康的心理。

c. 保持有规律的健康生活方式。

送走最后一个来访者，一天的工作即将结束。咨询师接下来应该及时撰写案例报告，记心理日记，对一天的工作做总结。随着这一步工作的完成，咨询师可以让自己的思维从工作中走出来，将咨询过程中的情绪结束，让自己轻松地从工作频道转换到生活频道。

回到生活中的咨询师应该学会忘记工作，把全部的心思放到生活中，以"涤心净虑"的生活方式回归生活本色。咨询师应该合理安排作息时间表，保证充分的睡眠，平时多注意锻炼身体，多做户外活动。有规律的健康生活方式有利于咨询师的心理保健。

d. 多接触积极健康的生活和思维方式。

心理咨询工作是非常有趣的，但是时间久了，再有趣的工作也会变得枯燥乏味。咨询师可以先于体制的批准把自己的创意带进新的方案计划中，试着使工作多样化。应该培养除了工作之外的其他爱好。平时生活要丰富多彩一些，避免单调。

心理咨询师还要学会保持积极的心态，在生活中努力做积极进取的人。另外，咨询师不论在工作场所还是在家中都要学会留意压力的影响，要学习如何去要求，但不要期望事事如意；学习如何自我肯定与自我奖赏，而不要一味寻求外在的肯定等。

e. 多接触社会与自然。

对心理咨询师来说，适时的倾诉是一种非常好的心理保健方法。每个心理咨询师都应该有几个互相知心的朋友，有几位可以相互倾听的同侪，与同侪组成一个支持性的团体，彼此分享挫折的经验，并且找出克服工作困境的好方法。在忧伤或情绪低落时，可以与朋友交流，轻松言谈，可以与家人聚会，感受来自亲人的温暖关怀。

心理咨询师还可以把工作中累积的沉重情绪释放到自然中，去爬山、去看海、去感受自然的风、自然的阳光、自然的空气、自然的花鸟鱼虫，在大自然中，咨询师可以涤心，可以净虑，回归自然，追求内心和谐平衡，让情绪迅速恢复平和。

另外，旅游、游戏、听音乐、欣赏艺术品或新经验等都有助于咨询师发掘生活的意义，达到心理保健的功效。

f. 自我修养。

咨询师的自我修养一方面影响着来访者，另一方面也决定着咨询师自我心理保健的能力。自我修养比较高的咨询师，以其强烈的人格魅力赢得来访者的信赖。同时，修养比较高也决定了他们能够从更为超脱的境界来想事情、看问题，由此他们的心理承受能力也就比较强。咨询师在日常生活中可以通过多读书、多思考来提高自我修养。

g. 寻求促进个人成长的机会和途径。

个人成长是提高心理免疫力的有效方式之一。心理咨询师通过不断促进个人成长，可以有效达到心理保健的目的。"他山之石，可以攻玉"，咨询师应该多参加学术活动，多与同行交流，吸取别人的经验；同时，留出一部分时间看书、学习、参加专业会议、接受培训，补充"业务能源"，使自己的工作质量不断提高；注意总结经验，多为自己在业务方面"充电"，储备知识和技能。

咨询师在工作和生活中遭遇挫折后，应该尽快找督导分析自己的问题，寻求帮助。在督导者的引导下，避免进入恶性循环的怪圈，甚至可以避免极端的情绪和行为。在督导的帮助下，了解自己的性格方面的问题，促进自己的人格不断成长，提高自己的免疫力。

## 二、EAP 相关法律问题

就像所有的新生事物一样，EAP 并非一出现就是完善的。初期的 EAP，走的是一条摸着石头过河的道路。没有完善的资格认证，没有严格的职业道德标准，没有法律法规的约束和保护，EAP 发展的道路布满荆棘。可喜的是，EAP 生命力旺盛，它克服了种种困难，吸取相关学科知识和技能的养料，茁壮地成长为一棵充满魅力的大树。在发展过程中，EAP 有了专门的组织，制定了严格的职业标准，创立了权威可信的资格认证体系和考核制度，尤为难得的是 EAP 相关法律法规的制定为 EAP 的发展提供了保障。

随着 EAP 在企业管理中的应用，越来越多的公司、企业实行 EAP。选择 EAP 时，公司、企业对 EAP 的可靠性、安全性和保密性有很高的期望。他们根据 EAP 专业人员的知识和技术是否专业化、EAP 计划是否标准化、从业人员是否遵守 EAP 职业道德来判断 EAP 是否可信，而通过相关法律法规对 EAP 的规定和约束来判断自己选择的 EAP 是否安全。因此，EAP 专业人员的行为受到 EAP 职业道德标准和相关法律法规的双重管理。

制定 EAP 相关的法律法规，一方面为公司、企业选择 EAP 提供了参考。另一方面，如果在 EAP 执行过程中出现问题，选择 EAP 服务的公司、企业与 EAP 专门机构或是 EAP 从业人员之间的矛盾冲突不可调和，需要 EAP 主管部门或司法机构提起诉讼或是要求仲裁调解时，EAP 相关的法律法规可以作为解决冲突的有效依据。

## （一）美国 EAP 的相关法律问题

回顾 EAP 的发展历程，从 20 世纪 50 年代 EAP 在美国产生，20 世纪 70 年代开始应用于企业管理，迄今 EAP 在美国已经存在了 50 多年。50 多年来的发展，使得 EAP 逐渐完善起来，相关的法律系统也趋于完善。

### 1. 保密和特权

美国人对隐私非常重视，所有的州都以立法的形式来确保卫生保健记录的隐私性。这些法律规定在 EAP 项目中来访者享有特权，而咨询师则有保密的责任和义务。

特权由法令规定，指的是法律在诉讼程序中对保密性的认可，是属于来访者的特权。特权性的私下交谈在法律诉讼中是受到保护的，而非特权性的私下交谈是不受法律保护的。在许多州，与某些 EAP 专业人员有关的交流是享有特权的，来访者如果与咨询员、医生或律师谈过话，那么内容是不会被扩散的。有些特权是很特殊的，有些是普遍性的。在某些情况下，特权并不是绝对的。例外情况包括客户自己放弃特权、在法律诉讼中把自己的精神状况作为一个问题来提出、抱怨或是起诉治疗的专业人员。那么，EAP 专业人员熟悉他们地区的法律特权就是很重要的了。

保密是 EAP 专业人员的职业道德标准所规范的，是 EAP 专业人员的义务，这就要求无论来访者是否利用特权，他都有权利要求让自己的 EAP 记录被安全、保密地进行保存，并且与其他的公司的和部门的记录分开。根据保密原则，与员工有着治疗关系的 EAP 专业人员有责任来为员工提供信息保密服务。相反，应雇主的请求来对员工进行评估的 EAP 专业人员，就没有责任来为在评估中所获得的信息来保密，他们要把这些信息提供给雇主。当然，EAP 专业人员有责任尊重员工的隐私，不能把他们的信息告诉除了雇主以外的人。而且，无论何种情况，EAP 专业人员都应该告诉员工这种保密的限制性。

在美国，多数 EAP 专业人员隶属于 ALMACA 和 EASNA 两家 EAP 专门管理组织，他们受到 ALMACA 和 EASNA 制定的 EAP 职业道德标准的规范。而许多州的法令控制着机密性和特权，其他的法律需要维持来访者的机密。联邦规章在特定的环境下，也应用于员工帮助计划。因此，在执业过程中，EAP 专业人员一方面必须遵循 EAP 职业道德规范，另一方面还要同时服从州和联邦关于保密性的法规。

职业道德标准或者法律对保密和维护保密性的职责都不是绝对的，以下情况属于例外，EAP 专业人员可以公开来访者信息。

第一种例外情况是，来访者自己表达出放弃保密的想法，在来访者或他认可的法律代表出具书面同意时，保密的内容可以公开。同意书中应当包括：将被公开的计划名称，将被公开的人名或组织名、来访者的名字；公开的目的或需要；公开化的信息本质或范围；同意被取消的情形和被取消的特定日期、事件或条件，同意书期限；同意书签字日期；来访者的签字。

第二种例外情况是，EAP 专业人员得知来访者是危险的，并且知道来访者很可能做出没有理智的行为而对他人造成伤害时，应该告发犯罪或寻求法律机构帮助，此时保密信息公开是不受阻止的。

第三种例外情况是，当报告可疑的虐待、忽视或抛弃儿童时，全美 50 个州都要求卫生保健专业人员打破保密性原则。有一些州将这一范围扩大到比较脆弱的人群中去，比如，报告残疾人和老年人的要求时，就可以打破保密性原则。

第四种例外情况是，EAP 专业人员无论在任何时候被传票，都应在公开材料、讨论案件或提供任何机密信息之前寻求法律建议。

## 2. EAP 专业人员的渎职

牵涉 EAP 的诉讼案件多数是因为 EAP 从业人员的渎职引起的。EAP 职业道德标准和相关的法律法规规定了 EAP 从业人员的责任和承诺，要求 EAP 从业人员在执行 EAP 的过程中做到专业诊断、正确推介、不与来访者建立暧昧关系、保密、不触犯隐私、遵守公开原则等职责。然而，有些情况下，EAP 从业人员会因为某些原因失职而没有遵守承诺和履行职责，对来访者造成伤害。EAP 职业道德标准和相关法律法规对不同的失职做出不同的处理。

（1）如何判断 EAP 专业人员渎职。

对于那些持有诸如心理咨询师资格证书、社会工作者相关证书的 EAP 从业人员或是心理学领域公认的心理学家，他们的行为可以用公认的职业道德来管理约束。而对于那些未持有专业或专家证书的 EAP 从业人员，EASNA 认为他们仅有的标准是 EAP 的标准："EAP 从业者有责任认识到他们资格的局限，要确定全部的工作执行都在这些限制之内。当他没有足够的训练和经验时提供服务或使用计划，从业者的工作都应该受一个有足够资质的人的管理，这个人在这些服务或计划中的资格是被承认的。对于一个从业者来说，如果提供的服务或是使用的计划是拙劣的、没有伦理的或缺乏判断证据的，那么这个服务或计划就不能让专业人员所代表的实际主流标准所接受。"

一个渎职诉讼的提出，主要看 EAP 专业人员是否具备以下渎职的要素：a. 在专业关系之下，专业人员应对原告负责；b. 专业人员的行为与先前的职业规范不一致，没有尽到对原告的责任；c. 因专业人员的不当行为，原告遭受了某种损害；d. 专业人员的行为是导致原告受害的直接原因。原告必须以压倒性的证据证明，专业人员违背了先前的服务标准，从而直接导致了原告受害。从伤害本身的存在不能假定或推论专业人员的疏忽。

（2）渎职的类型及相关法律规定。

a. 泄密。

通常在 EAP 分发的员工手册里间接地隐含着保密的承诺。当手册中承诺保密时，手册就成了含蓄的合同，如果 EAP 专业人员在 EAP 执行的过程中破坏了手册中的保密承诺，那么有可能会受到来自受助员工的渎职的诉讼。因此，对于 EAP 专业人员来说，完全的机密是不能承诺的，必须事先告诉员工那些需要公开特定信息的情况。

b. 误诊。

EAP 专业人员的误诊，指的是在对来访者进行咨询时，由于未能充分采集来访者的完整信息、未进行全面的分析而造成评估问题的失败，或未能评估出正确的问题。根据 EASNA 和 EAP 的标准，EAP 从业人员有认识自己能力的局限和确定所有工作都在这些局限之中的责任。ALMCA 的标准则要求 EAP 人员有确定问题、咨询、转诊的技巧，还要有处理与酗酒者有关问题的经验和专门技术。

如果一个 EAP 人员对来访者问题的明确实质有所怀疑，不能作出确切的诊断时，应该转诊到一个更有经验的 EAP 专业人员或一个需要更详细的细节评估的机构。

c. 错误的推介。

EASNA 提出的伦理标准写道："转诊过程中的效率和效果是 EAP 服务的道德基础。从业者有责任向公众提供在 EAP 服务之前，彻底熟悉自己领域内的可以利用的个人和公众服务的供应者。"一个 EAP 人员必须证实其他 EAP 人员的认证或即将转诊到的专业机构的执照。只有对那个人的资格有认识才能对特殊人员进行转诊。

向其他 EAP 人员推介来访者时，如果 EAP 专业人员没有遵循上述标准，错误地把来访者推介到没有证实专业资格的 EAP 人员或是没有证实执照的 EAP 专业机构，不仅没有帮助来访者解决问题，甚至还会对来访者造成伤害。

d. 不负责任的中止。

不负责任的中止指的是 EAP 人员不适当地中止了与员工或病人的关系，在来访者需要继续接受帮助的时候，EAP 专业人员不能突然单方面中止对员工的治疗或咨询。在中止员工帮助计划之前，EAP 专业人员应当花费时间将员工转诊到一个转诊资源提供处。

EAP 计划中止时，员工被禁止使用后面的资源。有经验的 EAP 专业人员至少会与员工进行一次终止性会谈，将来访者转诊到另一个有资格的资源提供处。

e. 诽谤。

诽谤是一个人损害另一个人的声誉的一种无中生有的恶意中伤，包括书面诽谤和口头诽谤两种形式。EAP 专业人员的一个错误的、草率的诊断也许构成诽谤。一个 EAP 从事者应当根据来访者所说的、所做的以及他们看起来的样子来证明而不是做出错误诊断。EAP 专业人员把未经证实的关于来访者的信息透露给第三方，由此给来访者带来伤害。而事实证明来访者并没有消息中所提到的问题，在此类情况下，EAP 专业人员的行为构成诽谤。法律对诽谤罪专门设置了法律条文。

f. 暧昧关系。

在美国，EAP 专业人员与来访者的暧昧关系通常表现为与来访者发生性关系，这种行为背离了一个人专业可接受的标准，将引起渎职的诉讼案件。在这种情况下，很容易证实 EAP 专业人员是否渎职。

EAP 专业人员因与来访者有性方面的牵涉是不可原谅的而且也是不道德的。性行为在治疗的掩护下进行就可能构成欺骗。EASNA 给 EAP 咨询员提出的标准中特别强调了在从业者和来访者之间任何形式的罗曼蒂克的纠缠或性行为都是不道德的。

与来访者发生性关系造成的影响是非常广泛而严重的，由此引起的渎职诉讼案件的结果几乎相同：EAP 专业人员因不道德、邪恶的行为而丢失执照。

g. 侵犯隐私。

来访者在与 EAP 专业人员存在关系期间享有隐私权，对侵犯隐私权的控告经常独立于控告其他案件造成的损害之外。美国人非常重视对隐私的保护，全国 50 个州制定了相关法律对隐私进行保护。EAP 专业人员必须严格遵循保密原则，除非符合例外的情况。

h. 疏忽。

EAP 专业人员对因自己疏忽而造成来访者的死亡或受伤负有责任。当此类诉述提交法庭时，法庭认为 EAP 对此是有责任的："由于来访者缺乏能力，专业人员可以控制他时，专业人员有责任采取与一个合理谨慎的雇主在相似或相同情况下的相同行为，阻止来访者对自己或是其他人造成不合理的危险。这样的责任也许类推到一些案件，在案件中当对第三者造成可以意识到的严重危险的时候，被告能够使用一些适当的措施控制危险的人物。"比如，如果员工由于伤残无法工作而向 EAP 专业人员求助，EAP 咨询员应当不允许他自己开车回家。

（3）EAP 专业人员的渎职行为统计。

在美国 EAP 专业人员受到来自专业伦理学委员会、州注册部门、民事法庭（主要处理渎职的行为）及刑事法庭等四个机构的管理。

专业伦理学委员会提出职业道德标准、制定伦理学法典。美国心理学会（APA）通过重复调查研究，随机抽取 1 319 名 APA 成员为样本，要求他们描写工作中伦理学方面的挑战或麻烦事件，其中有 679 名心理工作者回应并描述了 703 个事件，可以归纳为：保密原则（18%），双重关系（17%），付款纠纷（14%），培训和教学中的麻烦（8%），法庭心理学（5%），科研、同事的行为、性问题、评估、干预等（各占 3%~4%）。

州注册部门制定法律和管理标准。美国 50 个州都有自己的法律和管理标准，要治疗师和咨询者遵照执行，以确保来访者的安全和利益。这些管理标准中的大部分都具体体现了伦理学原则，有些则相对世俗，如交纳每年的注册费用等。正式的注册约束治疗师及咨询者对其工作实践负责。违反注册标准将导致延迟或取消其注册资格。根据州注册部门的统计，被注册部门惩罚的行为中所占比例如下：a. 与来访者建立性或非性的双重关系（25%）；b. 非专业、非伦理或忽视的行为（28.6%）；c. 欺骗性的治疗行为（9.5%）；d. 犯罪行为（8.6%）；e. 不充分或不正确的督导（4.9%）；f. 侵害来访者利益（4.1%）；g. 违反保密原则（3.9%）；h. 记录的保存不正确或不恰当（3.4%）；i. 申请注册时的欺骗行为（2.5%）；j. 没有遵照继续教育要求（0.7%）。

民事法规由各州制定，根据各州自己的法规及专业标准，违反法规的治疗师和咨询者将要遭到渎职的指控。回顾 1976—1991 年的资料，心理咨询工作者被指控为渎职的主要原因有以下几点：不正当的性行为（20%）；不妥当的治疗（14%）；不正确的评估（11%）；违反保密或个人隐私原则（7%）；没有下诊断或错误诊断（7%）；其他：没法归类的较特殊的个案（6%）；来访者自杀（5%）；破坏名誉（4%）；费用收缴的反指控（4%）；侵犯公民权利和丧失孩子的监护或探视权各占 3%；不正确的督导、病人非正常死亡、违反法律规定、注册复审各占 2%；违反合同、治疗失败或效果极差、没有诊断和治疗、放弃病人、不正确的指导、没有警告第三者、攻击或殴打病人、过分地影响来访者各占 1%。

刑事法规通常颁布在每个州刑事法典中。触犯刑法的心理咨询师的行为，最普遍的是欺骗行为，尤其是有关第三者支付费用的诉讼问题。大约 15 个州对治疗师不正当的性行为颁布了法律和刑罚处罚条例，以期作为一种制约力量遏制和减少这种行为的发生。

### （二）中国 EAP 相关法律问题

鉴于美国 EAP 的发展经验，完善的法律、理想的政策环境对 EAP 的发展是非常重要的。然而，EAP 乃至整个心理学在我国迄今没有一个完善的法律、理想的政策环境，也没有一个行之有效的干预管理体系，已有的立法在此领域仍是一片空白，没有严格意义上的专门法律，尤其缺乏用以规范与保护心理咨询服务工作者职责的专项法律。可以说，心理学相关工作仍处于无"法"可依的局面。

在目前仍没有行业专门法律法规加以约束的前提下，国家人力资源与社会保障部于 2001 年 11 月在全国范围内颁布了中国心理学界第一部职业规范标准——《心理咨询师国家职业标准》，为心理咨询师未来的依法执业提供了理论基础。

#### 1. 咨询师的权利和义务

根据《心理咨询师国家职业标准》和相关法律条文，EAP 专业人员享有如下权利：在法律法规、职业标准及行业惯例允许的范围内，进行 EAP 专业服务；从事 EAP、心理学研究、学术交流，参加专业学术团体；参加专业培训，接受心理学继续教育；在专业 EAP 服务机构工作的专业人员有权按照规定标准获得与本人执业活动相当的心理学服务设备等基本条件；对所在机构的心理学工作和相关部门的工作提出意见和建议，依法参加所在机构的民主管理；在执业活动中，人格尊严、人身安全不受侵犯；其他。

在享有权利的同时，EAP 专业人员必须遵循以下义务：遵守法律、法规、政策规定；遵守行规及行业服务操作规范；树立敬业精神，遵守职业道德，履行 EAP 专业人员职责，尽职尽责为客户服务；尊重客户的人格，关心、爱护客户，保护客户的隐私权；宣传心理卫生健康知识，对包括来访者在内的全社会进行心理健康教育；因故意或重大过失致客户利益受损时，应依法负赔偿责任。

#### 2. 对来访者的保护

隐私权是自然人就自己与公共利益无关的个人私事、个人信息等个人生活领域内的事情不为他人知悉，禁止他人干涉的权利。在《民法》中属于其第五章（民事权利）第四节（人身权）"名誉权"的范畴。来访者隐私权的保护是 EAP 专业人员和来访者本人双方都很重视的问题。EAP 专业人员可能会由于以下原因对来访者造成隐私侵犯：非法调查、窃取个人情报，如进行记录、摄影、录像则构成严重情节；擅自公布他人隐私，包括非法刺探、调查他人的个人信息或情报后予以公布及利用业务或职务之便而暴露他人隐私；未经他人同意而利用其个人咨讯、情报的行为。

在对隐私侵权的处理上，我国法律上没有明文规定隐私权这个概念，对其只有间接的保护方式：宪法把其附属在人格尊严、通信自由、住宅安全等权利上来保护；民法把其作为侵害名誉权来处理；诉讼法对关于其侵害的案件不予以公开审理。作为一个 EAP 专业人员，除了遵守相关法律外，还要遵循职业标准的规范。因此，来访者提出侵犯隐私权诉讼并经证实后，EAP 专业人员将受到来自法律和职业道德标准的双重处罚。

3. 中国 EAP 专业人员环境前景展望

总的来说，目前心理咨询、EAP 服务领域还缺乏专门的法律法规的约束和保护，法律环境空白。这为 EAP 规范化发展设置了障碍，EAP 专业人员和来访者的权益都不能得到有效的保护。因此，为心理咨询、EAP 领域立法日益成为迫切需要。《心理咨询师国家职业标准》的颁布为 EAP 立法提供了基础，随着国内 EAP 的发展和我国法律机制的健全，心理咨询、EAP 行业的法制环境必将建立起来。

# EAP 经典案例分析

## 一、某著名通信网络公司员工帮助计划（EAP）项目

### （一）公司基本资料

某著名通信网络公司（以下简称"AA"）成立于 2000 年，是某通信集团公司（《财富》杂志 500 强企业）的重要成员之一。主要经营移动话音、数据、多媒体业务，IP 电话以及互联网接入服务，具有移动通信、IP 电话和互联网网络设计、投资、建设资格，以及设计、制作广告，利用自有媒体发布广告等资格。

目前，AA 已经建成一个覆盖范围广、通信质量高、业务品种丰富、服务水平一流的综合信息服务网络，客户总数超过 1 000 万。

面向未来，AA 秉承企业核心价值观，争取卓越品质，提供一流信息服务，用创新精神努力实现从优秀向卓越的新跨越，为构建社会主义和谐社会做出自己的贡献。

### （二）导入项目的背景

AA 非常关注员工心理层面的需求。导入 EAP 项目，主要基于以下时代背景。

#### 1. 价值多元化的冲击

随着企业竞争加剧和工作压力增大，员工群体产生了多维度交错的价值取向，冲击了企业的凝聚力，导致企业在一个阶段内的缺勤率、离职率增加，工作中的人际冲突增加，员工工作积极性与工作效率下降，招聘、培训等的人力资源管理成本增加。企业迫切需要通过文化管理统一员工思想，协调利益冲突，实现员工与企业共同成长。

## 2."以人为本"的理念

在企业的平稳发展期，企业的核心竞争力不再单纯地依赖于企业的某一单项能力，而是取决于企业成员的集体学习能力，这就要求企业必须充分考虑员工的成长要求，真正做到以人为本。在高速成长期，企业在组织成熟和个人成长需求之间的矛盾并不突出，但在进入平稳发展期之后矛盾变得突出。

如何建设组织"人本"环境，并通过政治思想、企业文化、职业道德等系统工程，探索、实践"人本"理念在组织发展和员工成长方面的创新渠道和落地途径，是领导层非常关注的问题。

## 3.员工特点

目前，公司逐渐以高学历、年轻化的员工为主体。他们的需求多样化，传统的管理方式已经不能适应，除了物质的奖励外，需要更多的途径来满足他们对公司的期望。

另外，80后员工人数比例占到一半以上。他们精力充沛且激情四溢，但抗压能力、自我调节能力、合理释放情绪的能力较弱。在既要面对客户的服务压力，又要完成工作的任务指标，更要平衡工作和生活的背景下，他们的压力凸显。因此，帮助员工减轻压力，势在必行。

### （三）框架方案

通过与 AA 相关负责人进行深度沟通，易普斯咨询对 EAP 项目进行了整体构思。

## 1.组织层面

根据组织所处的内外环境和员工面临的问题、潜在需求，借助 EAP 项目向员工表达更深层次的人文关怀，并提供专业支持服务。

同时，与现有组织支持系统中的企业文化体系、职业道德体系等实现关联和融合，不断完善和优化 AA 的"人本环境"，推进个体和谐、团队和谐、家庭和谐、组织和谐，从而为组织发展和员工成长提供一个心理层面的和谐成长的平台。

主要包括两个方面：第一，发挥 EAP 在心理资本整合、认知优化、行为转变中的核心功能，完善组织管理在"心理要素"问题方面的应对和解决能力，把 EAP 的终端服务落脚在提升管理能力和工作绩效层面，包括组织活力激发、精神福利完善、团队效能促进、人际沟通优化、员工绩效提高、服务质量提升等，为 AA 的管理系统和运营系统提供辅助支持；第二，以心理学相关理论知识为支撑，在提高政治思想工作技术含量的基础上增强工作的针对性和感染力，将方针路线贯彻实施和企业经营管理有机融合，实现党建工作在管理范畴的价值延伸。

### 2. 员工层面

主要是从两个方面来发挥 EAP 的作用。

一方面，从优化心理品质出发。EAP 可促使员工树立良好的心理健康观念，通过心理素质的提升和心理资本的优化，增强适应能力和压力应对能力，以健康积极的心态面对自我成长中的压力和负性情绪。

另一方面，从团队建设出发。EAP 通过拓宽建设和谐团队的途径和方式，在促进成员相互接纳和激发积极人际关系的基础上，充分挖掘团队效能的潜质。

### （四）AA 员工帮助计划（EAP）项目框架方案

为了让 EAP 的作用得到充分发挥，易普斯为 AA 公司制订了三年一个阶段的推广计划。规划方案是：第一个三年，主要是在公司内部初步搭建 EAP 平台，包括管理辅助平台、内部管理系统及 EAP 队伍；第二个三年，进一步优化 EAP 模式，包括为员工打造全方位关爱平台、专员队伍的智能化。

#### 1. 2007—2009 年实施情况

通过对全员的心理状况调查，特别是部门分报告的出具，引发七个试点部门负责人不同程度地关注团队建设和部门管理中的心理要素问题，思考借助心理学的理论、知识和技巧提升管理、沟通能力。

通过专栏文章、电子邮件、电子期刊、手机短信、手册的宣传促进及讲座、咨询师面对面等活动，引导员工关注心理资本，通过身心健康意识的逐步提升，增强适应能力和应对能力，从而改进工作效能和生活品质。

对特殊情境下员工在工作场所中出现的极端情绪，通过管理者的推介和 EAP 服务的提前介入，借助专业力量处理与心理要素相关的危机事件，帮助员工走出负性情绪困扰，避免影响企业形象的极端事件发生。

通过对那些热爱帮助别人、对心理学感兴趣的员工进行吸纳，组建 EAP 专员队伍。这些 EAP 专员通过宣传、直接心理援助，进一步扩大 EAP 知晓率，让更多的员工享受 EAP 服务。

通过较高的心理咨询服务率，有效地保障了 EAP 投资回报率。员工对 EAP 心理咨询服务的使用，一方面，缓解了部分员工的心理困扰，满足了员工的潜在心理诉求，另一方面，在 EAP 投入成本相对固定的前提下，咨询使用率越高，则在此成本下服务的员工人数越多，EAP 项目带给的回报率越高。

#### 2. 2010—2012 年实施情况

2010—2012 年，是 EAP 项目的第二个三年规划，力求从中高层管理者的心理资本提升培训以及 EAP 专员队伍的层级建设入手，将完善 EAP 基地建设和基层心理关爱项目支撑为着力点，打造身心一体的 EAP 服务模式。

中层管理者的"提升心理资本，拥有幸福人生"的心理资本系列培训顺利展开，此次极富吸引力的培训课程共有 60 余名中层管理者参加，讲授了提升心理资本的三种能力：共情、娱乐和叙事，帮助管理者重新认识自我、定义幸福，为日常生活注入新的能量。

选拔并开展专员培训活动。为推动 AA 的 EAP 专员制度建设，逐步建设和完善内外结合的 EAP 模式，并确保 EAP 专员积极、正确地实施 EAP 工作，易普斯协助 AA 共同制定了针对全体 EAP 专员的工作职责和目标的考核方法，并把例会作为培养和管理 EAP 专员的重要途径。

"心理减压舱"的建设。"心理减压舱"的设立是要为员工提供疏解情绪、释放压力的有效渠道，通过音频、视频、手工、绘画等方式，让员工在工作之余得到放松和学习，使工作、生活、家庭能够健康和谐、平衡发展。

首创 360 度关爱平台，打造身心一体的 EAP 服务模式，包括网络个人心检和在线心理咨询的员工自助网络平台也将投入使用，更好地发挥员工的主动性和参与性，让 EAP 成为员工生活的长效服务，建设更加开放、和谐的人文环境。

为了全面优化员工心理品质，进一步强化内部专员对心理危机预防的能力，建立相关的干预系统。

实施心理契约调查专项，围绕人力资本提升工程，进一步提高各级管理者的文化管理能力。

### 3. 2013—2015 年度的 EAP 计划

通过两个三年计划的实施，AA 已经从外部 EAP 模式转变为内外结合的 EAP 模式。第三个三年计划的重点是：进一步内化 EAP，完善员工自助服务系统，评估 EAP 带来的经济效果。

### （五）EAP 专员队伍建设的经验

在专员建立前期，主要是通过设计有趣的活动，让那些对心理学热爱的员工聚集在一起，并将其培养成 EAP 专员的骨干力量。

经过一段时间的检验后，其中的一些问题也暴露出来。

第一，时间问题。时间安排都在周末，本来一周工作就很辛苦，那么，很少再有人愿意周末跑那么远的路参加活动。所以，活动如果能够取得组织的支持，用工作时间来进行，效果可能会更好。

第二，活动地点。由于员工分布太分散，举行活动的地点对于很多员工来说都距离较远。所以，选择在员工的工作场所进行可能是更好的方式。

第三，组织性。受 EAP 活动吸引而聚在一起的员工，缺乏组织性，不利于形成一个团体，而且也缺乏目的性，不利于长远发展。

第四，没有基础。很多人对 EAP 了解程度还不深，仍然以为 EAP 只是心理咨询，甚至是有问题的人才参加活动。在这样的背景下，需要先建立起基础。

第五，EAP 活动形式应该更加多样化，以更加活泼和吸引人的方式，更多融入大家的生活中去。

通过对这些问题的思考，AA 决定将 EAP 专员建设方案进行调整，建立了兼职的 EAP 专员队伍，并在普通员工中号召那些对 EAP 感兴趣的人积极参与。这样既有专职员工、固定化的队伍，又有一些积极代表员工心声的成员，这样的两个队伍，可以使 EAP 具有更好的渗透性，也有利于扩大它的影响力，使员工更愿意参与和便于参与。

### （六）AA 员工帮助计划（EAP）项目的重要意义

AA 是国内较早开展 EAP 项目的大型企业，开创了中国 EAP 内外结合模式的创新标杆。

从 2007 年 EAP 项目启动以来，AA 通过多年的持续探索和深入实践，从外部 EAP 模式逐步过渡到更符合组织需要的内外结合的 EAP 模式，在国内首创采用内外结合的 EAP 模式，围绕将心理管理系统化地融入公司现有管理体系和更有针对性地为员工提供心理关爱服务之中，为中国本土化 EAP 的发展提供了参考。

## 二、北京市政府某直属机构员工帮助计划（EAP）项目

### （一）机构基本资料

北京市政府某直属机构（以下简称 BB）现有市局机关 23 个处室及执法检查大队，16 个区县分局、燕山分局，7 个专业分局，13 个直属事业单位以及 5 个社会团体，共有干部 6 400 余人。

BB 解放思想、与时俱进，制定了今后一个时期的工作目标，即大力推进改革，构建与首都国际化大都市地位相适应的、专业化的、数字化的管理体系，完成便捷准入、信用监管、专业执法的基本建设。全面推进管理工作，努力为首都的健康发展做出新贡献。

### （二）推行员工帮助计划的目的

近年来，国家及政府对心理辅导及思想政治工作愈发重视，十七大、十八大会议报告连续做出最高级别的指示，习近平总书记更在多个场合多次阐述"中国梦"及"正能量"，明确了国家、民族、社会的发展方向及战略路径。这些都为新时期机关组织管理创新提出了新的要求。

与一般人的主观设想不同，当代的机关干部职工往往面对着比其他团体更大的压力。随着中国经济的飞速增长，政府机关的工作管理任务负荷不断加剧，干部职工普遍需要学习新知识、新业务，由此引发的压力不容小觑。随着公务员由管理者向服务者身份的转变，市场及社会舆论对公务员群体的服务提出了更高的要求，面对冲突，干部职工往往选择克制、忍耐、回避情感。在这种形势下，极易出现职业枯竭及心理资本降低等现象。随着市场发展多样化的加剧，干部职工也面临着激烈的心理冲突及职业适应危机，受到的挑战更为激烈，如果不能很好地处理这种变化，心理冲突很可能影响工作积极性甚至是心理、生理健康，进而影响组织生产效率和个人生活。

面对此种严峻的形势，BB 积极以心理咨询辅导项目为导入点，探索干部职工思想政治工作新策略，拟将干部职工心理健康提升作为人事管理的重要环节和干部职工关爱的关键点长期开展下去，力争使干部职工和组织双受益，实现 BB 局的和谐发展。

## （三）推行员工帮助计划的步骤

鉴于 BB 系统机构众多、分布广泛的特点，结合内外部 EAP 模式的优点，我们设计了通过三步建立 EAP 管理网络，实现内外部结合的 EAP 模式的成功过渡。

### 1. 第一年：夯实基础

（1）建立重点部门心理健康状况评估系统。

（2）建立重点部门阳光心态提升平台。

（3）建立全体干部心理健康宣传系统。

（4）建立全体干部心理困扰关怀系统。

### 2. 第二年：建立内部基础

（1）建立全体干部阳光心态提升系统。

（2）建立全体干部心理困扰关怀系统。

（3）建立关爱使者队伍建设平台。

### 3. 第三年：成功过渡

（1）延续全体干部阳光心态提升系统和心理困扰关怀系统。

（2）建立中高层管理者心理管理能力测评提升。

（3）形成系统内外结合的 EAP 管控体系。

## （四）员工帮助计划的实施

BB 心理咨询辅导项目于 2011 年正式导入。在市局领导和各分局领导的支持和配合下，目前已陆续开展了问卷调查、宣传促进、心理咨询、心理培训、效果评估等活动，受到干部职工的普遍关注和积极参与。

### 1. 心理健康状况评估系统

为了了解几类重点干部职工整体心理现状，我们提炼出对干部职工工作和生活产生影响的相关因素。自心理咨询辅导项目启动后，服务系统在人事处和各分局、各部门的大力协助下迅速开展了两次专业的干部职工心理健康状况问卷调查。

2011 年 8 月 10 日至 20 日，服务系统对新入职的 60 多名年轻干部职工实施了一场心理健康问卷调查，旨在了解新晋干部职工的个人心理状态、工作态度、价值观和忠诚度，并与老干部职工的各项心理指标做横向对比。

自 2011 年 8 月 17 日开始，服务系统为网格责任人、登记注册科和 12 315 名干部职工实施了内网在线心理调查，于 9 月 30 日完成数据收集工作。在这次调查中，来自 17 个分局不同部门的领导、普通干部职工共 60 人接受了个人访谈，2 071 人接受了在线问卷调查。

结合 BB 的实际情况及访谈成果，在调查问卷中创新性地加入了工作危险、人岗匹配、情绪服务、稳定保证等压力源和情绪劳动量表，全面、有效地考察干部职工的个人心理状态和对组织的态度，这在中国心理咨询辅导项目中尚为首创。

数据回收后，通过统计及与全国动态数据库的对比，为每位干部提供《心理检查报告》。通过 EXCEL 及 SPSS 等统计软件进行均数比较、频次分析、交叉表分析、相关分析等统计方式，准确展现了各分局干部职工整体状态及相关影响因素，并最终提炼完成《BB 心理咨询辅导项目在职干部职业心理健康调查报告》。

通过心理调查，领导们对干部职工的心理健康状况有了深入的了解，提炼出了对干部职工工作和生活产生影响的相关因素，帮助管理层掌握群体性干部职工的典型问题，为管理决策提供参考意见，并对心理指标得分异常的干部职工进行了主动干预，防控了可能发生的危机事件。

### 2. 宣传促进系统

在中国人普遍对心理服务认识存在很大误解的情况下，系统化、多形式、持续性的宣传促进，是心理咨询辅导项目成功必不可少的要素。通过启动会、名家讲座、覆盖全员的心理宣传等手段，提升了项目的知名度和影响力；引导管理层和干部职工树立良好的心理健康观念，初步掌握基础职业心理健康知识，并推动干部职工了解心理咨询辅导项目及其所提供的支持，促进其参与、使用各项服务。项目 LOGO 和主题，作为 BB 心理咨询辅导项目的标志，运用在启动会、讲座、调查等各种服务中，打造项目的整体形象；制订年度宣传推广方案，以确定每个月的工作目标和重点工作；在心理咨询辅导项目实施过程中，采用系列化、分阶段、内外部宣传相结合的宣传方式，多渠道、多形式地向干部职工传递活动信息和心理学知识。

### 3. 阳光心态提升系统

BB 结合干部职工群体生活与工作中的常见问题，选取压力管理、情绪管理、积极心态、咨询式管理、新干部职工入职培训等主题培训共计 8 场，深入各个分局进行"阳光成长训练营"主题巡讲共计 15 场，通过多层次、多主题的培训，解决干部职工常见的心理困扰，减少负性情绪，提升干部职工积极心理品质。

培训得到了各分局认真、周到的执行和广大职工的积极参与，从客观评分反馈及主观评价看来，干部职工对培训较为满意。干部职工对培训课程、培训讲师、培训组织及培训总体评价平均分分别为 9.11、9.23、9.14 及 9.17 分（满分 10 分）。

### 4. 心理困扰关怀系统

（1）咨询总况。

截至 2013 年 10 月 23 日，干部职工总共进行咨询 353 人次，其中包括心理咨询服务 343 人次，信息类咨询 10 人次，累积咨询率约 5.8%，略低于各行业的平均值，但高于政府机构的平均值。

（2）主动干预情况。

在 2011 年的心理调查中，发现 46 人具有较高的抑郁倾向，易普斯对 46 人进行电话主动干预，成功干预 41 人，有 5 人无法接通电话。成功干预的 41 人中，经过初始访谈和心理专家评估诊断，均不属于危机个案，经过咨询后问题已解决或目前状态良好不需要咨询。易普斯与其达成协议，若有情绪困扰随时拨打热线进行咨询。

（3）咨询问题。

干部职工咨询最多的问题为家庭情感、子女教育问题，超过咨询总数的 60%，其次为与职场相关的压力、发展、人际关系问题。这与国内大多数机构员工咨询的关注点相同：更多关注家庭情感、子女教育等问题。帮助干部解决其情感及子女的问题，有利于促进干部的情绪调整和工作状态调整。

（4）咨询性别分析。

和大多数企业的咨询情况相同，女性干部咨询（221 人次）多于男性干部（131 人次），这与女性更善于倾诉、求助而男性更愿意自己解决问题的特点有关。女性干部咨询的主要问题同样集中在家庭情感和子女教育方面。

（5）咨询反馈。

截至 2013 年 10 月 23 日，共对 227 人次进行咨询回访。从回访情况看来，干部职工对咨询师的专业认可度、咨询有效性及咨询总体满意度都较高。咨询前后心理困扰程度对比显示，心理咨询有效地帮助干部职工解决了心理困扰问题。

### 5. 关爱使者队伍建设

为促进心理辅导关爱项目内部队伍建设，BB 开展了关爱使者队伍建设工作，拟形成一支热心、积极、专业的心理关爱队伍。关爱使者队伍建设以丰富人事管理手段为导向，旨在增强各分局人事工作者的心理管理能力，使他们掌握心理辅导概念与核心技术，能够识别干部常见的心理问题，能够运用心理学技术预先察觉危机事件，形成可以学习分享的固化成果。这些"知心大姐"、"知心大哥"将会在内外结合的心理咨询辅导项目中起到重要作用，有效地为遇到挫折、有"心结"的干部职工提供帮助，协助整个项目的推广和管理。

针对公务员工作的特点，易普斯为 BB 编辑了《关爱指导手册》，主要针对人事管理中的心理学内容进行阐释，强调心理管理在工作中的理论知识和实操手段。该手册汇编了干部管理中可能遇到的经典案例，辅以专家解答，并为关爱使者讲解相关的心理学知识，帮助其了解自身和他人的心理及情绪状态，同时提供操作性的心理学自助技巧。

### （五）实施成效

干部职工心理咨询辅导项目是 BB 人事处的创新工作之一，自实施以来，该项目得到了各层领导的高度重视和全体干部职工的积极参与。以干部职工的心理需求为落脚点，在项目组领导、各分局领导和易普斯咨询三方的通力合作之下，开展了以干部职工成长、人文关怀、心理健康、价值培育为基础方向的多角度、多形式的工作，提高了干部职工幸福指数、队伍心理资本、系统管理水平，持续增强了系统整体素质，推进了系统科学和谐的发展。

### 1. 掌握干部心理状况，提供管理改善依据

针对重点人群 2 000 多人，开展心理健康状况调查。基于本次调查，为每名参加调查的干部提供了《心理检查报告》，并通过进一步统计分析，完成了《BB 心理咨询辅导项目在职干部职业心理健康调查报告》。

通过本次对干部职工的整体心理状况的调查，了解了干部的心理特征及心理需求，为 BB 长期深入开展心理咨询辅导项目、改善干部心理状况提供依据。对调查中显示的焦点问题，有针对性地提供对策，从而更高效地解决问题。同时调查结果也能为管理层提供干部心理状况的概况，以便更好地实践干部心理管理。另外，易普斯也针对重点关注的干部，进行重点分析，提炼对干部职工工作和生活产生影响的相关因素，确立工作重点，对心理指标得分异常的干部职工进行主动干预，防控可能发生的危机事件。

### 2. 多条渠道化解干部心理困扰

通过面询、邮件咨询、电话咨询等多种方式为干部解决心理困扰，截至

2013年10月23日，对227人次进行咨询回访。从回访情况看来，超过90%的干部认为咨询对自己当时面临的问题有帮助，咨询较为有效地解决了自身的心理困扰。

从参与使用心理咨询项目的干部职工反馈的意见可以看到，干部职工们通过心理讲座切实获得了帮助，心理状态有所改变，积极品质有所提升，更加重视当下拥有的一切。干部职工反馈"这项服务贴近我们的日常生活，觉得单位不错"、"希望以后多增加类似活动"等。

对主动接受心理咨询服务的干部职工进行电话回访显示，干部职工普遍认可咨询带来的效果和预约服务，在回访中，干部职工们提到"咨询在很大程度上解决了我的心理困扰"、"这项服务让干部职工感受到了组织关爱"、"通过咨询，心情好了，工作效率提高了"等。

### 3. 建设内部资源，为深入开展心理辅导打下基础

随着关爱使者训练营的结束，BB内部关爱使者队伍已初步组建，随着项目的深入开展，这支队伍将逐步发展成一笔宝贵的资源，能够有效推动心理辅导项目内部固化的进程。他们能够改善基层管理方式，正向疏导干部情绪，打造快乐团队，进行简单的心理抚慰，对干部存在的心理问题给予分析指导，这些努力能够提高组织团队凝聚力，体现企业的人性化管理。

作为关爱使者培训的补充，易普斯也编制了《关爱指导手册》，结合关爱使者的培训，形成可以学习分享的固化成果，帮助关爱使者在有需要时可以随时查阅、学习相关知识和技能。

### 4. 确立项目有效运行的模式

在BB的项目中，总结易普斯多年来的项目服务经验以及实际情况，建立了项目的几项工作模式，保证了项目的有效运行。

（1）做每周的工作计划与报告，使项目具有很好的计划性。

在项目实施的过程中，易普斯咨询每周初制定工作计划，并对上周的工作进行总结，使项目的进程更具计划性。

（2）内外合作的工作模式，保证项目的顺利推进。

易普斯咨询和人事处共同组成联合项目组，联合项目组的工作模式，保证了项目的顺利推进和实施。

（3）多方位地宣传促进，保证宣传的到达率。

BB采用的"系统化（项目认识、心理健康知识、活动通知等系列内容）"、"多手段（电子书、现场活动，大型讲座等）"、"分阶段（启动、调查启动、咨询启动等阶段）"的宣传方式，对确保干部职工逐步了解、认识、接受、使用项目和心理咨询是非常有效的。

### 5. 干部积极参与且认同度高

项目启动至今，接受咨询服务、参与培训的人员达 1 700 人次，占总人数近30%。项目中开展的心理调查、心理培训、心理咨询、各分局"阳光成长营"主题巡讲等各类服务，均受到干部职工的关注和欢迎，参与热情非常高。

2012 年 7 月，为了解干部职工对第一期项目的知晓度、满意度以及进一步的需求和建议等，在各分局中抽样进行了项目服务的效果评估，共 318 名干部职工参与了本次效果评估。此次评估结果显示，将近一半的干部认为自己需要心理辅导的支持，超过 2/3 的干部认为有必要继续开展心理辅导项目。本次调查的结果还显示，BB 的心理咨询辅导项目对心理知识和心理健康的宣传产生了效果，干部职工压力应对能力和身心幸福感受得到改善，团队效能及组织形象都得到了提升。

### (六) 后期建议

在 BB 开展项目以来，我们发现 BB 的干部职工心理资本较高，是一支稳定的、可发展的队伍，高离职倾向概率远低于全国平均水平。

与此同时，干部职工感受到较高的压力（68.4%），这种压力状况反应在干部职工的情绪、心理和身体方面，并在一定程度上影响了干部职工的工作活力。

在工作过程中，我们发现 BB 干部职工参与心理服务的热情较高，参与咨询和培训服务已超过 1 700 人次，关心的问题主要为子女教育及家庭情感问题。

心理咨询辅导项目的开展已对干部职工产生了积极的影响：更关注心理健康相关知识、对心理学有了深入的认识、感受到了 BB 局的人文关爱等。

但是，心理咨询辅导项目也存在一些问题，例如，部分干部也表示因为对项目不够了解、信任或时间冲突的问题而没有参与项目，因此建议后续开展项目过程中注意各项活动的时间协调，并进一步加强宣传。

## 三、石油行业某集团公司员工帮助计划（EAP）项目

### (一) 项目背景

在我国石油勘探开发技术迎来跨越式发展与飞速成长的背景下，员工作为推动企业乃至国家经济发展的关键力量，将担负起举足轻重的作用。员工作为企业的重要财富，他们的健康与幸福将为企业创造和谐的氛围与高效的收益。

油气勘探开发是一个高投入、高风险、高技术行业，任何细小纰漏都有可能引发重大安全事故，随之会给企业、国家乃至整个社会带来不可预估的损失。2010 年 4 月 20 日，美国石油钻井平台起火爆炸，美国因此损失高达数百亿美元，而此次事故给海洋环境带来的损失则更加不可估量。员工的身心健康与企业安全

生产相辅相成，密不可分：一方面，员工在工作中承担着强大的责任压力，长久下去将严重影响其身心健康，不利于个人与企业的可持续发展；另一方面，员工在工作与生活中遇到的各种心理困扰和负性情绪也都有可能成为重大安全事故的导火索。同时，石油勘探工作所独有的环境特点，如乘坐直升机、生活环境缺乏隐私、两地分居等，也为员工带来了种种特有的心理压力，严重影响员工的幸福感与心理健康水平。因此，在石油开采行业实施员工心理关爱，提升员工心理资本便尤为重要。

石油行业某集团公司（以下简称CC）作为中国石油行业三巨头之一，长期致力于企业内部的和谐建设与可持续发展，秉持"以人为本，关爱员工"的文化理念，在积极承担外部社会责任的同时，注重强化企业内部责任，将对员工身心健康的关注与关爱作为企业发展必不可少的重要因素，使员工能够在为企业创造持续价值的同时，获得自身的成长与全面的发展，达到企业与员工的双赢。

## （二）项目目标

### 1. 总体目标

以员工心理资本提升为核心，从员工关爱的角度入手，立足于助力员工幸福成长、推动企业和谐、跨越发展，搭建员工心理管理工作和管理支持系统，形成一套内容贴近员工成长需求，形式贴近企业实际，内容能够标准固化，成效实现量化评估的工作机制。

### 2. 试点阶段目标

依据CC提出的对员工心理健康工作"科学推动"和"稳步实施"的原则，在易普斯咨询的建议下，试点工作分三个阶段稳步、系统地开展，并形成了在CC整体推行的模式。

（1）第一阶段（2010年7月—12月）。

建立心理危机干预平台、职业心理健康管理平台、全员心理资本提升平台，将EAP项目初步与公司管理相融合，探索子公司员工关爱试点的成功经验和适合集团全员推广的模式。

（2）第二阶段（2011年1月—6月）。

建立内部心理资源管理体系：完善EAP关爱大使队伍的建设，使关爱大使得到持续的成长和发展，并制定《子公司关爱大使管理与考核办法》，规范关爱大使的管理及考核；依据子公司EAP项目定位，并结合公司内部的管理架构，拟定《子公司EAP项目内部管理制度》，为今后规范化、标准化的实施和推广奠定基础。

建设基层管理者提升平台：为基层管理者提供自我成长和辅导员工的培训，使接触一线员工的基层管理者使用科学的心理管理的方法管理员工，提高管理的有效性，提升一线员工的归属感。

制定《海上员工心理辅导指南》：在对海上员工充分了解的前提下，分析他们出海工作时的规律性的心理变化，有针对性地制定员工的心理辅导工作指南。

（3）第三阶段（2011 年 7 月—12 月）。

中高层管理者心理能力测评系统：评估管理者心理管理的能力，分析群体管理能力状况，并帮助管理者了解和优化自身的管理风格和方式。

团队凝聚力提升：单调、枯燥的海上生活需要一个和谐的氛围，海上员工生活中的相互照顾、工作上的相互协作，会使员工在一个团结、友爱的环境中得到尊重、友谊和温暖，因此将在第三个阶段通过团队建设培训，提升团队的凝聚力，促进员工的人际交往能力。

CC 员工心理健康工作系统规划：依据子公司阶段性开展的员工关爱工程的成功经验总结，系统规划可适合在 CC 内全面、系统、稳步开展员工心理健康工作的方案。

## （三）项目思路

在"关爱·阳光·成长"理念的指导下，在子公司员工关爱项目将长期融入管理、植入现有员工管理系统、作为心理辅助支持系统的长期目标下，将第一阶段的员工关爱项目设计为三个平台服务：职业心理健康管理平台、全员心理资本提升平台、心理危机干预平台。

## （四）项目方案

### 1. 职业心理健康管理平台

（1）全员心理调查。

掌握员工的心理健康现状，挖掘组织可以提供的工作资源和员工的个人资源，从而有效提升员工的心理资本，降低工作要求对员工可能存在的负面影响，为公司管理者提供参考并作为项目实施的依据。

（2）建立 EAP 关爱大使队伍。

EAP 关爱大使队伍的建立有利于 EAP 项目在公司的个性化管理与协调，也有助于项目的深入开展与推进。此外，关爱大使还可以担任近距离及时监察员工的心理状态、为员工开展心理活动的职责。因此，关爱大使是 EAP 项目推进的枢纽，也是 EAP 有效开展和不断创新的关键。

### 2. 全员心理资本提升平台

（1）管理者心理管理能力提升。

以中层管理者为主要对象，结合公司员工情况，有针对性地设计开发中高层管理者自我成长及心理能力提升课程，帮助管理者掌握对员工进行心理管理的技能。

（2）员工心理素质提升。

通过切合员工实际需求的、系统化、多系列、多形式及与 EAP 各服务模块联动的宣传方式，进行 EAP 与心理健康知识的宣传推广，引导管理层和员工树立良好的积极心理观念，并推动员工了解 EAP 及其所提供的支持。在此基础之上，大型专题心理讲座的开展将充分调动员工兴趣，吸引更多员工关注 EAP 及心理健康，使员工掌握一定的自助技巧，提升员工的整体心理健康水平。

（3）海上员工专项服务。

经常出海的员工在船上或海上平台这种较为特殊的工作环境中，会承受更多的工作压力，而且时常有连续几天到几十天的时间远离家人和朋友，比较容易产生烦躁、恐惧、紧张、焦虑、孤独的情绪。针对海上员工这种特殊的工作性质和心理开展专项服务，帮助海上员工在出海工作时保持积极的心态，安全顺利地完成出海工作任务，在长时间出海回来后可以迅速复原心理状态。

建议可先选择一个海上平台开展"送心理服务到平台"的活动，一方面让海上员工感受到组织提供的贴心关怀，另一方面帮助海上员工在烦闷的海上工作中释放压力，缓解焦虑、沉闷的情绪。

（4）新员工适应专项服务。

易普斯咨询的调查发现，入职半年内的员工因为工作的新鲜感，有较高的工作热情，但若不能很快适应工作，在入职半年至一年的时间内容易产生工作枯竭和工作效能感缺乏，甚至产生离职意向。因此建议对入职一段时间后仍适应不良的员工开展成长团体培训，帮助新员工更好地适应工作环境和工作内容，使其有信心去面对工作中遇到的各种困难。

3. 心理危机干预平台

（1）7×24 小时咨询热线。

员工可以就工作、生活中遇到的、关心的相关心理问题，如情绪困扰、工作压力、职业发展、人际关系、子女教育、自我成长等，通过电话接受辅导服务。专业的心理辅导人员将通过电话与员工进行深入的交流和沟通。

（2）危机预防与干预服务。

当员工个人出现自杀倾向、亲人丧失、重大疾病、创伤性灾难事件等时，当公司发生安全事故、工伤事故、工作场所暴力事件、工作场所猝死等重大事件时，易普斯咨询提供危机干预服务，预防可能的危机事件的发生，以及对已发生的事件开展员工心理疏导。

（五）反思和建议

1. 巩固初步成效，使员工关爱成为企业文化的一部分

在组织内建立 EAP 项目的长效机制。要使员工的心理素质、心智模式发生

改变，使员工关爱内化为企业文化的一部分，必须建立 EAP 长效机制，通过明确定位、建立制度、委任相关项目工作人员等措施，使 EAP 项目切实成为企业管理行为的一部分。

建立两个平台。根据国内外相关 EAP 项目的经验，成功的 EAP 项目，一方面来自员工对项目提供方的信任，另一方面来自管理者的支持。通过员工、管理者两个平台的建立，实现项目开展的常态化。

### 2. 广泛深入开展活动，扩大 EAP 的影响力

在项目宣传、执行过程中强调 EAP 的积极导向。在宣传上，加入更多积极心理学、心身健康一体化的内容；在项目内容上，引入更多与幸福、身心保健相关的内容，消除部分员工对心理服务的负面感知，提高员工对 EAP 相关服务的接受程度。

联合各部门的力量。在工会、党委、人力、HSE 等部门组织的培训、活动中，结合心理学的相关知识，使心理保健在企业内成为人人谈论，到处可以触及的内容。

### 3. 服务更具针对性，与组织需求更紧密结合

开展全员心理健康调查。通过调查反映的情况，全面掌握员工在身心幸福感、工作压力、工作满意度、组织支持感受等指标上的得分情况，一方面了解员工的心理需求，为下一阶段开展项目提供依据，另一方面也为管理者制定相关的管理措施提供决策依据。

进行详细的项目规划。根据调查反映的情况以及企业的实际要求，明确项目在短期、中期、长期想要达成的目标，有步骤、有层次地推动项目的有序开展，以使项目的开展能更有操作性，更有针对性。

### 4. 优化项目管理，使 EAP 成为企业提升的助力而非阻力

优化项目管理，加强内部人员介入。在组织内成立项目小组，明确各级负责人职责；明确项目导入部门，使项目目标与导入部门的目标相融合；在组织的各个部门挑选联系人，层层深入，使 EAP 成为相关负责部门、人员日常工作的有力补充。

调整项目使用方式。调查显示，"工作太忙，EAP 的很多活动与工作冲突"成为阻碍员工使用的主要原因。为方便员工使用，建议组合各种咨询形式（包括面询、电话咨询、网络咨询、自助网站等），使员工在需要的时候获得相应的支持服务；灵活开展各类形式的培训（如名家讲座、团体辅导、户外扩展等），以避免 EAP 的项目内容与企业的实际生产工作发生冲突，成为员工不必要的负担。

# 四、某著名通信网络分公司 EAP 之 "PCA 项目"

## （一）引言

某通信网络公司集团在新跨越战略和企业文化中对员工做出以下承诺：成为员工实现人生价值的最佳舞台。没有满意的员工，就没有满意的客户；没有人心的凝聚，就没有企业的发展。集团始终坚持员工与企业共同成长的管理理念，以人为本的人文主义眼光，充分关注人的价值与差异，以尊重为人力资源管理的基点和核心，最大限度地理解、关爱、信任和提升员工，营造员工合适的发展空间，帮助员工实现自我价值，促进其发挥所长，为企业发展、社会进步创造更大价值。

## （二）项目实施背景

### 1. 企业宗旨导向

2008 年在公司"人本、服务、高效、和谐"工作思路的指导下，将"以员工为本，通过人力资本提升带动企业的管理深化"作为当年的重点工作之一。在全球经济一体化、社会转型、文化变迁、价值重构、行业竞争的大背景下，优化企业人本环境，是公司未来竞争优势的重要保证，也是公司落实员工关爱和提升人本价值的关键点之一。而员工心理资本是人力资本的重要组成部分，既要关爱员工，更要通过关爱提升心理资本，促进整体人力资本的增值。

### 2. 员工自身需求

缓解员工心理压力、提供心理咨询、进行心理疏导也是来自员工自身的需求。2007 年下半年公司减负调查结果显示，员工有工作压力，也有思想压力，且思想压力大于工作压力，51％的员工表示在思想、心理方面的压力明显。而和谐人员环境指标体系测评结果表明：员工面对压力走不出思想困惑，对自己的发展和前景迷茫，面对考核、竞争、升迁、激励、淘汰等有失衡心理。同时，通过基层调研了解到，员工对电信重组以及此后的竞争形势、公司运营管理的新政策、新模式十分关切，对不确定因素有一定的担心和焦虑。

### 3. 员工突出特点

某著名通信网络分公司（以下简称 DD）作为中国企业的派头兵，人员素质和管理水平一直执国企牛耳。员工的整体受教育水平较高。从 2008 年下半年的调查数据可以看出，员工的心理健康水平和工作激情较高，对组织的认同感也较强，高心理资本的比例在 60％～70％左右。如图 12—1 所示。

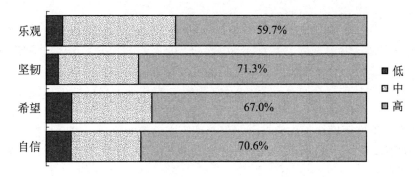

**图 12—1　DD 员工 2008 年下半年的心理健康水平**

心理资本研究侧重于研究和开发个体的自身优势和积极心理状态中所蕴藏的力量。在管理领域进行的许多研究都表明，心理资本的四个维度——自信、希望、乐观和坚韧性——能够对领导或员工的工作绩效和工作态度产生积极影响。

DD 以 PCA（Psychological Capital Appreciation，心理资本增值）为起点，系统开发员工心理资本，主要方向是提升员工心理资本水平。从 2008 年下半年员工的心理状态数据看来，25～29 岁员工离职率较高，35～39 岁员工抑郁倾向较高，而导致员工离职第一位的原因是"没有发展空间"。尤为值得注意的是，作为组织内部"中坚"力量的基层管理者虽然对自身能力有足够的自信，但是缺乏工作激情和活力。薪酬、职业发展、内部竞争、工作要求是 DD 分公司员工最主要的压力来源，30～34 岁员工群体和基层管理者首当其冲，受压力影响最大。

（三）规划目标

帮助 DD 构建 PCA 远景和未来三年发展规划，制定科学、有效的项目推进思路和措施，将 PCA 建设成为员工喜闻乐见的"幸福加油站"。具体的实施目的为以下三点。

第一，帮助员工了解自我心理健康状态，掌握和运用心理健康知识，并能够及时有效地发现和抑制心理健康问题的发生和发展，促进员工身心健康，提升员工的心理资本，加强对员工的关爱。

第二，帮助管理者掌握心理素质提升的方法，并推动管理者从心理学的角度拓宽管理视野，初步掌握员工心理管理的技术，引导员工以积极的情绪投入工作，充分激发团队活力和激情，促进企业健康发展。

第三，深化落实人本理念，推进员工关爱行动，加强心理疏导和心理关怀，促进人力资本增值和工作绩效改进，提升企业的社会责任形象，推动企业健康和谐发展。

### （四）运作模式

DD 的 EAP 项目是员工关爱行动的深化，是打造与提升和谐人文环境的重大举措，也是公司企业文化建设和深化的重要内容。

DD 的 EAP 项目在原有五个 EAP 常规模块的基础上，增加了总体规划和成果应用模块，共包含调查、规划、宣传、培训、咨询、评估、应用 7 个运作模块。其中成果应用模块为国内首创，而心理资本增值的概念也符合目前心理学行业发展前沿，并在国内 EAP 项目中首次提出。我们称 DD 的 EAP 项目为"PCA"项目。

### （五）PCA 三年规划

人的成长变化遵循一定的规律，并具有与阶段相适应的特点。PCA 规划遵循心理成长、发展的规律设计，循序渐进，螺旋上升，不断接近终极目标。

1. 第一年——导入期："两个平台，一个模式"

（1）管理辅助支持平台。

通过对全员的心理调查，整理出 DD 分公司员工层面和组织层面面临的主要问题，并为管理者提供管理相关建议。同时，设计 PCA 专项解决方案，专项解决管理者关注的重点群体或重点问题。在团队、员工管理有需要时，PCA 亦可以提供相关辅导和建议。

（2）员工心理资本增值平台。

通过心理健康知识宣传、PCA 理念宣传、多种形式的咨询辅导，以及分岗位分层级的全员培训、讲座，全方位、立体化地向员工传达、强化关注自我成长，重视心理健康，追求人生幸福意义的理念，使员工能够在较为安全、积极、温暖的感受中，潜移默化地内化 PCA 倡导的愿景和目标。

（3）项目组工作模式。

通过一年的运行，在公司内部形成基本的 PCA 氛围和理念基础，形成流畅的项目组合作模式，及项目管理制度和流程建设，在项目的推进和节奏的把握上更科学、更有效，为项目的持续深入推进做好人员、流程和思想上的准备，使后期的项目运行能够更加顺畅，对效果的控制更有把握。

首期项目，PCA 项目组成员是最大的受益者。

2. 第二年——深入期："一个空间、一个系统、一种形象"

（1）安全、温暖、自由的成长空间。

经过首期项目的理念构建和普及宣传，第二年的项目内容和形式将部分延续上一年的设计，但是在内容的选择和形式的设计上更精细、更具体、更有针对性和工具化。

这个世界是个人构建的，每个人的选择不同，看到的世界也就不同。当外界的某种不同观念挑战到个人的自我界限时，会遇到一定的阻碍和抗拒。

所谓，静水流深，深入期的项目将以高品质、高聚焦、高智慧浓缩为特点，以平缓、领悟、引人思考的风格，给予个人充分的思考和反省的时间，为个体提供一个"第二子宫"，在安全、温暖、自由的空间中突破自我的限制，达成更高的人生境界。

（2）员工心理资本增值系统。

建设"幸福加油站"内部 PCA 专门网站，员工在网站上可以通过 PCA 测评、PCA 学堂、PCA 乐园等栏目，获得职业心理健康、心理资本等方面的相关知识、调整技巧，以自助的形式实现个人心理困扰调整和心理资本增值。员工还可以通过 PCA 集锦、PCA 速递等栏目，了解到当前国内外 EAP、心理学界、PCA 项目的最新动态，增进对心理学、心理资本、PCA 项目的理解。

同时，PCA 幸福加油站为员工提供了一个交互的空间，大家可以在此分享、交流个人成长的感悟，对 PCA 的理解和认识等，通过大家的共同努力，将此变成员工自己的心灵家园和真正的幸福加油站。

PCA "幸福加油站"网站融知识、活动、测评、视听为一体，具有宣传、自助、共享平台的作用，成为公司所有员工心灵交汇的平台和空间。

（3）PCA 幸福大使形象塑造。

社会观察后的自省，是成人的一个重要的学习方法。而榜样，尤其是与自己更为接近和相似的人，更有可能成为重新学习的标准和参照。

在组织内部海选具有 PCA 外显特征的员工，经组织推荐和民主评议，确定一批幸福形象大使，可以通过形象的选拔塑造、形象故事讲述，形象标准确立等方法，使 PCA 逐渐从象牙塔走向民间，成为员工亲近的生活之友，实现 PCA 无缝隙宣贯和渗透。

第二年项目，可以使部分员工和团队受益，塑造公司内部的个人和团队形象。

3. 第三年——固化期："一个理念，一套制度，一种文化"

（1）大 PCA 理念。

在现实生活中，除了心理资本外，有很多现实的需要会影响员工的幸福感受，为其自我的追求和成长带来一些困难和挑战。例如，员工在适应新的变化，承受更大压力的同时，也经历着来自工作、家庭、情感等多方面的矛盾、冲突。这些现象的存在，不同程度地影响到员工的工作投入和产出绩效。

欧美国家在员工关怀方面的尝试比较早，从最初的工作场所关怀，到后来的工作与家庭关怀，发展到近年来 360 度一站式关怀。比如，美国军队为海、陆、空现役、退役人员及其直系亲属设立了 360 度一站式关怀服务，内容涉及与军人个体密切相关的"军队生活与发展、财务与法律、身心健康、家庭与娱乐、职业生涯与教育等"五大方面的关怀。

为了给员工提供更有效、更贴近需求的福利和关怀，PCA 可逐渐与企业既有的活动与福利形式相结合，并将组织对员工的关爱活动和措施逐步纳入大PCA的范围，在公司内部形成一种关于PCA的更广泛意义上的感受和理念，并逐渐形成DD分公司特有的幸福管理制度。

这将会成为中国企业在员工关怀方面的又一个创新性的实践举措，并终将引领时代发展趋势。

（2）一套制度。

构建内外部结合的PCA新模式，持续开展PCA各项基础服务，同时培养PCA专职人员，建设PCA管理制度体系。PCA模式向内外部结合的模式转化，将PCA建成员工全方位的幸福支持系统，并作为一种制度规范化。

（3）一种文化。

每个人对自己的幸福快乐都有不可推卸的责任，而压力与痛苦也是自己选择的结果。

每个人都有自己的人生追求和价值倾向，在承担社会责任的前提下，最大限度地按照自己所向往的方式去生活，而又能保持一颗自由、平和的心，不以物喜，不以己悲，活在当下，进则自强不息，退则厚德载物，在平凡的生活中创造出不平凡。

PCA作为人生理念的一部分，其附加的组织意义及企业文化的一致内涵，将逐渐在组织内部形成一种独特的有关幸福、有关人性、有关人生境界的理念和文化。

（六）首期项目举例（2008年8月—2009年7月）

DD的EAP项目设计紧紧围绕"员工心理资本增值"这个定位展开。整体思路见图12—2。

1. 实施主要内容

（1）员工调查。

由专业人员采用人员访谈、心理健康问卷调查方法评估员工心理现状及面临的困扰，确定心理提升的方向，并据此确定两个重点跟进的专题研究内容和方案。

（2）总体规划。

EAP是一个长期的系统推进工程。在拟定DD分公司首期EAP项目工作规划的基础上，将进一步构建员工心理资本开发、增值的系统解决方案以及EAP三年发展规划。

（3）宣传促进。

通过多种宣传形式帮助员工正确认识心理健康问题，鼓励员工遇到心理问题时积极寻求帮助，培养员工自信、乐观、有耐力等积极的心理素质。

a. 宣传促进品。

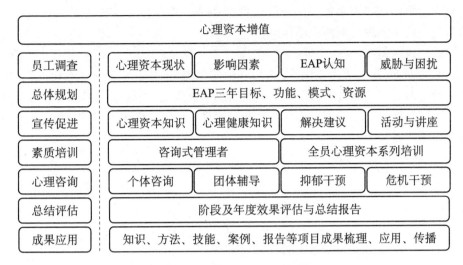

**图 12—2　DD 的 EAP 设计思路**

设计制作的 EAP 使用手册、宣传卡片、心理资本漫画书、办公系列实物（压力球、笑脸卡、鼠标垫、折叠笔筒等）等书面和实体宣传品，张贴活动宣传海报等方式，邮件、网站、电子期刊等电子宣传渠道。

b. 宣传促进活动。

"EAP 空间"网站开发与宣传、"幸福之约"办公现场系列宣传、"心动时刻"现场心理工作坊、"心灵寻芳"经典心理电影赏析活动、"心灵 SPA"名家讲坛活动、"心灵花开"员工沙龙活动、"心灵涤荡"体验之旅活动等多种形式的现场活动。

（4）素质培训。

通过系列培训，帮助员工掌握保持心理健康、提升幸福能力的基本方法和技巧。以员工心理资本开发为核心，开展分层次、多系列培训，帮助管理者掌握员工心理管理的技术，通过适当的方式协助员工解决心理困扰，实现全员心理资本增值、幸福能力提升的目标。

培训的形式主要有以下几种。咨询式管理者，即中高层管理人员培训；激情彩虹，即室经理培训；你行我也行，即主管、店面经理培训；EAP 联络员培训；普通员工培训；新员工培训等。

（5）心理咨询。

为受心理问题困扰的员工提供电话咨询、电子邮件咨询、一对一面询、团体辅导等形式多样的心理咨询服务，解决困扰员工的心理问题，疏导员工的负面情绪，降低职业枯竭程度。

（6）总结评估。

对 EAP 各项活动进行阶段评估与年度评估，通过与实施 EAP 项目的当地企业对比、集团系统内对比、实施前后员工心理资本自我对比等方式，展现 EAP 对员工个人及组织层面的积极作用。

（7）成果应用。

对首期 EAP 形成的知识、方法、技能、案例、报告等进行整理和推广，为解决员工的心理困扰提供帮助和支持。同时，提炼出一套包括知识体系、文档体系、数据体系、图片体系、实物体系在内的系统资料，作为项目传播推广和进一步应用的工具。

2. 项目设计创新点

（1）首次以心理资本增值为 EAP 项目定位，着眼于积极心理学，注重开发员工心理潜能，符合心理学发展最新潮流，是企业未来竞争优势的重要保障。

（2）首次建立 EAP 网站自助系统，既拓宽了项目宣传形式，又充分利用了 EAP 成果具象化、内容可重复使用的特点，便于项目成果的广泛应用与推广。

（3）首次采取户外活动与感官训练相结合的宣传促进活动形式，强调参与者自身的感悟与自我实现。

（4）首次结合公司内既有兴趣小组开展活动，使 EAP 与企业管理进一步融合。

（5）首次开展全员心理资本培训，关注全员感知，注重实效。

（6）首次对 EAP 成果的应用与传播进行系统规划与应用。

EMPLOYEE ASSISTANCE PROGRAMS

# 第四篇　EAP新方向

# EAP 与新技术的结合

## 一、EAP 为何要与新技术结合？

随着智能手机的普及，微博、微信等众多创新移动终端的应用正悄然改变着人们的休闲方式、阅读方式、生活习惯甚至生活方式。2014 年 1 月，艾瑞咨询集团发布的《2013 年中国智能终端规模数据》显示，截至 2013 年，中国智能手机的保有量已经达到 5.8 亿台，而这一数量还正在不断激增。种种证据表明，中国的 EAP 发展和实施模式必须也必然要与方兴未艾的移动互联趋势相结合，实现本土的一次创新与飞跃。

### （一）传统技术的问题

按照传统的 EAP 服务模式，主要通过宣传、培训、咨询等多种形式为员工提供信息、传授知识和技能、开展心理咨询，以此来提升员工的心理健康水平和心理资本。从心理健康提升和预防的角度看，所有的员工都需要掌握积极心理、压力应对、工作生活平衡等方面的正确知识、技能，但事实上，由于受到工作岗位、自然年龄、职业特性等因素的影响，员工对使用 EAP 服务的心理需求、享受 EAP 服务的条件也是不同的，EAP 服务很难实现根据不同人群条件的差异与员工个体实现无缝化衔接。当然，如果真要实现这种状态，也不是不可能的，只是这需要组织和 EAP 服务提供商投入大量的精力与财力，而这一庞大的投入显然是组织很难达到的。

也正因为如此，受服务渠道少、主动性差等因素的影响，EAP 的服务往往只能惠及企业的部分或绝大多数人群，难以覆盖到每一个人。比如，传统 EAP 的宣传模式主要借助手册、电子期刊、邮件，网站文章等方式发布资料，可能就会有一部分员工由于受户外工作需要、单位内网限制等因素而无法及时接收和阅读这些资料。同时，由于对宣传内容反馈、分享的即时性比较差，沟通效率低，需要经过层层的传达才能实现，员工的参与度也较低。

（二）新技术的优势

在欧美发达国家，EAP与IT新技术的结合已经有一段时间，所开发出的EAP自助系统也相对成熟。而对于发展潜力巨大的中国EAP市场而言，寻求EAP服务的组织与员工遍布全国各地，但EAP的专业力量却主要集中在北京、上海等发达城市，需求与供应之间存在明显的结构性失衡。为了能在一定程度上调节这种结构性失衡，让更多的组织和员工受益于EAP，本土EAP与IT新技术的结合无疑是题中应有之意。

在这一方面，国内一些企业已经开始做这方面的尝试。比如，中国移动深圳分公司（以下简称深圳移动）所开展的PCA网站便是当前较成功的案例。深圳移动PCA网站定位积极、内容丰富、形式多样，甚至超过了很多国外EAP自助系统。

当下，随着4G技术的迅速发展，越来越多的人相信在未来5到10年，云计算、应用客户端以及终端三大平台将是中国移动互联发展的主要方向。通过将3G与WLAN融于一体，4G系统以其超过传统3G系统25～35倍的超高数据传输速度，为移动互联时代的到来奠定了基础。

对于当下的中国来说，我们已经赶上了国际移动互联技术发展的班车。事实上，随着网络技术的狂飙突进，APP无疑是其中的活跃因子，不仅是EAP服务商领先行业、赢得市场的第一步，更是员工获得移动互联3G、4G体验的关键纽带与核心要素。现在，APP开发正逐渐成为EAP业界在商业布局上的重要战略投资。

如今，各类APP应用已经渗透到我们生活的方方面面，帮助我们快捷地获取所需要的有用信息，大大方便了我们的日常生活。当EAP与移动APP相结合时，它主要会有以下优势。

1. 灵活的互动性

告别以往浏览器和烦琐的手机输入，只要在手机触摸屏上轻轻点击即可浏览信息内容，移动APP提供了比以往媒介更丰富多彩的表现形式。

文字、图画、音频、视频……通过将各种体验元素融合，移动APP一应俱全的操作模式，实现了前所未有的互动体验。同时，APP还打开了人与人的互动通道，通过在内部嵌入SNS平台，可以让人们不受时间、地点的限制，随时都能体验到最新的EAP服务内容，不错过任何一次所需要的服务，并实现与正在使用同一APP的用户的即时互动、分享。

2. 创意性

通过将网络、3G/4G、芯片、传感技术等元素相结合，在优化用户体验、软件流程的基础上，移动 APP 这一新的媒体无处不体现着 EAP 全方位创新的痕迹。对于已安装 APP 的员工来说，EAP 服务可以是生动的产品手册，可以是视听一体的多媒体体验，可以是及时便捷的社交分享，可以是随时更新的 EAP 活动……几乎囊括了每一个 EAP 服务环节。当然，APP 的所有这些优势其实都基于一个前提——设计和创意。只有设计出员工真正喜欢的 APP，有让他们惊讶的创意，他们才会不断点阅、参与。

### 3. 超强的用户黏性

对于现代人来说，手机越来越像是我们身体的一个延伸，随时随地都不离身，而这也让 APP 较传统的 EAP 服务渠道具备了显著的优势：通过充分利用人们的各种零碎时间，它具有了超强的用户黏性。

也正因为如此，对于已经下载 EAP 服务商发布的 APP 服务的员工来说，无论何时何地，他们都能通过手机接收最新发布的服务、信息。能够随时随地查询与使用，这一便捷属性无疑增加了员工对 EAP 服务的黏合度。

值得一提的是，自 2011 年腾讯推出微信这一移动即时通讯软件以来，它便凭借下载方便，用户体验好，易于分享和传播等特性脱颖而出，迄今已拥有 6 亿多用户。与此同时，基于微信的开放接口，原来在 APP 和网站上实现的 EAP 服务都可以在微信上实现得很好，至此，EAP 未来必将进入借助微信平台的全新推广时代。

## 二、EAP 中的 IT 应用

在欧美等发达国家，将 IT 技术应用于提升人的身心健康由来已久，尤其是随着网络、3G/4G、芯片、传感技术的快速发展，IT 在提升心理健康方面的应用也越来越广泛，从心理疾病的预防到心理困扰的恢复再到心理潜能的提升无不渗透着 IT 的技术。

### （一）构建方便快捷的心理自助系统

EAP 与 IT 的融合已经成为趋势，当前最成熟的应用便是心理自助系统。它将员工关注的心理宣传、心理游戏、微培训、心理咨询等各项服务整合在一个网络平台上，通过静态页面、音频、视频、论坛互动等方式呈现给员工，让他们获得一站式服务，实现及时学习心理健康知识、实时测量心理健康水平、培育健康行为、获得人际支持和远程专业咨询的目的。而随着 3G、4G 技术的推广，移动APP 终端的心理自助服务系统必将不断发展，为我们提供更及时的服务与帮助。

### 1. 实时监测心理健康水平

预防心理困扰出现而不是出现心理困扰之后再治疗是保证心理健康的重要环

节。其中及时掌握员工的心理健康状态是预防环节的关键点。传统上，通常用纸制问卷或请心理专家面询的方法评估员工的心理健康与幸福感水平。这些方法最大的不足在于不能及时了解人们的心理健康水平。而现在借助移动互联平台、手机 APP 终端，人们就可以随时登录并评估自己的心理健康与幸福感水平。对此，Intel 公司的临床心理学家 Margaret Morris 近期开展了一系列使用手机追踪员工情绪的实验。实验者的手机会在随机的时间响起，然后调查他当前的情绪状态。实验中一位男员工发现自己每天在某个固定时间段心情不好，他认真分析原因之后，采用恰当的方法解决了这个问题。

### 2. 学习心理健康知识

掌握正确的心理健康知识，不仅可以缓解个人的困扰，更有助于发挥个人的心理潜能，保持积极的心态。以往，面对体量浩繁的资料，甄别与选择是我们需要面临的很大挑战。现在，借助 EAP 专业打造的心理自助和 APP 平台，我们不仅可以通过文字、音频、视频接收到更多的心理健康知识，更可以通过小组讨论、主题分享等环节，与有同样或类似问题的人交流想法，互相学习。

### 3. 培育健康行为

部分不健康行为会导致幸福感的降低，有些不健康行为本身就是心理不健康的症状表现，比如吸烟、酗酒、强迫等行为。认知行为流派和行为校正流派的心理学家都通过培养人们的健康行为提升心理健康水平。基于 IT 技术开发的移动 APP 程序、自助网站已经非常丰富。比如，便捷的卡路里计算器、健康助手等可以帮助我们实时记录、管理自己的身心健康状况，并通过制定健康计划，来辅助实施戒烟、戒酒等行为。

### 4. 获得人际支持

在 IT 技术广泛应用之前，人们遇到困扰时，只能从身边有限的人中获得帮助与支持。但在移动互联时代，我们无疑可以打破地域的限制，获得更多人的支持。通过登陆自助平台或 APP 程序，我们可以选择参加各种兴趣小组、行为矫正小组或问题讨论组，与 EAP 心理专家或很多跟自己有着共同问题的人交流经验、分享心得。

### （二）搭建全方位的危机预警系统

随着云时代的来临，大数据（Big data）吸引了越来越多的关注，并凭借 Volume（大量）、Velocity（高速）、Variety（多样）、Value（价值）的 4V 优势，开始得到广泛的应用。

2008 年 11 月，借助"Google 流感趋势"（Google Flu Trends）工具，Google 利用搜索关键词预测禽流感的散布，来配合政府部门监测流感是否爆发。

2012 年 6 月，洛杉矶警察局和加利福尼亚大学合作利用大数据预测犯罪的发生，结果显示，半年后盗窃罪和暴力犯罪分布下降了 33％和 21％。

2014 年 1 月，沃尔玛为其网站 Walmart.com 自行设计了最新的搜索引擎 Polaris，通过这一技术，使得在线购物的完成率提升了 10％～15％。

在传统的 EAP 服务模式中，组织往往只能借助心理调查筛选、员工自主求助、管理者推介等方式排查和干预心理危机个案。这也使得当员工没有如实作答、无求助意愿或管理者未及时发现危机情况时，很容易错失危机干预的最佳时机，而导致危机情况发生。

对此，借助大数据分析无疑可以发挥重要的补充作用：通过开发具有大量数据支撑，编入本土化的、科学的心理测评量表，兼具阅读、分享、视听等诸多功能的移动 APP 工具，对员工的测评结果、网络日志、视频、图片、地理位置信息等在内的种类繁多、数量庞大的数据进行分析，我们便可以明了当下他的精神状态，预测他未来出现心理危机的可能性。这一全面性和前瞻性特征也使得我们打造一个全方位的危机干预系统成为可能。

此外，对于已经发生的危机事件，移动 APP 工具也会对危机的干预和处理起到积极的作用：通过在第一时间的澄清真相、公布处理进度，可以消除员工可能产生的怀疑和担心；通过发布包括文字、音频、视频等多种形式在内的心理辅导资料，实现遍及全员的、及时的、便捷的干预和处理措施。

### (三) 打造多渠道的心理咨询系统

随着心理健康理念的普及，越来越多的人开始认可并接受心理咨询的理念与方法。除了与咨询师一对一的面询、电话咨询，基于移动互联基础的网络咨询也成为人们的一种重要选择。

提到网络咨询，除了人们早已熟知的基于心理自助平台的 QQ、飞信咨询，随着 3G/4G 技术的迅速发展，微信也有望成为重要的咨询平台，而 4G 时代的流畅网速也使得进行远程音频或视频的咨询成为可能。

以大数据为基础，搭建一个整合呼叫中心平台、各地优秀咨询师资源以及来访者档案于一体的全方位心理咨询系统或成为未来心理咨询行业发展的重要方向。当然，在严格的专业意义上，这些咨询手段还存在一些问题，比如，如何做到严格的保密、如何建立有效的咨询流程等。

## 三、EAP 融合 IT 技术实例展望

当然，IT 技术与生活相结合，为我们服务并提升心理幸福感的途径远不止这些。易普斯咨询与《财富》（中文版）每年的"中国经理人压力调查"结果都

显示，听音乐是经理人最常用的减压方法，而正是得益于 IT 技术的发展，人们可以随时随地听到任何想听的音乐。未来随着心理学各子学科和 IT 技术的进一步发展与融合，IT 技术对人心理幸福感的提升途径会远远超出人们的想象，对此我们不妨做一下畅想。

对小米来说，2020 年真是筋疲力尽的一年。作为一家知名跨国企业的一名中层管理者，这已是她工作的第 7 个年头。她拥有令人羡慕的职位和薪酬，有个 4 岁大的可爱儿子和事业有成的丈夫。但显然，每天来自顶头上司的压力、业绩考核的指标以及大客户的要求让她感到有些疲惫，很难找回几年前的工作热情。"习惯就好，工作几年以后，谁又不是这样呢？"小米常常这样安慰自己。

2020 年，对小米来讲同样是不同寻常的一年。在这一年，她重新找回了对工作、对家庭的热情。"我做一些努力和尝试，而这改变了我的一生，改变了我的整个家庭。"她这样跟朋友分享。而这一切，只是源于一次偶然的机会：用手机下载了 EAP 服务的一款应用软件。

当小米看到公司为员工购买了 EAP 服务以后，她决定先上 EAP 的服务网站上看一眼。在做完在线心检以后，小米看到了一份详细的评估报告，她了解到了自己的幸福感、心理健康状况、压力水平、健康生活习惯、家庭沟通方式等指标。由于对其中几个指标的解释特别感兴趣，她拿起手机拨通了 EAP 呼叫中心的电话，与专业顾问进行了 30 分钟的沟通，对自己目前的状态、同行业同类型职位员工普遍的状态有了更深刻的了解。根据专业顾问的建议，她在 EAP 网站上下载了一款叫做"压力管理"的 APP 应用，每天在几个关键的时间点记录自己的压力感受和压力事件。两个月以后她发现，原本自己以为每天的压力都是来自工作强度、顶头上司，或是莫名其妙根本就没有原因，但根据应用软件的柱状图分析，自己最主要的压力源竟然是家庭。夫妻双方由于加班、儿子的教育、彼此热情消退等问题，把负面情绪带到了工作场所，原本喜欢的工作，现在却产生了日复一日的负面压力，接下来，这种无精打采的情绪又被带回到家庭。而对这种恶性循环，她过去完全没有意识到，她甚至考虑过辞职。

小米回到 EAP 网站上的个人中心，里面有根据上次测评结果提供的文章和视频课程，她通常会在上下班路上用手机看上一两个短视频，每一个知识点和技能都简洁而有趣，三五分钟的学习就会感觉有所收获。在一个周五的晚上，通过 EAP 手机端的地理位置服务，她发现在离家 2 公里到 30 公里的范围内，有 EAP 服务商提供的三场不同主题的工作坊，其中有一场关于重塑夫妻关系的工作坊向她发送了推荐，就在周六下午离家不远的一家咖啡厅里举办，在线报名、参加工作坊、与专家和同伴进行交流，小米觉得很有收获，并在第三次参加这个系列工作坊的时候带上了自己的丈夫，还在自己的社交网站上推荐了这种服务，点评了主持工作坊的咨询师。

基于良好的体验，小米继续接受了 EAP 自助平台根据她的个人使用状况与需求分析推荐的一个中期成长"套餐"。她因此继续使用了几款应用，这些应用覆盖工作、生活的不同方面，有叫"妈咪宝贝"的亲子教育应用，有叫"健康跟踪器"的体重管理应用，还有叫"心理资本日记"的积极领导力提升应用。让小米感到惊喜的是，使用这样的套餐非常方便。这些应用并不是分散存在的，它们相互之间共享很多数据。这让小米发现，工作压力、亲子教育、运动健身、团队管理这些过去看起来风马牛不相及的生活事件，竟然以极高的相关性相互影响，并且就此构成了我们日复一日的工作与生活方式。现在的感觉怎么样？"就像整个生命都灿烂起来了！一切都不同了！似乎身边的氛围都变得积极起来。"小米这样感叹。

小米使用的这种服务，就是由 EAP 服务商利用互联网及移动互联技术最大限度整合了各区域的上下游优质资源，通过线上线下的无缝衔接，在不增加成本甚至节约成本的基础上，给用户提供最佳解决方案，帮助用户获得最佳体验。依托移动互联，EAP 的服务能力得到了大幅度提升，不但解除了传统服务中区域资源配置不均衡的限制，而且真正实现了全覆盖、全天候、全链条的服务。这一服务模式，正在成为国际 EAP 发展的重要趋势。

## 四、EAP 与 IT 技术融合的发展趋势

EAP 作为一项以心理顾问服务为核心的员工工作场所个人问题综合解决方案，近年来呈现出三大趋势：载体上依托互联网，尤其是移动互联；内容上整合健康管理；导向上趋近积极心理学。

相对于欧美发达国家 EAP 的普及与成熟，中国 EAP 这个仅有十余年历史的新兴行业正处在一个快速发展时期。中国市场移动互联的迅猛发展、对健康生活方式的日益关注、提升民众与员工幸福感的迫切需求以及中国本土 EAP 服务商的日趋成熟，这些因素都决定了传统 EAP 服务将迅速整合三大新趋势，为中国企业员工这个全球最庞大的员工群体提供规模化的服务。

人与人之间的相互支持是保障心理健康和幸福感的最重要因素之一。借助手机、互联网，人们可以更便捷、更广泛地联络。我们可以通过互联网与地球上任何一个角落的人形成兴趣小组，可以在过节时通过短信问候数百上千人，可以通过电话随时随地和其他人通话。

### （一）用手机 APP 帮助员工管理压力和幸福

越来越多的员工开始使用手机等移动终端，享受在线化的 EAP 服务，在线

的评估、学习、咨询、交流等已经得到广泛应用。根据不同员工的需求，在线服务也出现了更多的基于问题和主题的细分领域。比如，压力管理、戒烟戒酒、饮食习惯调整、生活方式重塑等专业的在线服务和手机应用开始出现。而未来真正产生革命性影响的 EAP 服务，必将以我们在无线互联领域非常熟悉的 O2O（线上线下相结合）模式实现在服务内容与产品、上下游资源、服务手段等方面的无缝衔接。小米使用 EAP 服务的过程，正为我们描述了这一未来的发展前景与轮廓。

### （二）让员工"激情工作、健康生活"并非只是口号

在无线互联为 EAP 服务提供的载体上，内容是决定其真实价值的关键。除了压力、情绪、情感等传统 EAP 服务内容之外，越来越多的企业开始采购身心一体化的"整合式"EAP 服务。

纵观全球领先企业的内部文化，我们大都可以发现这样一个趋势，即由最初的"安全文化"到后来的"绩效文化"，再到现在的"健康文化"。这是几十年来经济与价值导向不断演变的结果。在美国，70％的人口达到了超重或者肥胖水平，每年有 43.8 万人死于吸烟引起的各种疾病。触目惊心的数字背后，工作与生活中的行为模式才是幕后黑手。美国疾病控制与预防中心数据表明，在影响健康的所有因素中，行为因素占 50％，其影响甚至大于遗传基因与环境因素的总和。而导致主要医疗保健费用的五大因素分别为：压力、营养、锻炼、吸烟、酒精与物质滥用，由此产生的抑郁、高压力、高血糖、肥胖、高血压等症状，给工作场所带来的成本逐年增长，严重影响了工作绩效与工作投入。传统 EAP 服务主要关注的是压力和酒精与物质滥用问题，而戒烟、减肥、营养恰恰是健康（Wellness）项目的服务内容。

由于传统 EAP 服务内容与健康项目服务内容密切相关、相互影响，又都对工作绩效、医疗保险费用、员工幸福感等个人与组织层面指标产生直接影响，过去分开实施的做法对各方信息共享、整体高效运作及节省成本等都造成不利影响，因此近年来，EAP 与健康服务项目的整合应运而生，成为身心一体化的组织健康保障机制。当然，医保改革与相关立法纳入行为健康管理、企业更注重人才资本的培育和保留、新技术使多种创新服务成为现实、传统 EAP 模式在负面认知和使用率方面的固有缺陷，这些因素也是促进 EAP 与健康服务整合的重要驱动力。

### （三）经济资本衡量富裕，心理资本衡量幸福

近年来，积极心理学的兴起对传统的心理学、管理学都产生了较大的影响。积极心理学之父马丁·塞利格曼把心理学的使命重新定义为提升"生命的品质"，

通过开发个人的潜能和积极品质，使普通个体能体验到自身、家庭甚至社区范围的一种幸福状态。国内外很多具有前瞻意识的企业家认识到了这一趋势，认为其从积极导向、培育积极品质和能力方面，对传统"问题解决"导向的 EAP 模式形成了系统的补充。传统 EAP 的功能，更倾向于"风险控制"，帮助企业节省成本，控制法律风险和道德风险，而未来 EAP 的功能更倾向于"资本增值"，更加关注员工心理资本、身体活力以及工作家庭平衡，从而帮助企业培育并保有一支可持续增值的人才队伍。

积极导向的 EAP 服务，已经在包括美国、英国、中国以及东南亚的一些国家和地区展开探索。这一模式更关注的是在员工层面上提高心理资本与幸福感，在管理者层面提升积极领导力，从而提升员工的工作活力与敬业度，增强组织韧性，带来绩效提升、医疗成本下降等经济收益，以及团队创造力、组织氛围与组织承诺提升等长期可持续的战略性收益。上文中小米使用的一款叫做"心理资本日记"的应用，正是积极导向的 EAP 服务，而类似的产品和服务，近年来也已经在中国展开了探索。

（四）洋为中用，正逢其时

作为企业经营管理人员，如何定位 EAP 的功能与价值（风险管控、组织福利、全员心理资本开发这三个不同层面的定位），如何将 EAP 与现有管理体系相整合（EAP 在企业管理体系中的位置，以及与企业文化、人力资源管理、健康医疗管理的无缝衔接），如何配置内外部资源（内部 EAP 专业人员与外部综合服务商、本地资源所承担的不同角色与整体工作机制，以及区域资源的服务能力、企业支付能力等）等问题，应当是企业引入结合最新趋势的"整合型"EAP 服务时应该首先做的战略性思考。

# 中国 EAP 发展展望

总的来说，中国 EAP 在过去的十多个春秋中发生了翻天覆地的变化，从最初的西方模式演变成了当今的中国模式，内部架构、人员设置、评估体系都有着鲜明的时代特征。我们可以肯定地讲，在过去的十几年中 EAP 在中国获得了飞速的健康发展。展望未来，EAP 在时代的大潮中必将继续保持高昂的势头，创新发展、巩固完善。我个人认为可以将过去的 EAP 比做跑道上的飞机，速度很快，进步很迅速。然而一旦相关的制度更为完善、内部的构架更为合理、依赖的技术更为成熟、支撑的理论更为科学后，EAP 将正式腾飞，以无可比拟的速度平稳前进。

第一，在相关制度方面，EAP 仍需要社会和国家的进一步认可和支持。"改革开放"这个词我们已不再陌生，但是当今社会的关键词已经转变为了"深化改革"。改革开放让我们国家的经济水平走上了一个新的高度，让我们的物质生活获得了极大满足，但与此同时由于物质水平与精神文明发展的不协调，也导致了诸多现代中国社会问题的产生。正是这些问题现在正阻碍着我们改革发展的步伐，借此提出了深化改革的概念。所谓深化改革，主体是经济体制的深化改革，但我认为对于我们的精神文明建设，同样需要深化改革。经济由企业和公司创造，企业和公司又由人组成，而一个人的效率不像是机器那样恒定不变的，它受个人心理状态的支配和影响，而且已有研究也发现工作中个体的创造力和幸福感有正相关关系，这一切都指向一个方向，即在未来的世界中，公司之间拼的不再是人的数量，而是人的质量，更是精神世界的生活质量。只有在职场中可以感到幸福的员工，才能发挥出最高的工作热情和效率，创造更高的价值。从另一个方面来讲，当今的职业压力不断增加，职场就是一个没有硝烟的战场，在残酷的竞争环境下员工亦容易出现各类危机和疾病，通过平时有效的预防和干预其实可以从很大程度上缓解这些问题。所以说不论是提升幸福感，让员工拥有更高的绩效，还是降低负面状态，节省治疗和补偿费用，EAP 都能起到主要作用。况且国家发展的趋势也与国民的需求相吻合，随着十八大胜利召开，多项"幸福中国"的指标逐渐开始深入民心，十八届三中全会更是提出了"中国梦"概念，将"精神幸福指数"摆在了前所未有的重要位置。由此我们能看出国家的决心和态度，精神幸福的建设已经刻不容缓。但概念的提出只象征着一个时代潮流的开端，若是想让 EAP 在中国取得极大的成功和较高的普及率，离不开国家政策甚至立法的支持，倘若有一天 EAP 能作为一种必要的员工福利来供大家使用，每一个工会或党建部门将被赋予新的价值和意义，每一个员工都在关注自己的心理健康，那将不仅是中国 EAP 的繁荣，更是中国社会的繁荣。

第二，EAP 内部的构架和构成也将逐渐走向成熟和完善。从最初模仿美国、欧洲 EAP 的服务内容和组织构架，到今天我们有了中国的 EAP 标准和自己的一套完整服务体系，中国的 EAP 完成了一次相当成功的蜕变。但是在当今的组织中依然存在着一些问题和不足，最为重要的就是 EAP 从业人员的专业化问题。当今中国的 EAP 从业人员中经过专业认定的比例甚微，而且从另一方面来讲，我们目前的认定体系尚不成熟，没有建立起一套中国自己的专业人员认证方法，所以这样容易造成从业人员专业性不足，导致客户满意度下降，无法真正表现出 EAP 的作用和效果。一个庞大的体系若想稳固，离不开一套完整的制度，中国 EAP 的标准和中国 EAP 从业人员制度要求两项重要的要求必不可少，前者决定了 EAP 大厦的架构是否完整，后者则决定了搭建大厦的水泥是否过硬，所以在未来几年，EAP 从业人员的专业化和制度化将成为一个必然的趋势。

第三，EAP 必将与最新的 IT 技术相融合才能取得更好的市场。当今的时代是信息时代，在 21 世纪信息就是财富，无可否认手机或平板电脑已经成为了我们的第二个大脑，人们获取信息的习惯也在向着便携化、高速化、全面化和娱乐化发展。大家更愿意上论坛去和水友们讲被领导批评了好难过，而不是向公司内或社会上的心理医生倾诉，且不论大家对于心理医生是什么态度，对心理咨询是什么态度，我们能明确的一点是大家对网络的态度是喜爱的、依赖的，所以与其喊着提高大家的心理健康意识不如就将心理健康搬到网上来，搬到每一个人的手机里，让它陪着我们生活。我们可以建立完善的在线评价系统，让大家能时时洞悉自己目前的心理状态，我们还可以设计一些简单有趣的 APP，将社交媒体和心理资本的干预有效结合，大家一起做游戏，完成小目标，共同提升心理资本。这些技术在国外已经出现，并且取得了非常理想的效果和反响，所以在中国将来的 EAP 发展中，与 IT 技术的融合必不可少，况且当今社会科学技术发展迅速，今天流行的技术在明天就有可能遭到取代，面临淘汰，这种快速的节奏对我们来说有利有弊，若是我们不能有敏锐的嗅觉和对未来技术的预见性，我们就有可能被技术所制约，成为"落伍"产业，可是一旦我们能将信息技术作为我们起飞的东风，EAP 行业便如虎添翼，会迅速得到大面积的普及和推广，就像 20 个世纪的个人电脑一样，真正做到"旧时王谢堂前燕，飞入寻常百姓家"。

第四，EAP 的理论支持来源于心理学、管理学、人类学、社会学等多个学科，固然目前我们已经有了一套自己能够应用的理论体系，但科学发展的车轮不会停转，在干预方法、评估体系、理论基础上我们还都存在有待进一步改进的地方，而这些都需要相关学术领域的突破和进展。通过对本书的换版升级，我们能够看到过去十年中心理学领域在职业心理健康方向的伟大发展，而且首次借鉴管理学和经济学的一些科学方法，对于 EAP 评估体系的建立进行了很大的补充和完善，所以对于 EAP 行业来说，我们需要不断学习新的知识，接触新的动态，了解新的方向，真正让我们的服务有理可依、有据可循，真正提高服务质量，让公司内员工感受到生活质量的提升。也希望在科研领域的工作者们勿忘初心，刻苦钻研，我们共同努力，为中国心理学的发展增添自己的一份力量。

最后，我以激动的心情写下这些文字，因为我看到中国 EAP 在未来充满了希望，我们风风雨雨共同经历了 EAP 登陆中国最初的 15 年，我们看到它从一个萌芽成长为现在的雏形，随着时代的进步、国家的发展，EAP 行业也逐渐受到社会各界的关注和认可。在中国，EAP 的发展速度是史无前例的，同样，在中国，EAP 的市场是世界最大的，我们拥有极大的需求和专业的机构，行业整体环境欣欣向荣，对此我们倍感骄傲和欣慰。在此感谢所有为 EAP 事业做出奉献的人，感谢这个美好的时代，请各界同仁一并努力，再接再厉，为中国 EAP 事业创造更加辉煌的明天！

# 参考文献

## 中文文献

方方（2003）.教师心理健康研究.北京：人民教育出版社.

方隆彰（1997）.劳资双赢的策略——员工协助方案.台北：张老师文化.

贺淑曼（1997）.心理健康与人才发展.北京：北京工业大学出版社.

Gloria Cunningham（2000）.员工协助方案——工业社会工作的新趋势.台北：亚太图书出版社.

江光荣（1996）.关于心理健康标准研究的理论分析.教育研究与实验，3：49-54.

姜欣欣（2003）.EAP：银行员工的新福利.中国金融家，10：68-69.

李慧莲（2004）.张西超：让每个生命都灿烂.中国经济时报，2004-05-28.

林孟平（1988）.辅导与心理治疗.香港：商务印书馆（香港）有限公司.

钱铭怡（1994）.心理咨询与心理治疗.北京：北京大学出版社.

沙莲香（1988）.人格的健康与治疗手册.北京：中国人民大学出版社.

孙景堂（2001）.台湾企业推行员工协助方案对员工态度与组织绩效之研究.台北：中山大学人力资源管理研究所硕士论文.

孙亚辉（2005）.企业冲突解决行为的起因及其国际比较研究.成都：成都电子科技大学MBA硕士论文.

王秀希（2006）.员工援助计划（EAPs）的评估探析.云南科技管理，19（6）：19-21.

王雁飞（2005）.国外员工援助计划相关研究述评.心理科学进展，13（2）：219-226.

《心理咨询师国家职业标准（试行）》（2001）.中华人民共和国劳动与社会保障部.

谢鸿钧（1996）.工业社会工作实务——员工协助方案.台北：桂冠图书股份有限公司.

杨连生，王金萍（2003）.冲突及其在人力资源管理中的合理运用.大连理工大学学报：社会科学版，24（3）：48-51.

张西超（2006）.组织变革时谁来疏解员工的心理危机?.中外管理，（1）：106-107.

张西超，连旭（2006）.员工帮助计划（EAP）的价值.经济导刊，1：71-72.

张西超，连旭（2006）.组织变革中的员工心理压力分析与应对.经济导刊：68-70.

张西超，程小青（2006）.健康、幸福与成功——中国经理人压力状况调查报告.《财富》（中文版），2006-02-24.

张西超，杨希昊（2004）.压力与健康——中国高级经理人压力状况调查报告.《财富》（中文版），2004-02-17.

张西超. 精神福利，员工更需要. 环球时报，2003-02-21.

张西超. 剖析企业的心理困境. 南方周末，2012-10-31.

张序. EAP：弄好员工的心. 新资本，2003-04.

章志光（1996）.社会心理学. 北京：人民教育出版社.

周月清（1995）.婚姻暴力——理论分析与社会工作处置.台北：巨流图书公司.

朱承平（1995）.员工协助方案实务手册.台北：张老师文化.

## 外文文献

Balgopal, P. R, & Patchner, M. A. （1998）. Evaluating employee assistance programs：Obstacles，issues and strategies，*Employee Assistance Quarterly*，3(3/4)，Special issue：Evaluation of employee assistance programs. 95 - 105.

Barkham, M. （1991）. Understanding，implementing and presenting counselling evaluation. In Bayne, R. , & Nicholson, P. （Eds）. *Psychology and Counselling for Health Professionals*. London：Chapman & Hall.

Beidel, B. E. （2008）. Chapter 15：An integrated EAP - defining one's place in the organization. *Journal of Workplace Behavioral Health*, 20 （3）：281 - 306.

Cooper, C. L. , & Sadri, G. （1991）. The impact of stress counselling in the workplace：The post office study. *Management Research News*, 14 （1/2）：3 - 8.

Csiernik, R. （1990）. Mediation and the workplace：Creating an awareness within employee assistance programs. *Conflict Resolution Quarterly*, 8 （2）：161 - 167.

Damkot, D. K. , Pandiani, J. A. , & Gordon, L. R. （1983）. Development，implementation，and findings of a continuing client satisfaction survey，*Community Mental Health Journal Winter*, 19 （4）：265 - 278.

Durkin, W. G. （1985）. Evaluation of EAP programming. In：Klarreich, S. H. , Francek, J. L. & Moore, C. E. （Eds）. The *human resources management handbook：Principles and practice of employee assistance programs*. New York：Praeger Press.

Elias, Levers Mugari, Oliver Mtapuri & Mamoloko Rangongo. （2014）. Employee Assistance Programme：The case of a local municipality in South Africa. *Journal of Social Sciences* , 39 （3）：257 - 263.

Employee Assistance Professionals Association （1997）. *EAPA Model Employee Assistance Professional Licensure Act*. Arlington, VA：Employee Assistance Professionals Association.

Every, D . M . L. （2008）. Internal and external EAPs. *Employee Assistance Quarterly*, 12 （3）：47 - 62.

French, Michael T. , & Zarkin, Gary A. & Bray. J. W. （1995）. A methodology for evaluating the costs and benefits of employee assistance programs. *Journal of Drug Issues*, 25 （2）：451.

Haines, V. , Petit, A. & Lefrançois, S. （1999）. Explaining client satisfaction with an Employee Assistance Program. *Employee Assistance Quarterly*, 14 (4): 65 - 78.

Hancock, F. & Page, F. (2013). Family to work conflict and the usefulness of workplace support. *Occupational Medicine*, 63 (5): 373 - 376.

Highley J. C., & Cooper, C. L. (1994). Evaluating EAPs. *Personnel Review*, 23 (7): 46.

Hughes, D. (2008). University based Employee Assistance Programs and outsourcing: The case for diversified function. *Journal of Workplace Behavioral Health*, 2 (3): 27 - 41.

John, Berridge, Cary, L. Cooper & Carolyn, Highley-Marchington (1997). *Employee Assistance Programmes and workplace counselling*. New York: John Wiley & Sons.

Mahieu, C. J. T. (2013). Trends in Employee Assistance Program implementation, structure, and utilization, 2009 to 2010. *Journal of Workplace Behavioral Health*, 28 (3): 172 - 191.

Mahieu, K., & Taranowski, C. (2013). External Employee Assistance Program vendors: A study of RFI data from 2009 - 2010. *EASNA Research Notes*, 3 (3): 88 - 90.

Maiden, R. P. (1998). EAP evaluation in a federal government agency. *Employee Assistance Quarterly*, Special Issue: Evaluation of Employee Assistance Programs, 3 ( 3/4): 191 - 203.

Masi, D. A. (1984). *Designing Employee Assistance Programs*. New York: Amacom.

McClellan, K. (1989). Cost benefit analysis of the Ohio EAP. *Employee Assistance Quarterly*, 5 (2):67 - 85.

Mcpherson, T. L. Goplerud, E. &Derr, D., et al. (2010). Telephonic screening and brief intervention for alcohol misuse among workers contacting the employee assistance program: A feasibility study. *Drug and Alcohol Review*, 29 (6): 641 - 646.

Mellor - Clark, J. Twigg, E. & Kinder, E. F. A. (2012). Benchmarking key service quality indicators in UK Employee Assistance Programme Counselling: A core system data profile. *Counselling and Psychotherapy Research : Linking research with practice*, 13 (1): 14 - 23.

Myers, D. W. (1984). *Establishing and building Employee Assistance Programs*. San Antonio: Quorum Books.

Nadolski, J. N. & Sandonato, C. E. (1987). Evaluation of an Employee Assistance Program. *Journal of Occupational Medicine*, 29 ( 1):32 - 43.

Oher, J. M. (1999). *The Employee Assistance Handbook*. New York: John Wiley&Sons.

Park, D. (1993). Client satisfaction evaluation: University Employee Assistance Program. *Employee Assistance Quarterly*, 8 (2): 15 - 34.

Pearson & Maier (1995). Assessing satisfaction and non-response bias in an HMO-Sponsored Employee Assistance Program. *Employee Assistance Quarterly*, 10 (3): 21 - 34.

Penzer, W. N. (1987). Toward measuring the quality of mental health services. *EAP Digest*, 3: 35 - 40.

Pope, T. (1990). EAP: Good idea, but what's the cost? . *Management Review*, 79 (8): 50.

Shapiro, D. A., Cheesman, M., &Wall, T. D. (1993). *Secondary prevention—review of counselling and EAP*. Paper presented at Royal College of Physicians Conference on Mental Health at Work, London.

Sharar, D. A. (2009). General mental health practitioners as EAP Affiliates: Do they make referrals beyond the EAP?. *Journal of Workplace Behavioral Health*, 23 (4): 337 - 358.

Smits, S. J. & Pace, L. A. (1992). *The investment approach to Employee Assistance Programs*. San Antonio: Quorum Books.

William, G. Emener, William, S. Hutchisom, Jr. & Michael, A. R. (2003). *Employee Assistance Programs: Wellness/Enhancement programing*. New York: Charles C. Thomas Pub. Ltd.

**图书在版编目（CIP）数据**

员工帮助计划／张西超著 . —2 版 . —北京：中国人民大学出版社，2015.7
员工帮助计划（EAP）系列丛书
ISBN 978-7-300-21518-1

Ⅰ.①员… Ⅱ.①张… Ⅲ.①企业管理-人事管理-管理心理学 Ⅳ.①F272.92

中国版本图书馆 CIP 数据核字（2015）第 139592 号

员工帮助计划（EAP）系列丛书
张西超　主编

**员工帮助计划（第 2 版）**
张西超　著
Yuangong Bangzhu Jihua

| | | |
|---|---|---|
| **出版发行** | 中国人民大学出版社 | |
| **社　　址** | 北京中关村大街 31 号 | **邮政编码**　100080 |
| **电　　话** | 010－62511242（总编室） | 010－62511770（质管部） |
| | 010－82501766（邮购部） | 010－62514148（门市部） |
| | 010－62515195（发行公司） | 010－62515275（盗版举报） |
| **网　　址** | http://www.crup.com.cn | |
| **经　　销** | 新华书店 | |
| **印　　刷** | 北京昌联印刷有限公司 | |
| **规　　格** | 170mm×240mm　16 开本 | **版　　次**　2015 年 8 月第 1 版 |
| **印　　张** | 19 插页 1 | **印　　次**　2022 年 3 月第 6 次印刷 |
| **字　　数** | 347 000 | **定　　价**　59.90 元 |